高职高专"十三五"规划教材

电子商务系列

跨境电子商务实务

周任慧　主编

化学工业出版社

·北京·

本书系统讲解了跨境电子商务各阶段的学习和实操内容,充分遵循典型工作任务引导下相关知识和技能学习规律,提升跨境电子商务专业从业人员知识水平和操作技能。其内容包含跨境电商整体认知、平台介绍和选择、平台的基本操作、视觉设计、跨境物流、营销、数据分析和客户服务与维护,共计八个部分。

本书按照跨境电商行业知识层次安排,符合学生认知规律,将知识目标和能力目标充分结合,深入到跨境电商各个领域的知识学习和技能培养。取材速卖通、阿里国际站、eBay、亚马逊等大型平台设计案例内容和具体操作。依靠 Alex、Similarweb、Globalsource 等权威网站最新行业信息,数据来源可靠,内容新颖,环节安排生动有趣,突出系统化知识的提炼与总结,强调实践能力的培养。

本书适合作为职业教育院校电子商务、市场营销、国际贸易和商务英语等相关专业的教材,也可供电子商务相关从业人员参考学习。

图书在版编目(CIP)数据

跨境电子商务实务/周任慧主编.—北京:化学工业出版社,2018.12(2024.11重印)
ISBN 978-7-122-33438-1

Ⅰ.①跨… Ⅱ.①周… Ⅲ.①电子商务 Ⅳ.
①F713.36

中国版本图书馆CIP数据核字(2018)第280690号

责任编辑:王 可 蔡洪伟 于 卉　　　文字编辑:王 芳
责任校对:宋 玮　　　　　　　　　　　装帧设计:张 辉

出版发行:化学工业出版社(北京市东城区青年湖南街13号　邮政编码100011)
印　　装:北京科印技术咨询服务有限公司数码印刷分部
787mm×1092mm　1/16　印张17¾　字数442千字　2024年11月北京第1版第5次印刷

购书咨询:010-64518888　　　售后服务:010-64518899
网　　址:http://www.cip.com.cn
凡购买本书,如有缺损质量问题,本社销售中心负责调换。

定　　价:45.00元　　　　　　　　　　　　　　　　　　版权所有　违者必究

前　言

当前，国内越来越多的外贸企业需要开展跨境电商业务，而国内跨境电商人才奇缺，在一定程度上妨碍了行业发展。《跨境电子商务实务》是针对跨境电子商务人才培养这一极大需求而设计编写的以工作任务为导向的课程教材。

教材在编写过程中特别注重跨境电商理论与跨境电商实践的结合。全书编写思路明确，内容广度和深度把握合理，理论知识体系完整，基本覆盖目前跨境电子商务实操的各个环节。我们力求以实操指导的方式，由浅入深地引导学生详尽地了解跨境电商的方方面面，为个人能力发展打好基础。每一项目都配备高质量的案例分析和实操讲解，以最适合教学入手的速卖通平台为示例，讲解跨境电商学习中的共性部分，同时介绍 eBay、亚马逊、Wish 平台各自的特点。

本书坚持以工作任务导向的课程开发方法论为指导，参照现行中高职教学标准，将一个完整且真实的项目全过程进行了任务分解，系统地呈现了走进跨境电商、跨境电商平台介绍和选择、各大平台的实操、视觉设计、跨境物流、跨境电商营销、数据分析、客户服务与维护 8 个部分。同时，还为读者提供了配套的教学资源包，包括教学课件、测试习题和教学案例等。

本书由周任慧任主编，负责全书架构和统稿，副主编张仁钟、孙永建、梁婵卓，参编王瑛、董继荣。全书共分为 8 个项目，周任慧负责编写项目一、项目二、项目三，张仁钟负责编写项目四、项目五、项目六（任务一、任务二），孙永建负责编写项目六中任务三、任务四和项目八中任务一、任务二，梁婵卓负责编写项目六中任务五、任务六和项目七中任务一，王瑛负责编写项目七中任务二，董继荣负责编写项目八中任务三。

跨境电子商务方兴未艾，对跨境电子商务领域的教育还在初步积累和研究深化中，由于笔者才疏学浅，水平有限，本书还有很多需改进之处，加以不断完善和提升，敬请广大读者和专家批评斧正。

编　者
2019 年 3 月

目　录

项目一　走进跨境电商 ——————————————— 1

【学习目标】……………………………………………………… 1
【任务概述】……………………………………………………… 1
【任务分解】……………………………………………………… 1
　　任务一　跨境电商的认知 ……………………………………… 1
　　任务二　跨境电商的发展 ……………………………………… 8
　　任务三　跨境电商的模式 ……………………………………… 13
【知识巩固】……………………………………………………… 17
　　一、跨境电商与传统国际贸易的对比 ………………………… 17
　　二、跨境电商给传统外贸业务带来的机会 …………………… 17
　　三、跨境电商面临的挑战 ……………………………………… 18
【本项目实训】…………………………………………………… 18

项目二　跨境电商平台的介绍与选择 ——————————— 20

【学习目标】……………………………………………………… 20
【任务概述】……………………………………………………… 20
【任务分解】……………………………………………………… 21
　　任务一　阿里巴巴国际站 ……………………………………… 21
　　任务二　速卖通 ………………………………………………… 24
　　任务三　敦煌网 ………………………………………………… 27
　　任务四　eBay …………………………………………………… 28
　　任务五　亚马逊 ………………………………………………… 31
　　任务六　Wish …………………………………………………… 35
　　任务七　平台选择 ……………………………………………… 37
【知识巩固】……………………………………………………… 39
　　一、跨境电商平台发展趋势 …………………………………… 39
　　二、2018年跨境电商平台新增规则 …………………………… 39
【本项目实训】…………………………………………………… 40

项目三　跨境电商平台操作———————————————42

- 【学习目标】…………………………………………………………… 42
- 【任务概述】…………………………………………………………… 42
- 【任务分解】…………………………………………………………… 42
  - 任务一　海外市场调研和行业选品 ………………………………… 43
  - 任务二　货源采购 …………………………………………………… 48
  - 任务三　商铺开通 …………………………………………………… 50
  - 任务四　产品发布 …………………………………………………… 52
  - 任务五　模块管理 …………………………………………………… 60
  - 任务六　订单管理 …………………………………………………… 69
- 【知识巩固】…………………………………………………………… 72
  - 一、爆款选品 ………………………………………………………… 72
  - 二、货源优缺点对比 ………………………………………………… 73
  - 三、寻找货源注意事项 ……………………………………………… 73
- 【本项目实训】………………………………………………………… 75

项目四　跨境电商视觉设计———————————————77

- 【学习目标】…………………………………………………………… 77
- 【任务概述】…………………………………………………………… 77
- 【任务分解】…………………………………………………………… 77
  - 任务一　视觉设计认知 ……………………………………………… 77
  - 任务二　文案策划 …………………………………………………… 78
  - 任务三　商品主图构建 ……………………………………………… 81
  - 任务四　店招设计 …………………………………………………… 85
  - 任务五　广告图设计 ………………………………………………… 87
  - 任务六　自定义模块设计 …………………………………………… 89
- 【知识巩固】…………………………………………………………… 98
  - 一、视觉规范化的实施和应用 ……………………………………… 98
  - 二、点爆广告图 ……………………………………………………… 98
  - 三、广告图设计误区 ………………………………………………… 99
- 【本项目实训】………………………………………………………… 100

项目五　国际物流认知　　102

【学习目标】　　102
【任务概述】　　102
【任务分解】　　102

　　任务一　邮政物流介绍　　103
　　任务二　商业快递介绍　　107
　　任务三　专线物流介绍　　114
　　任务四　海外仓介绍　　119
　　任务五　物流模板设置　　126

【知识巩固】　　136

　　一、其他物流方式介绍　　136
　　二、海外仓费用　　136
　　三、速卖通线上发货　　137
　　四、国际物流网规认识　　138

【本项目实训】　　139

项目六　跨境电商营销　　141

【学习目标】　　141
【任务概述】　　141
【任务分解】　　141

　　任务一　店铺自主营销　　141
　　任务二　平台活动　　156
　　任务三　流量引入与使用　　162
　　任务四　社交媒体营销　　174
　　任务五　搜索引擎营销　　190
　　任务六　邮件营销　　205

【知识巩固】　　209

　　一、邮件营销相关知识　　209
　　二、Google搜索引擎　　213

【本项目实训】　　218

项目七 数据分析 —— 220

【学习目标】 …… 220

【任务概述】 …… 220

【任务分解】 …… 220

  任务一 行业数据分析 …… 221

  任务二 网店经营分析 …… 236

【知识巩固】 …… 244

  一、数据分析常用公式和名词解释 …… 244

  二、数据分析常用指标说明 …… 245

  三、影响商品转化率的因素 …… 246

  四、站外工具——了解站外市场行情 …… 246

【本项目实训】 …… 247

项目八 客户服务与维护 —— 248

【学习目标】 …… 248

【任务概述】 …… 248

【任务分解】 …… 248

  任务一 客户询盘分析与回复技巧 …… 248

  任务二 客户服务技巧 …… 253

  任务三 纠纷处理技巧 …… 262

【知识巩固】 …… 272

  一、分析辨别询盘要点 …… 272

  二、如何处理询盘 …… 273

  三、提高询盘回复率 …… 273

【本项目实训】 …… 274

参考文献 —— 276

项目一
走进跨境电商

跨境电子商务的发展,直接推动了物流配送、电子支付、电子认证、信息内容服务等现代服务业和相关电子信息制造业的发展。目前,我国电商平台企业已超过 5 000 家,一批知名电商平台企业、物流快递、第三方支付本土企业加快崛起,极大地促进了经济的发展。

【学习目标】

知识目标
(1)了解跨境电子商务的发展概况;
(2)了解跨境电子商务与传统国际贸易的区别;
(3)了解跨境电子商务在未来发展面临的挑战;
(4)熟悉跨境电子商务不同岗位的职责。

能力目标
(1)能够对跨境电子商务有基本认识;
(2)掌握跨境电子商务的发展趋势;
(3)掌握跨境电子商务行业不同岗位设置;
(4)掌握跨境电商平台运营模式。

【任务概述】

在 2009 年开始的新一波跨境电商热潮中,跨境电商以 B2C、B2B 等崭新的姿态出现在人们面前,成为跨境电商创业高速发展的希望。在该项目下,全面认识跨境电商的概念、优势、发展模式等,是开启跨境电商之旅的首要任务。

【任务分解】

全面认识跨境电商的概念及优势,了解其发展历程和未来趋势;掌握岗位知识需求,了解跨境电商经营的方式;建立跨境电子商务从业者思想格局,从中得到创业者及经营者的导向信息。

任务一 跨境电商的认知

一、跨境电商的概念与优势

(一)跨境电子商务的概念

跨境电子商务(Cross Border E-commerce),简称跨境电商,是指分属不同关境的交易主体,通过电子商务平台达成交易,进行支付结算,并通过跨境物流送达商品、完成交易的一种国际商业活动。

我国跨境电子商务主要分为跨境零售和跨境 B2B 贸易两种模式。

跨境零售包括 B2C（Business-to-Customer）和 C2C（Consumer-to-Consumer，或 Customer-to-Customer）两种模式。跨境 B2C 电子商务是指分属不同关境的企业直接面向消费个人开展在线销售产品和服务，通过电商平台达成交易、进行支付结算，并通过跨境物流送达商品、完成交易的一种国际商业活动。跨境 C2C 即 Customer（Consumer）to Customer（Consumer），是指分属不同关境的个人卖方对个人买方开展在线销售产品和服务，由个人卖家通过第三方电商平台发布产品和服务售卖产品信息、价格等内容，个人买方进行筛选，最终通过电商平台达成交易、进行支付结算，并通过跨境物流送达商品、完成交易的一种国际商业活动。B2C 模式下，我国企业直接面对国外消费者，以销售个人消费品为主，物流方面主要采用邮政物流、商业快递、专业快递及海外仓储等方式，其报关主体是邮政或快递公司，目前大多还未纳入海关登记。

跨境 B2B（Business-to-Business）贸易是指分属不同关境的企业对企业，通过电商平台达成交易、进行支付结算，并通过跨境物流送达商品、完成交易的一种国际商业活动，现已纳入海关一般贸易统计。

（二）跨境电子商务的优势

跨境电子商务作为推动经济一体化、贸易全球化的技术基础，具有非常重要的战略意义。跨境电子商务不仅冲破了国家间的障碍，使国际贸易走向无国界贸易，同时它也正在引起世界经济贸易的巨大变革。对企业来说，跨境电子商务构建的开放、多维、立体的多边经贸合作模式，极大地拓宽了进入国际市场的路径，大大促进了多边资源的优化配置与企业间的互利共赢；对于消费者来说，跨境电子商务使他们非常容易地获取其他国家的信息并买到物美价廉的商品。

跨境电子商务快速发展，与这种贸易方式所具有的独特优势相关。

第一，它适应国际贸易的最新发展趋势。美国金融危机后，消费者收入增长趋缓，开始直接通过网络购买国外的价低质优产品。而部分海外进口商出于缓解资金链压力和控制资金风险的考虑，也倾向于将大额采购转变为中小额采购、长期采购变为短期采购，单笔订单的金额明显减小，大部分不超过 3 万美金，传统"集装箱"式的大额交易正逐渐被小批量、多批次的"碎片化"进出口贸易取代。

第二，能有效降低产品价格。跨境电商仅需经过工厂、在线平台、海外商人即可到达消费者，外贸净利润可能达到传统贸易的数倍。未来外贸链条还可以更简化，产品从工厂经过在线平台可以直接到国外消费者手中。原来的中间成本一部分变成生产商的利润，一部分成为电子商务平台的佣金，剩下的则成为消费者获得的价格优惠。如果跨境电商企业能采用集中采购备货模式，那相比单笔邮寄，还能大大降低商品采购和物流成本。

第三，上下游多属现代服务业。与之相关联的物流配送、电子支付、电子认证、IT 服务、网络营销等，都属于现代服务业内容。即使是最为传统的快递、物流配送，也建立在信息技术业务系统之上，不仅商品本身已经基于二维码、条形码进行了物品编码，而且可以在电商平台实时查询、跟踪商品流通过程，并通过网银或第三方电子支付平台进行支付。

第四，以消费者为主导。跨境电商主要销售的是消费者在国内买不到的东西，是贸易增量。跨境电商平台让全球同类产品同台亮相，性价比成为消费者购买决策的重要因素。这是一种以消费者为导向，强调个性化的交易方式，消费者拥有更大选择自由，不受地域限制。以"订单投票"，已成为跨境电商发展趋势。

二、跨境电商的岗位认识

目前，跨境电商工作主要是中小企业从事外贸电子商务和网络营销相关的工作，典型职业岗位（群）以及对应的具体工作内容如下。

（一）初级岗位

初级岗位的特点是掌握跨境电子商务技能，目前岗位主要有：

（1）客户服务。能采取邮件、电话等沟通渠道，熟练运用英语以及法语、德语等小语种和客户进行交流，售后客服还需了解不同国家的法律，能够处理知识产权纠纷。

（2）视觉设计。了解设计美学和视觉营销，能拍出合适的产品图片和设计美观的页面。

（3）网络推广。熟练运用信息技术编辑、上传、发布产品，能利用搜索引擎优化、交换链接、网站检测等技术和基本的数据分析方法进行产品推广。

（二）中级岗位

中级岗位的特点是熟悉现代商务活动，掌握跨境电子商务技术知识，懂得跨境电子商务"能做什么"的新型专业人才。目前岗位主要有：

（1）市场运营管理。既精通互联网，又精通营销推广，了解当地消费者的思维方式和生活方式，能够运用网络营销手段进行产品推广。包括活动策划、商品编辑、商业大数据分析，用户体验分析等。

（2）采购与供应链管理。所有电商平台的成功都是供应链管理的成功。跨境电商从产品方案制订、采购、生产、运输、库存、出口、物流配送等一系列环节都需要专业的供应链管理人才。

（3）国际结算管理。灵活掌握和应用国际结算中的各项规则，能有效控制企业的国际结算风险，切实提升贸易、出口、商品及金融等领域的综合管理能力和应用法律法规水准。

（三）高级岗位

高级岗位的特点是熟悉跨境电子商务前沿理论，能够从战略上洞察和把握跨境电子商务的特点和发展规律，具有前瞻性思维，引领跨境电子商务产业发展，懂得"为什么要做跨境电子商务"的战略性人才。主要包括熟悉跨境电子商务业务的高级职业经理人以及促进跨境电商产业发展的领军人物。

目前众多跨境电商企业多处于初创阶段，客服人员、网络推广人员、视觉设计人员等是最迫切需要的初级人才。随着企业向纵深发展，竞争不断加剧，负责跨境业务运营的商务型中级人才需求会越来越迫切。而有 3～5 年大型跨境电商企业管理经验，能引领企业国际化发展的战略管理型高级综合人才更是一将难求。

下面是一份某外贸企业电子商务部门岗位说明书的范本。

1. 电子商务主管/经理（表1-1）

表1-1 电子商务主管/经理岗位

部门	电子商务部	直接上级	总经理（暂定）
职位	电子商务主管/经理	直接下级	网络推广、客服
岗位职责	（1）协助总经理制订年度销售目标 （2）保证每月销售额达到预期目标 （3）每月与本部门人员进行实质沟通，分析和交流现存问题 （4）帮助本部门人员解决工作中存在的问题 （5）从实际出发，安排好每个岗位人员的工作任务和内容 （6）督促本部门人员完成工作，并随时加以鼓励或指导 （7）做好与总经理之间的沟通，制订企业品牌网络营销方案、宣传推广计划，并传达到相关部门执行 （8）维护好供应商与客户的关系 （9）完成上级临时指派的其他工作任务		
任职要求	（1）大专以上学历，三年以上电子商务主管工作经验 （2）熟悉直通车、钻石展位、网络搜索引擎，擅长SEO，熟悉网络推广模式，了解行业现状与发展趋势，具备网络社区或电子商务网站运营策划经验 （3）熟悉主要跨境电商平台的运营环境、交易规则、推广方法 （4）具有良好的文案撰写能力，善于运用语言文字打动买家，熟悉各大论坛的运作情况 （5）负责网络营销及推广方案的制订与实施，编制推广费用预算，审核广告投放数据和进度；通过策划各类活动，结合互联网资源进行有效的广告宣传和促销推广		
具备技能	□组织领导能力　□决策能力　□管理能力　□沟通协调能力 □解决问题能力　□计划能力　□创新能力　□执行力		

2. 业务员（表1-2）

表1-2 业务员岗位

部门	电子商务部	直接上级	电子商务主管/经理
职位	业务员	直接下级	无
岗位职责	（1）完成每月的销售定额目标 （2）对客户提出的问题耐心、仔细、迅速地解答 （3）维护好与新老客户的关系 （4）建立客户档案，跟踪售后服务信息		
任职要求	（1）大专以上学历，国际贸易或相关专业毕业，两年以上工作经验 （2）英语听说读/写能力达到六级水平以上 （3）好学、上进，具备良好的沟通能力和销售技巧，性格开朗乐观，有较强的工作责任心		
具备技能	□沟通协调能力　□谈判能力　□解决问题能力　□创新能力		

3. 网络推广组长（表1-3）

表1-3 网络推广组长岗位

部门	电子商务部	直接上级	电子商务主管/经理
职位	网络推广组长	直接下级	网络推广
岗位职责	（1）制订行之有效的推广计划 （2）精通Google、Yahoo、Baidu等搜索引擎的相关知识，以及Alexa排名机制和优化原则 （3）利用各种互联网资源、网络媒介推广企业品牌、产品及服务，提高企业网站曝光度、知名度和美誉度 （4）提出富于创意的网络推广方案，并能高效推动方案的执行 （5）完成上级临时指派的其他工作任务		

续表

任职要求	（1）大专以上学历，电子商务专业，两年以上各类网站推广经验、网络营销工作经验，文字功底扎实，有较强的策划、文案撰写能力，能够独立策划并撰写活动文案，书写各种宣传文件 （2）精通SEO优化技术和部署技巧，熟悉网络和论坛，熟悉网络营销手段和策略，能根据要求提高关键词排名 （3）具备多种迅速提高网络人气的技能，如微信、微博、软文、论坛、博客、SNS社区等 （4）熟悉相关网络广告投放者，有成功网站SEO推广经验和丰富的互联网资源者（如网站站长、联盟、网络资源等）优先
具备技能	□领导能力 □沟通协调能力 □管理能力 □培养下属能力 □学习能力 □创新能力 □执行力 □计划能力

4. 网络推广员（表1-4）

表1-4 网络推广员岗位

部门	电子商务部	直接上级	网络推广组长
职位	网络推广员	直接下级	无
岗位职责	（1）利用微信、微博、博客、论坛、BBS等多种网络推广方式进行相关产品推广工作 （2）运用多种网络推广手段提高网站访问量以及传播效果 （3）分阶段按时完成网站推广任务，定期或不定期地对推广效果进行跟踪、评估 （4）对网站的流量负责 （5）及时提出网络推广的可行性建议 （6）完成上级临时指派的其他工作任务		
任职要求	（1）一年以上推广发帖工作经验 （2）了解网络推广，了解各大论坛、博客、SNS、微信等一些网络推广手段和方向 （3）有较强的责任心和耐心，较好的书写能力 （4）有电子商务行业推广工作经验或专职网络推广经验者优先		
具备技能	□团队协作能力 □学习能力 □创新能力 □执行力 □计划能力		

5. 网站建设主管（表1-5）

表1-5 网站建设主管岗位

部门	电子商务部	直接上级	电子商务运营经理
职位	网站建设主管	直接下级	网站建设技术员
岗位职责	（1）分析现有网站资源是否能满足企业需求 （2）负责网站的设计、建设以及日常的维护与更新 （3）对网站系统数据库进行日常管理，统计数据库中的相关信息 （4）负责网络运行的安全性、可靠性及稳定性 （5）负责网站的链接、广告交换和网站层面的合作推广工作 （6）负责软件开发工作 （7）负责计算机硬件和软件的维护 （8）完成上级临时指派的其他工作任务		
任职要求	（1）大专以上学历，计算机软件开发专业 （2）两年以上相关工作经验 （3）能独立完成网站设计及软件开发项目 （4）能承受工作压力，有较好的工作责任心		
具备技能	□领导能力 □管理能力 □专业知识技能 □创新能力 □执行力 □计划能力 □解决问题能力 □培养下属能力		

6. 网站程序员（表1-6）

表1-6　网站程序员岗位

部门	电子商务部	直接上级	网站建设主管
职位	网站程序员	直接下级	无
岗位职责	（1）协助主管建立、开发企业网站 （2）保护企业网站正常运行 （3）定期对网站进行维护、更新 （4）协助主管做好软件开发工作 （5）定成上级临时指派的其他任务		
任职要求	（1）一年以上网络开发经验，熟悉软件开发过程和软件工程方法，熟悉软件开发工具的使用 （2）熟悉 SQL Server 数据库系统的开发与应用，有较强的编程语言功底，熟悉 C#、asp.net、JavaScript、xml、html 语言 （3）熟悉相关工具的使用，如 Power designer、Visio、Project、VSS 等 （4）有大型专业站开发经验者优先		
具备技能	□专业技能　□团队协作能力　□创新能力　□分析能力　□概括能力 □判断能力　□逻辑思维能力　□沟通协调能力　□执行力		

7. 设计主管（表1-7）

表1-7　设计主管岗位

部门	设计部	直接上级	电子商务运营经理
职位	设计主管	直接下级	美工、摄影、室内设计
岗位职责	（1）负责企业品牌形象设计 （2）进行网站项目的整体版式、风格设计，负责网页、专题设计和动态调整 （3）负责企业网站的页面设计，页面内容的更新和网站优化 （4）负责各类包装设计、平面设计 （5）负责各类活动的道具设计、美术陈列 （6）完成上级临时指派的其他工作任务		
任职要求	（1）本科以上学历，视觉设计类专业，美术和电脑应用功底扎实 （2）精通 Web 页面设计原理，有良好的视觉设计能力，有优秀的布局感和色彩感，能够整体把握网站的风格和结构 （3）精通平面设计，熟练掌握操作 CorelDraw、Photoshop、Illustrator、Flash、Dreamweaver 等平面设计软件 （4）敬业爱岗，积极进取，富有灵感，能高质量、快速地实现设计创意 （5）具备网页制作和设计经验、有团队领导能力者优先		
具备技能	□组织领导能力　□管理能力　□专业知识技能　□创新能力 □执行力　□计划能力　□解决问题能力　□培养下属能力		

8. 美工（表1-8）

表1-8　美工岗位

部门	电子商务部	直接上级	设计主管
职位	美工	直接下级	无
岗位职责	（1）负责优化、上传产品图片，更新库存 （2）协助设计主管完成各类包装设计、平面设计 （3）协助设计主管完成各类活动的道具设计、美术陈列 （4）完成上级临时指派的其他工作任务		

续表

任职要求	(1) 大专以上学历，视觉设计、平面设计类专业 (2) 有较强的平面设计和美术功底 (3) 熟练使用 CorelDraw、Photoshop、Illustrator、Flash、Dreamweaver、Office 等常用设计软件 (4) 精通 Web 页面设计原理，有良好的视觉设计能力，有优秀的布局感和色彩感。能够整体把握网站的风格和结构 (5) 具备网页制作和设计经验、有团队领导能力者优先
具备技能	□专业技能　□团队协作技能　□创新能力　□执行力　□沟通协调能力

9. 摄影（表1-9）

表1-9　摄影岗位

部门	电子商务部	直接上级	设计主管
职位	摄影	直接下级	无
岗位职责	(1) 负责企业网站和实体店产品照片的拍摄工作 (2) 负责企业各类型的拍摄工作以及后期的制作 (3) 对拍摄出来的图片做好分类、上传工作 (4) 测量产品尺寸 (5) 完成上级临时指派的其他工作任务		
任职要求	(1) 大专以上学历，一年以上影棚拍摄经验 (2) 具备扎实的美术功底，对色彩感觉强烈，对视觉表达有独特的观点 (3) 积极热情，具有职业道德，良好的行业素质 (4) 有较强的团队意识，能承受较大的工作压力		
具备技能	□专业技能　□团队协作技能　□创新能力　□执行力　□沟通协调能力		

10. 室内设计（表1-10）

表1-10　室内设计岗位

部门	电子商务部	直接上级	设计主管
职位	室内设计	直接下级	无
岗位职责	(1) 负责企业专卖店的设计、装修和布局 (2) 负责装修材料的购买和装修进度跟进 (3) 协助主管完成网店装修和各类美工工作 (4) 完成上级临时指派的其他工作任务		
任职要求	(1) 大专以上学历，室内设计专业 (2) 一年以上室内设计工作经验 (3) 有较强的平面设计和美术功底 (4) 熟练使用 CorelDraw、Photoshop、CAD 等常用设计软件 (5) 精通 Web 页面设计原理，有良好的视觉设计能力，有优秀的布局感和色彩感，能够整体把握专卖店的风格和结构		
具备技能	□专业技能　□团队协作技能　□创新能力　□执行力　□沟通协调能力		

任务二 跨境电商的发展

一、跨境电商的发展历程

1999年阿里巴巴实现用互联网连接中国供应商与海外买家后,中国对外出口贸易就实现了互联网化。在此之后,共经历了三个阶段,实现了从信息服务,到在线交易、全产业链服务的跨境电商产业转型(图1-1)。

（1999—2003） （2004—2012） （2013—）
网上展示、线下交易 逐步实现在线交易 全产业链服务在线化

图1-1 跨境电商发展历程

（一）跨境电商1.0阶段（1999—2003）

跨境电商1.0时代的主要商业模式是网上展示、线下交易的外贸信息服务模式。跨境电商1.0阶段第三方平台主要的功能是为企业信息以及产品提供网络展示平台,并不在网络上涉及任何交易环节。

此时的盈利模式主要是通过向进行信息展示的企业收取会员费(如年服务费)。跨境电商1.0阶段发展过程中,也逐渐衍生出竞价推广、咨询服务等为供应商提供一条龙的信息流增值服务。

在跨境电商1.0阶段中,阿里巴巴国际站、环球资源网为典型的代表平台。其中,阿里巴巴(图1-2)成立于1999年,以网络信息服务为主,线下会议交易为辅,是中国最大的外贸信息黄页平台之一。环球资源网1971年成立,前身为Asian Source,是亚洲较早的提供贸易市场资讯者,并于2000年4月28日在纳斯达克证券交易所上市,股权代码GSOL。

图1-2 阿里巴巴Logo

在此期间还出现了中国制造网、韩国EC21网、Kellysearch等大量以供需信息交易为主的跨境电商平台。跨境电商1.0阶段虽然通过互联网解决了中国贸易信息面向世界买家的难题,但是依然无法完成在线交易,对于外贸电商产业链的整合仅完成信息流整合环节。

（二）跨境电商2.0阶段（2004—2012）

2004年,随着敦煌网（图1-3）的上线,跨境电商进入了2.0阶段。这个阶段,跨境电

图 1-3 敦煌网 Logo

商平台开始摆脱纯信息黄页的展示行为,将线下交易、支付、物流等流程实现电子化,逐步实现在线交易平台。

相比第一阶段,跨境电商 2.0 更能体现电子商务的本质,借助于电子商务平台,通过服务、资源整合有效打通上下游供应链,包括 B2B(平台对企业小额交易)平台模式和 B2C(平台对用户)平台模式两种模式。跨境电商 2.0 阶段,B2B 平台模式为跨境电商主流模式,通过直接对接中小企业商户实现产业链的进一步缩短,提升商品销售利润空间。

在跨境电商 2.0 阶段,第三方平台实现了营收的多元化,同时实现后向收费模式,将"会员收费"改以收取"交易佣金"为主,即按成交效果来收取百分点佣金。同时还通过平台上营销推广、支付服务、物流服务等获得增值收益。

2011 年后,到处都能听到"跨境电商"这个词语。国家开始重视跨境电商,随着各类法规的颁布出台,各个地区政府的扶持力度加强,有越来越多的卖家涌入阿里系跨境电商平台。有传统的行业转型进入,线下供应商、物流商、服务商的加入,跨境电商行业竞争也越来越激烈。

(三)跨境电商 3.0 阶段(2013—)

2013 年成为跨境电商重要转型年,跨境电商全产业链都出现了商业模式的变化。随着跨境电商的转型,跨境电商 3.0 "大时代"随之到来(图 1-4)。

首先,跨境电商 3.0 具有大型工厂上线、B 类买家成规模、中大额订单比例提升、大型服务商加入和移动用户量爆发五方面特征。与此同时,跨境电商 3.0 服务全面升级,平台承载能力更强,全产业链服务在线化也是 3.0 时代的重要特征。

其次,在跨境电商 3.0 阶段,用户群体由草根创业向工厂、外贸公司转变,且具有极强的生产设计管理能力。平台销售产品由网商、二手货源向一手货源好产品转变。

图 1-4 跨境电商企业蓬勃发展

最后,3.0 阶段的主要卖家群体正处于从传统外贸业务向跨境电商业务艰难转型期,生产模式由大生产线向柔性制造转变,对代运营和产业链配套服务需求较高。另一方面,3.0 阶段的主要平台模式也由 C2C、B2C 向 B2B、M2B 模式转变,批发商买家的中大额交易成为平台主要订单。

二、跨境电商的发展现状

(一)国内跨境电商市场现状

根据艾媒咨询资料显示,2016 年中国进出口跨境电商(含零售及 B2B)整体交易规模达到 6.3 万亿元。至 2018 年,中国进出口跨境电商整体交易规模预计将达到 8.8 万亿元。近年来,中国进口零售跨境电商平台相继成立,在激烈竞争中不断提升用户体验,推动中国进口零售跨境电商交易规模持续稳步增长，进口零售跨境电商在进出口跨境电商交易规模中占比将不断提升。

2016年中国海淘用户规模达到0.41亿，至2018年，中国海淘用户预计将达到0.74亿。2016年，中国海淘用户规模增速达到78.3%，此后，中国海淘用户规模增速将逐渐放缓。中国跨境电商用户规模将进一步扩大，平台应抓住用户红利期谋求快速发展。

2016年中国跨境电商零售进口销售额占比分布中，网易考拉海购以21.6%市场占比居于首位，天猫国际销售份额占比为18.5%，居于第二位，唯品国际紧随其后，占比为16.3%。占比较高平台或将抓住机会，在激烈的市场竞争中，进一步扩大优势。

据资料显示，46.2%中国海淘用户选择手机移动端作为主要海淘设备。其中48.2%手机海淘用户安装有2~3个海淘软件，27.3%手机海淘用户安装有4个及以上海淘软件。随着中国跨境电商购物进一步发展，移动端购物体验进一步优化，手机移动端占比将继续提升。中国海淘市场竞争激烈，尚未有海淘平台占据绝对优势地位。

（二）国家对跨境电商的政策支持

跨境电商进出口已经成为我国外贸发展新的增长点。而政策支持是跨境电商高速发展的重要因素之一，跨境电商进出口的政策不断出台，刺激跨境电商实现更快发展。

政策一：跨境电商零售进口过渡期后监管总体安排。

我国跨境电商零售进口过渡期政策到期后，于2018年1月1日起采取新的监管模式。经国务院批准，保持跨境电商零售进口监管模式总体稳定，对跨境电商零售进口商品暂时按照个人物品监管。跨境电商零售进口的监管模式和措施还将继续完善，对质量的监管和把控也会加强。政府已在反思外贸监管政策，在跨境电商所引发的全球贸易新趋势下要进行监管创新，仍需要时间继续推行试点，以总结经验，研究出一套更符合全球贸易发展趋势的跨境电商监管制度。

政策二：跨境电商零售进出口检验检疫信息化管理系统数据接入。

政策对跨境电商零售进出口检验检疫信息化管理系统涉及的经营主体（企业）、第三方平台的相关事宜进行说明，要求跨境电商经营主体、第三方平台向出入境检验检疫局申报及传输电子数据。有了数据的接入，就会有更多的数据样本，就能对跨境电商大数据进行分析，有助于全面掌握行业发展概况，更好地对跨境电商健康发展作出指导。

政策三：进一步扩大和升级信息消费，持续释放内需潜力。

部署进一步扩大和升级信息消费，充分释放内需潜力，壮大经济发展内生动力。意见提出，培育基于社交电子商务、移动电子商务及新技术驱动的新一代电子商务平台，建立完善新型平台生态体系，积极稳妥推进跨境电子商务发展。消费升级的市场环境下，消费者从以往的价格敏感转向了品质敏感，以往消费者一般主要关注的是产品的价格，随着人民生活质量的提高，消费者对商品的品质越来越看重，越来越多的消费者选择在跨境进口电商平台上购买产品。

政策四：扩容跨境电商综合试验区，监管过渡期再延一年。

国务院召开的常务会议决定，再选择一批基础条件好、发展潜力大的城市，建设新的综合试验区，推动跨境电商在更大范围发展，将跨境电商监管过渡期政策延长一年至2018年年底。从跨境电商综合试验区的扩围到鼓励建设覆盖重要国别、重点市场的海外仓等，都在利好出口跨境电商的发展。随着政策的持续推动，中国与海外相关国家间国际运输日益快捷,海外仓建设不断推进,海关进出日趋"阳光、透明",跨境电商有望成为21世纪连通全球的新经贸纽带,实现沿线多边共赢。

政策五:调整部分消费品进口关税。

自2017年12月1日起,以暂定税率方式降低部分消费品进口关税。本次降低的消费品进口关税,范围涵盖食品、保健品、药品、日化用品、衣着鞋帽、家用设备、文化娱乐、日杂百货等各类消费品,共涉及187个8位税号,平均税率由17.3%降至7.7%。随着关税的下降,势必将有更多的国外商品进入国内,这对国内的企业来说是个不小的挑战。在商品价格上更加趋于或者接近中国商品的前提下,国内商品要想获得消费者的青睐,就必须提供给消费者更有价格优势、质量优势的商品。

政策六:复制推广跨境电子商务综合试验区。

跨境电商的线上综合服务和线下产业园区"两平台"及信息共享、金融服务、智能物流、风险防控等监管和服务"六体系"等做法已经成熟,并且可以面向全国复制推广,供各地借鉴参考。各地结合实际情况,深化"放管服"改革,加强制度、管理和服务创新,积极探索新经验,推动跨境电商健康快速发展,为制定跨境电商国际标准发挥更大作用。

政策七:2018年起新增5座城市适用跨境电商过渡政策。

自2018年1月1日起,我国将跨境电商过渡期政策适用的范围扩大至合肥、成都、大连、青岛、苏州5个城市。扩大跨境电商零售进口监管过渡期政策出台的一大背景是在本轮消费升级中,国内消费者购买需求不断升级,逐渐从追求爆款,转向购买个性化、差异化商品。跨境海淘已经是当下市场的普遍现象,越来越多的消费者开始选择在网易考拉、亚马逊海外购、京东全球购等这类跨境进口电商平台中选购海外高品质的商品。

三、跨境电商的发展趋势

跨境电商在经历了2016年、2017年的飞速蓬勃发展,到2018年将进入空前繁荣而又硝烟弥漫的阶段。资本的不断涌入,人工智能、AR等新技术的应用,以及各平台、品牌在概念和运营上的推陈出新,都让这个行业既历经激烈的竞争,同时又蕴育无限生机可能。

(一)技术人性化

AI(人工智能)和AR/VR(虚拟现实)等新技术在2017年已经被多方面尝试和初步使用。在购物体验上,传统购物模式更多的是消费者通过图片,或者产品视频了解商品信息,但在一些新的消费场景下,AI和VR等技术的应用,使得消费者能通过设备让自己如临其境,置身于自己想购买产品的体验环境下,获得更加人性化的购物体验。

eBay网站推出的人工智能应用Shopbot,可以直接和消费者对话,让消费者的网上购物过程也同样具有互动性。天猫、京东等推出的虚拟试衣功能,让顾客只需站在屏幕前就能轻松查看试衣效果,同样是AR技术的尝试。跨境海淘可能不再只是单调的图片和文字信息筛选,购物体验将更加丰富、人性化。

(二)品牌全球化

2017年"双11"购物节中,100个优质国货品牌出海,它们的商品前往200多个国家和地区，覆盖了近亿海外华人和全球消费者。传统的产品和贸易更加集中地针对某一特定的市场，但在互联网整个大趋势无所不在、无处不在的情况下，跨境电商平台不再是仅需要满足一两个市场，而是需要满足全球需求，"地球村"的概念在跨境平台中更加明显。国内的消费者可以更加便利、充分地享受海外的品牌和服务，而国内的品牌也有更多渠道输出到世界各地。对于跨境电商来说，走在消费者需求前列、更加全球化，才能享受这种趋势带来的利益和好处。

（三）用户年轻化

根据京东发布的《2017年跨境电商消费趋势报告》，在跨境海淘用户中，80后、90后成为消费主力军。在职业上，公司白领和在校人群占3/5以上比例。"高学历、女性、年轻"这是跨境电商平台用户画像最典型的三个特征。

此外，随着95后逐渐成长、进入社会，他们也成为不容忽视的消费力量。从小被电子产品、智能电子、网络渗透影响的95后，生活就是联网的数字化高度集中，他们有着和过去任何一代都完全不同的生活体验，获取信息的渠道和速度决定了他们拥有创新性思维，因此他们更愿意也能快速地接受新鲜信息。在消费上，年轻一代的消费者，比起性价比，也更加关注商品品质和独特性。

只有抓住年轻的消费者，也就是"数字原生代"这群新而庞大的消费群体，电商平台才可能获得持续性的成功。

（四）营销社交化

一切营销的结果都依赖于传播，而在互联网时代，当传播结合社交互动、让用户自发性地在社群环境下进行二次传播，营销就会产生意想不到的巨大效果。数据显示，UGC（用户原创）内容对消费者购物决策的影响，比其他类型的媒体内容高20%。当用户的观点产生影响力、并逐渐累积，形成"意见领袖"，话语权和影响力可能比一支专业团队打造的营销方案更大。

目前国内已有多家跨境电商平台开启并运用社交化营销策略，可以预见，随着越来越多喜欢发声和乐于分享的年轻消费者进入消费大军，社交化营销将继续成为跨境电商平台营销策略的重点。

（五）物流极速化

跨境电商面向的是全球，对于消费者来说，即便是从地球另外一端下的单，也会期望购买的产品和货物能够在非常短的时间内送达，也就是现在越来越要求本土化的购物体验，包括快速送达、无忧退换货。这种极速的物流体验在国内的电商环境下非常正常，且多数时间可以实现，但如果将物理空间放大到全世界，或者说放大到主流的消费场景国家，这种物流体验对整个运营、供应链、客服等都有非常高的要求。

跨境电商在面对不同国家政策、法律、环境上的差异时，要保证商品质量和物流速率，将会是很大的考验。也因此，在全球主要大的国家，中国是第一个推出跨境电商保税区这种特殊政策的，在一定程度上，这种政策很大地缓解了物流速度的难题。

任务三　跨境电商的模式

一、进口与出口

跨境业务包括进口业务和出口业务，同样，跨境电商也包括进口跨境电商和出口跨境电商。进口跨境电商，是海外卖家将商品直销给国内的买家，一般是国内消费者访问境外商家的购物网站选择商品，然后下单，由境外卖家发国际快递给国内消费者。出口跨境电商，是国内卖家将商品直销给境外的买家，一般是国外买家访问国内商家的网店，然后下单购买，并完成支付，由国内的商家发国际物流至国外买家。

2017年，通过海关跨境电商管理平台零售进出口总额达到902.4亿元，同比增长80.6%。我国海关跨境电商进出口额年均增长50%以上。2017年，我国在这一领域出口336.5亿元，增长41.3%；进口565.9亿元，增长116.4%。中国海关办理跨境电商进出口清单6.6亿票，是进出口货物报关单的8.4倍。

在本书中，我们所讨论的跨境电商仅指出口跨境电商，进口跨境电商只做如下介绍。

2015年是跨境电商初步洗牌的阶段，随之分别建立了合理的商业模式、规范的商品流转和商品品类结构。首先，跨境电商（进口）基本确立了三大类别的商业模式：

第一类是买手制，例如洋码头、海蜜；

第二类是平台入驻型，例如天猫国际、京东国际；

第三类是B2C自营，例如蜜芽、波罗蜜。

除此以外，例如抓取数据的整合型卖场、单纯比价的搜索引擎型卖场，这些模式都已经逐步被市场证明没有竞争力。

其次，跨境电商的商品流转已经从2014年的直邮+转运为主，保税区为辅，逐步发展为了保税区为主，直邮为辅的模式。转运模式因为并不受国家的监管，消费者群众基础也并不非常扎实，所以发展力量正在日渐趋弱。

最后，跨境电商的商品品类结构，已经从2014年到2015年年初的单一品类爆款为主，逐步在向多品类、多爆款，甚至无爆款的阶段过渡。消费者的消费结构，正在越来越合理。

整个行业格局也逐渐清晰：

聚美、唯品会、考拉，都是属于体量和资金量相对巨大的平台；

蜜芽、小红书、波罗蜜、贝贝网，都是属于非常有自己特色的平台；

天猫国际，目前仍然在第三方入驻型跨境电商中独树一帜；

洋码头，在买手型的跨境电商中已经一骑领先；达令、云猴为一类，是国内的行货普货与跨境电商的商品混卖的大卖场电商。

商务部预测，跨境电商2018年仍将保持36.3%的复合增速，2018年交易规模达7581亿元，占比进一步提升至40%。同时，消费者行为也在发生变化，PayPal和国际市场研究机构Ipsos联合发布的《第三届全球跨境贸易调查报告》中称，有21%的受访消费者表示过去一年曾在中国网站进行海淘，其次是美国（17%）和英国（13%）。亚太地区成为移动端跨境网购的主力。在亚太地区，消费者平均37%的跨境购物都是通过以智能手机为主的移动设备完成的。对于西欧、东欧和北美地区的消费者，至少有15%的跨境交易是通过智能手机实现的。

二、跨境电商模式

（一）以交易主体类型分类

1. B2B 跨境电商或平台

B2B 跨境电商或平台所面对的最终客户为企业或集团客户，提供企业、产品、服务等相关信息。目前，中国跨境电商市场交易规模中 B2B 跨境电商市场交易规模占总交易规模的 90% 以上。在跨境电商市场中，企业级市场始终处于主导地位。代表企业有敦煌网、中国制造、阿里巴巴国际站、环球资源网等。

2. B2C 跨境电商或平台

B2C 跨境电商所面对的最终客户为个人消费者，针对最终客户以网上零售的方式，将产品售卖给个人消费者。

3C 类跨境电商平台在不同垂直类目的商品销售上也有所不同，如 FocalPrice 主营 3C 数码电子产品，兰亭集势则在婚纱销售上占有绝对优势。3C 类跨境电商市场正在逐渐发展，且在中国整体跨境电商市场交易规模中的占比不断提高。未来，3C 类跨境电商市场将会迎来大规模增长。代表企业有全球速卖通、亚马逊（Amazon）、DX、兰亭集势、米兰网、大龙网等。

3. C2C 跨境电商或平台

C2C 跨境电商所面对的最终客户为个人消费者，商家也是个人卖方。由个人卖家发布售卖的产品和服务的信息、价格等内容，个人买方进行筛选，最终通过电商平台达成交易、进行支付结算，并通过跨境物流送达商品、完成交易。代表企业有 eBay、全球速卖通等。

（二）以服务类型分类

1. 信息服务平台

信息服务平台主要是为境内外会员商户提供网络营销平台，传递供应商或采购商等商家的商品或服务信息，促成双方完成交易。代表企业有阿里巴巴国际站、环球资源网、中国制造网等。

2. 在线交易平台

在线交易平台不仅提供企业、产品、服务等多方面信息展示，并且可以通过平台线上完成搜索、咨询、对比下单、支付、物流、评价等全购物链环节。在线交易平台模式正逐渐成为跨境电商中的主流模式。代表企业有敦煌网、全球速卖通、DX、炽昂科技（FocalPrice）、米兰网、大龙网等。

（三）以平台运营方分类

1. 平台型

电商平台有开放性集市模式和管理型集市模式两种形式。亚马逊、京东是典型的管理型集市模式。速卖通、eBay、敦煌网等都是典型的开放性集市模式。开放性集市模式即只做平台服务，而不参与物流、配送和质量管控等环节。从发展情况来看，开放性集市模式最早在英美爆发，并且发展很快。但是，这两年来，以亚马逊为代表的管理型集市模式却表现出色，大有反超之势。所谓管理型集市模式，即电商平台虽然不持有任何商品，但是会参与货物配送、质量控制和退换货等环节的管理，以为顾客提供更加良好的服务。亚马逊最大的特色是 FBA，就是在全球 100 多个国家都建立了仓储运营中心。和从国内发货的长传冲吊相比，这些海外仓和海外本土化服务能够更好的靠近消费者，提高购物体验，从而能够极大地促进跨境电商发展。有些人把这种模式称为极速电商。目前有跨境电商进入极速电商时代，开放性集市模式已经落后的说法。

亚马逊、京东、eBay 主要是以在线零售为主，而敦煌网和速卖通却是以小额批发为主。敦煌网以小额批发起家，是中国最早的外贸小额批发平台。但是 6 年后被速卖通很轻松地超越了。这主要是速卖通依托阿里巴巴成熟的 B2B 业务，然后用先免费后收费的方式快速抢占市场。

而国内大龙网试图摆脱传统平台模式的束缚，立足发展中国家，积极发展以移动和社交商务为特色的"约商"，大力建设海外展示展销平台，把展会搬到国外去，并辅之以供应链为特色的外贸综合服务平台，外引内联，进出口相结合，发展国内国外两个市场。

可以看到同样是平台电商，但都不完全相同，甚至彼此差异很大。目前中国跨境电商主要是亚马逊、eBay 和速卖通三强鼎立。这三者之间又各具特色，形成差异化竞争和发展。

2. 垂直模式

垂直电商前面也介绍过。一般指不依托第三方平台，自己构造电商体系，自建网站，自己引流。兰亭、易宝等都是这类垂直电商。垂直电商的流量都是自己一手打造的，比较稳定，客户忠诚度比较高，但是缺点是引流成本高，引流技术比较复杂。如果说第三方平台像西药，见效快，但是有副作用，那么垂直电商流量就像中药，副作用小，但需要长期培养才见成效。

同样是垂直模式，各个电商之间又是不同的。比如，兰亭集势就是技术派。兰亭将搜索引擎优化和谷歌广告投放精准性做到极致。从 2008 年起，兰亭就已经开始熟练运用博客营销，并已经开始尝试 Facebook；2009 年在 YouTube 上发布了公司视频和产品视频；2010 年在 Twitter 上已有数以万计的拥趸。

而 DX 则属于实战派。DX 起家靠三种方式：①塞名片；②论坛营销；③比价功能 (Price Match)。DX 是从给 eBay 卖家做海外物流、航邮小包开始，积累了几十万海外客户的资源而做起来的。全网意识让他继续脱颖而出。核心竞争力是免运费、超低价。DX 主要采用论坛营销，独立论坛聚集客户，并且通过和论坛合作，把网站相关的产品信息、打折优惠信息曝光，并把不同的产品推送到不同的论坛。创始人陈灵健首创比价功能，后来成为外贸 B2C 网站的标配。

垂直也可以理解为深耕某个行业。比如 Shein、执御等专注于时尚服饰；潘朵、银河在线长期专注于服装配饰；而环球易购、赛维等深圳跨境电商在电子产品上竞争激烈。还有傲基专注于欧洲小语种市场，主打德国、法国及西班牙市场，以 3C 产品为主。从 2013 年下半年开始做了一系列自有品牌建设，去年还并购了外贸 B2C 网站 Antelife，主要集中在热销产品上，还专门成立了一个 50 多人的品牌研发团队。目前傲基国际的品牌产品已占到整个公司 20% 的销售份额。

3. 第三方平台卖家

这在前面也介绍过。主要是在亚马逊、eBay、速卖通、Wish 等国际平台上开店的卖家，90% 的卖家在深圳。中国跨境电商包裹 70% 来自深圳。深圳、广州、杭州和义乌是跨境电商最发达的地区。中国跨境电商绝大部分是第三方平台卖家。

4. 品牌电商

品牌是跨境电商当中最有活力，表现最抢眼的。品牌是跨境电商最有价值的资源。品牌能够吸引消费者，大大降低跨境电商的营销成本，消费者对品牌的忠诚度也决定了高转化率和复购率。目前跨境电商品牌主要有两种形式，一种是传统品牌凭借品牌的口碑和实力开拓市场。比如，苹果是世界上最大的跨境电商品牌。国内奥克斯跨境电商能做到 40 多个亿。传统品牌由于根植于传统经济，拥有先天资源和优势。一旦接触并掌握了网络品牌运营规律，便能够快速高效地向线上扩张。因此，传统品牌才是跨境电商发展的主流。

另外一种是新锐品牌。这些品牌利用互联网传播快、经济高效、低成本互动等特点，整合成熟的网络营销和网络零售技术，在社交媒体为代表的新媒体甚至自媒体平台上，依托线上线下的二元市场，建立一种对市场反应灵敏的，以消费者为导向的，以互动为特征的新型网络品牌模式。比如大家熟知的淘品牌，就是这一类在淘宝平台上快速成长起来的快时尚品牌。在跨境电商行业，Anker 就是杰出代表。Anker 品牌创始人阳萌在 2011 年 10 月才开始接触亚马逊。对于其他大卖家来说，只能算刚好搭上末班车。但是他却是第一个吃透亚马逊平台的精髓，用真正品牌的思路来运营亚马逊的人。结果是，用最短的时间取得骄人的成绩，超越了很多以前横亘在他面前的大卖家。并影响了很多跨境电商的经营思路。2014 年下半年以来，以亚马逊平台创牌成为中国跨境电商主流方式。

5. 泛渠道模式

泛渠道就是多个渠道同时开店。比如深圳通拓，就是以"泛供应链、泛渠道"模式经营见长。把中国优质产品，通过 eBay、亚马逊、速卖通、敦煌、Wish、自有网站、淘宝、京东、有赞微商城等多种渠道销售到全世界。通拓科技经营的产品范围包括游戏配件、电脑配件、手机配件、家居、健康/美容、汽车配件、摄影器材、影音视频、激光/LED、服饰、玩具、户外等数十个品类，数十万种商品。通拓科技利用互联网思维方式、模块化管理、IT 技术等多种方法，独创性的解决了多品类、多供应商、多平台、多仓库、多物流、多国家、多语言的复杂关系，通过大数据技术进行匹配组合，提供最优的个性化解决方案。

2014 年以前，泛渠道模式还是比较流行的。但是这两年来，由于竞争过于激烈，这种模式无法继续运行下去。大多数人开始分化出来，集中在亚马逊平台围绕品牌深耕细作。

6. 移动电商模式

这几年，移动商务发展很快。移动商务成为主流。一批移动电商产生了。比如 Wish、Allbuy、Bellabuy 和 Chic Me 等。其中表现最突出的是 Wish，和亚马逊、eBay 等相比，Wish 无疑是一种差异化很强的销售渠道。首先，基于移动，其次具有独特推荐算法。但是和亚马逊相比，Wish 规模和效果还是不显著。不建议独立运营，更多是多渠道的一极。

7. 资本运作模式

与其说是商业模式，不如说是创业模式。兰亭、环球易购一开始就有资本参与。兰亭起家于电子产品，但成就于婚纱。在资本推动下，兰亭虽然很晚进入婚纱这个行业，但是通过重组供应链，将婚纱产地之一苏州虎丘的工厂小作坊进行改造，提高质量和规模，整合一条"工厂+UPS/DHL+全球买家"的产业链。2016 年跨境电商进口由于 4.8 税改而哀鸿遍野，跨境电商出口则表现平稳，最大的特点是资本运作进入深水区。

总之，分类是相对的，没有绝对区分。从长期发展来看，都有同质化和多元化发展的趋势。也就是说，除少数坚持单一模式之外，大家都在同时开展多种方式。比如兰亭以完善高效的网络营销技术做支撑，形成内外贸并举，多平台（大平台和垂直平台）、多品牌（自有品牌和代理品牌）、多模式（B2B 和 B2C）、多产品线的集成电商格局。

【知识巩固】

一、跨境电商与传统国际贸易的对比

跨境电子商务与传统国际贸易模式相比，受到地理范围的限制较少，受各国贸易保护措施影响较小，交易环节涉及中间商少，因而价格低廉，利润率高。但同时也存在明显的通关、结汇和退税障碍，贸易争端处理不完善等劣势。

通过对两者进行对比，可以看出其中的差异，如表 1-11 所示。

表 1-11 跨境电子商务与传统国际贸易模式对比

项目	传统国际贸易	跨境电子商务
主体交流方式	面对面，直接接触	通过互联网平台，直接接触
运作模式	基于商务合同的运作模式	须借助互联网电子商务平台
订单类型	大批量、少批次、订单集中、周期长	小批量、多批次、订单分散、周期相对较短
价格、利润率	价格高、利润率相对较低	价格实惠、利润率高
产品类目	产品类目少、更新速度慢	产品类目多、更新速度快
规模、速度	市场规模大但受地域限制，增长速度相对缓慢	面向全球市场，规模大，增长速度快
交易环节	复杂（生产商—贸易商—进口商—批发商—零售商—消费者），涉及中间商众多	简单（生产商—零售商—消费者或生产商—消费者），涉及中间商较少
支付	正常贸易支付	须借助第三方支付
运输	多通过空运、集装箱海运完成，物流因素对交易主体影响不明显	通常借助第三方物流企业，一般以航空小包形式完成，物流因素对交易主体影响明显
通关、结汇	按传统国际贸易程序，可以享受正常通关、结汇和退税政策	通关缓慢或有一定限制，无法享受退税和结汇政策（个别城市已尝试解决）
争端处理	健全的争端处理机制	争端处理不畅，效率低

二、跨境电商给传统外贸业务带来的机会

跨境电商缩短了对外贸易的中间环节，提高了进出口贸易的效率，为小微企业提供了新的机会。

跨境电商基于互联网的运营模式，正在重塑中小企业国际贸易链条。跨境电商打破了传统外贸模式下国外渠道如进口商、批发商、分销商甚至零售商的垄断，使得企业可以直接面对个体批发商、零售商，甚至是直接的消费者，有效地减少了贸易中间环节和商品流转成本，节省的中间环节成本为企业获利能力提升及消费者获得实惠提供了可能。

传统外贸环节和跨境电商环节的对比如图 1-5、图 1-6 所示。

图1-5 传统外贸环节

图1-6 跨境电商环节

三、跨境电商面临的挑战

2018年，尽管跨境电子商务为我国的外贸企业带来了巨大的商机，但同时也使其面临很大的挑战。

（一）能力建设

数字化转型是对每个人、每个企业的转型。技术和商业模式的不断迭代创新，甚至颠覆性的发展变化，都对企业管理者和员工的认识和能力提出了较高的要求。

（二）基础设施

现在跨境电商的目标市场，正在从欧美发达国家扩大到更多的发展中国家，而当地物流、支付体系，包括互联网和电信基础设施的不完善，都会对电商企业的业务拓展形成障碍和瓶颈。

（三）政策变化会给企业带来困惑和影响

目前很多国家都在准备调整跨境电商政策，包括一些重要市场如俄罗斯、欧盟、澳大利亚等，都需要积极关注这些国家政策的发展变化。

（四）市场竞争

目前，跨境电商同质化竞争现象比较明显。随着越来越多的企业从事跨境电商，企业一定要以消费者为核心，通过数据积累和分析，在提升产品、服务和企业自身的国际竞争力上下工夫，努力增加产品附加值，在产品的"差异化、个性化、国际化、品牌化"几个方面找方向，同时一定要注重保护知识产权。

【本项目实训】

一、实训概述

本实训项目要求学生以从业者的身份对跨境电商模式做相关总结以及对跨境电商市场现状做调研，增强对跨境市场发展情况的认识。

二、实训素材

（1）教学设备：计算机若干（可连接互联网）。
（2）实训场地：实训室。

三、实训内容

任务一 跨境电商认识

实际生活中接触到的跨境电商是什么样的?所感受到的优势和劣势分别是什么?就如何避免劣势这一挑战,有何好的建议?

跨境内容	体验优势	体验劣势	建议

任务二 跨境电商的模式

学生以小组为单位,借助互联网查找相关跨境电商企业,对比经营模式进行归类划分,对同类企业经营类目进行总结,并对比其异同点。

运营模式	企业名称	经营类目	企业共同点	企业不同点	主要岗位

项目二

跨境电商平台的介绍与选择

跨境电子商务平台是基于网络发展起来的，跨境电子商务平台作为推动经济一体化、贸易全球化的技术基础，具有非常重要的战略意义。跨境电子商务不仅冲破国家间障碍，使国际贸易走向无国界贸易，同时也正在引起世界经济贸易的巨大变革。对企业来说，跨境电子商务平台构建的开放、多维、立体的多边经贸合作模式，极大地拓宽了进入国际市场的路径，大大促进了多边资源的优化配置与企业间的互利共赢；对于消费者来说，跨境电子商务平台使他们非常容易地获取其他国家的信息并买到物美价廉的商品。

除了一些巨头跨境电子商务平台如阿里巴巴国际站、速卖通、eBay、亚马逊、Wish、Lazada 等牢牢占据大部分市场份额之外，中小型创业公司的平台也已在跨境电商市场觅得突围良机。据北商研究院发布的《名单》显示，跨境电商市场呈现巨头林立与百花齐放共存的局面。其中，进口跨境电商市场上，天猫国际、京东全球购、苏宁海外购等传统电商已经牢牢占据大部分市场份额，但蜜芽、洋码头等创业公司或通过细分市场发力、或通过率先布局物流等方式，先后斩获上亿美元融资，无论是在品牌知名度、销售业绩，还是在服务质量上，都拥有了与巨头相抗衡的能力。

出口跨境电商行业也呈现类似特点。既有速卖通、eBay、亚马逊等老牌电商雄踞市场，也有敦煌网、兰亭集势及 DX 等品牌进一步分羹，伴随 Wish、小笨鸟等后起之秀的崛起，百花齐放局面逐渐显现。

目前主流跨境电商平台，阿里巴巴国际站、速卖通、亚马逊、eBay 等，它们之间的优势和特点也各自不同。本项目我们通过学习跨境电商平台特点，了解多种平台营销方式。

【学习目标】

知识目标

（1）认识跨境电商平台；

（2）熟悉跨境电商平台提供的服务；

（3）了解跨境电商平台的特点。

能力目标

（1）掌握跨境电商平台的物流模式；

（2）掌握跨境电商平台的盈利模式；

（3）掌握选择跨境电商平台的方法。

【任务概述】

2016 年中国跨境电商市场规模达到 6.7 万亿元，同比增长 24%。跨境电商的发展一方面得益于欧美日等发达经济体量化宽松等刺激政策带来的经济复苏，零售消费企稳回升；另一方面，中国制造的性价比优势通过网络即时传达至海外终端，获得消费者的追捧。跨境电商占进出口贸易的比例从 2010 年的 6% 上升至 2016 年的 28%，预计到 2020 年占比将达 38%。

项目二 跨境电商平台的介绍与选择 21

UR全球快时尚品牌，是UR集团旗下的服装连锁零售品牌。2013年看好阿里巴巴旗下网购零售平台B2B销售模式，注册了天猫旗舰店（如图2-1所示）。每年推出万款新品，深受消费者的喜爱。UR十分看好跨境电商行业，企业盈利的能力也进一步提升。经营跨境电商，第一步需要在众多跨境平台当中选择适合自己的平台。

图2-1　UR天猫旗舰店首页展示

【任务分解】

想要迈进跨境电商行业，首先需要了解各个电商平台的销售市场、物流特点、盈利方式、平台特点等。其次通过数据分析各个行业以及行业热销产品。最后根据销售的产品，寻找合适的货源，不仅需要确定货源的质量，还需要注意货源的可靠性。如何选择跨境电商平台？跨境电商平台都有哪些特点？不同的跨境平台都有哪些优势？带着这些问题开始本项目的学习。

任务一　阿里巴巴国际站

一、平台概述

阿里巴巴国际站是阿里巴巴集团最早创立的业务，是目前全球领先的跨境B2B电子商务平台，服务全世界数以千万计的采购商和供应商。阿里巴巴国际站专注服务于全球中小微企业，在这个平台上，买卖双方可以在线更高效地找到适合的彼此，并更快更安心地达成交易，此外，阿里巴巴外贸综合服务平台提供的一站式通关、退税、物流等服务，让外贸企业在出口流通环节中也变得更加便利和顺畅。

企业基于全球领先的企业间电子商务网站阿里巴巴国际站贸易平台，通过向海外买家展示、推广供应商的企业和产品，进而获得贸易商机和订单，是出口企业拓展国际贸易的首选网络平台（如图2-2所示）。

图2-2　阿里巴巴国际站

"阿里巴巴国际站"提供一站式的店铺装修、产品展示、营销推广、生意洽谈及店铺管理等全系列线上服务和工具,帮助企业降低成本、高效率地开拓外贸大市场。阿里巴巴国际站定位是为全国中小企业提供网上贸易市场。

二、盈利方式

(一) 会员费

企业通过阿里巴巴国际站参与电子商务交易,必须注册为会员,每年要交纳一定的会员费才能享受网站提供的各种服务,目前会员费是阿里巴巴国际站最主要的收入来源。

(二) 广告费

网络广告是门户网站的主要盈利来源,同时也是阿里巴巴国际站的主要收入来源。
金品诚企会员年费中包含推广费用:￥80 000 元/年。

(三) 竞价排名

企业为了促进产品的销售,都希望在 B2B 网站的信息搜索中自己的排名靠前,而网站在确保信息准确的基础上,根据会员交费的不同对排名顺序作相应的调整。
阿里巴巴国际站关键词搜索排名钻石词仅售 1～20 名,第一名￥96 000 元/年,第 2～10 名￥43 200 元/年,第 11～20 名￥24 000 元/年。

(四) 增值服务

阿里巴巴国际站通常除了为企业提供贸易供求信息以外,还会提供一些独特的增值服务,包括企业认证、独立域名、提供行业数据分析报告、搜索引擎优化等。
视频拍摄:￥5 000 元/次;时长 60～70 秒。
橱窗展示:￥12 000 元/组/年(每组五个橱窗产品)。
外贸直通车:
(1) 开户金额:￥20 000～30 000 元;自主设置,按照点击率收费。
(2) 续充金额:￥10 000～100 000 元;账户总金额不能超过￥150 000 元。
(注释:以上涉及所有价格均来自阿里巴巴国际官方网站 https://page.1688.com。)

(五) 线下服务

主要包括展会、期刊、研讨会等。通过展会,供应商和采购商面对面地交流,一般的中小企业还是比较青睐这个方式。期刊主要是关于行业资讯等信息,期刊里也可以植入广告。

(六) 商务合作

包括广告联盟、政府、行业协会合作、传统媒体的合作等。广告联盟通常是网络广告联盟,联盟营销还处于萌芽阶段,阿里巴巴国际站对于联盟营销还有很大的发展空间。

(七) 按询盘付费

区别于传统的会员包年付费模式,按询盘付费模式是指从事国际贸易的企业不是按照时间来付费，而是按照海外推广带来的实际效果，也就是海外买家实际的有效询盘来付费。其中询盘是否有效，主动权在消费者手中，由消费者自行判断，来决定是否消费。尽管B2B市场发展势头良好，但B2B市场还是存在发育不成熟的一面。这种不成熟表现在B2B交易的许多先天性交易优势，比如在线价格协商和在线协作等还没有充分发挥出来。因此传统的按年收费模式越来越受到以ECVV为代表的按询盘付费平台的冲击。按询盘付费有4大特点：零首付、零风险；主动权、消费权；免费推、针对广；及时付、便利大。广大企业不用冒着"投入几万元、十几万元，一年都收不回成本"的风险，零投入就可享受免费全球推广，成功获得有效询盘，辨认询盘的真实性后，只需在线支付单条询盘价格，就可以获得与海外买家直接谈判成单的机会，主动权完全掌握在供应商手里。

三、服务种类

1. 免费会员

限制性申请：如公司是在中国大陆，只有加入中国供应商才能使用卖家的功能。国际免费会员能采购商品，还可以在国际站发布供应信息进行产品销售。

2. 全球供应商会员

指中国内地以外的付费卖家会员，可以在国际站采购商品，同时可以发布产品信息进行销售，还可以在国际站上继续搜索产品或者供应商的信息，针对后台的管理系统，可以提供英语、简体中文和繁体中文三种语言，在英语系统下，部分功能只开放如一些增值外贸服务。

3. 中国供应商会员

一般所指的是中国大陆、香港、澳门和台湾的收费会员，这一部分会员是阿里巴巴国际站的主要付费会员，主要依托国际站寻找海外买家，从事出口贸易。具有一个非常强大的后台管理，在这里可以进行商品管理以及店铺装修等操作，而对于卖家来说不仅可以通过产品信息，也可以通过公司吸引买家，达成最后的交易，同时中国供应商也可以在网站上发布采购信息进行原材料的采购操作。

中国供应商会员是阿里巴巴国际站的主要付费会员。主要依托国际站寻找海外买家，从事出口贸易。中国供应商会员有专享的中国供应商服务，包括以下专享服务。

（1）拥有专业的二级域名网页；
（2）拥有强大的后台管理系统；
（3）可以与所有买家直接联系；
（4）信息排名游戏；
（5）不限量产品发布；
（6）多账号外贸邮；
（7）买家IP定位；
（8）视频自主上传；
（9）数据管家；
（10）橱窗产品；
（11）其他服务，包括：在线推广、客户培训、海外展会、售后服务等。

任务二　速卖通

一、平台概述

（一）现状

速卖通于 2010 年 4 月上线，经过 3 年多的迅猛发展，每天海外买家的流量已经超过 5 000 万，最高峰值达到 1 亿；已经成为全球最大的跨境交易平台。速卖通营销是阿里巴巴帮助中小企业接触终端批发零售商，小批量多批次快速销售，拓展利润空间而全力打造的融合订单、支付、物流于一体的外贸在线交易平台。阿里全球速卖通就是让批发商们更方便地找到货源或者部分质量较高的生产厂家的货源。此平台适合体积较小、附加值较高的产品，比如首饰、数码产品、电脑硬件、手机及配件、服饰、化妆品、工艺品、体育与旅游用品等相关产品。如图 2-3 所示。

图 2-3　速卖通官网

（二）行业分布

全球速卖通覆盖 3C、服装、家居、饰品等共 30 个一级行业类目；其中优势行业主要有：服装服饰、手机通讯、鞋包、美容健康、珠宝手表、消费电子、电脑网络、家居、汽车摩托车配件、灯具等。

（三）适合产品

首先就要有适宜通过网络销售并且适合通过航空快递运输的商品。这些商品基本符合下面的条件。

（1）体积较小，主要是方便以快递方式运输，降低国际物流成本。

（2）附加值较高，价值低过运费的单件商品不适合单件销售，可以打包出售，降低物流成本占比。

（3）具备独特性，在线交易业绩佳的商品需要独具特色，才能不断刺激买家购买。

（4）价格较合理，在线交易价格若高于产品在当地的市场价，就无法吸引买家在线下单。

根据以上条件，适宜在全球速卖通销售的商品主要包括服装服饰、美容健康、珠宝手表、灯具、消费电子、电脑网络、手机通讯、家居、汽车摩托车配件、首饰、工艺品、体育与户外用品等。

（四）禁限售商品

禁售的商品：毒品及相关用品，医药相关商品，枪支、军火及爆炸物，管制武器、警察用品、间谍产品、医疗器械、美容仪器及保健用品、酒类及烟草产品等。

限售的商品：指发布商品前需取得商品销售的前置审批、凭证经营、授权经营等许可证明，否则不允许发布。若已取得相关合法的许可证明的，请先提供给全球速卖通平台。

侵权的商品：商标侵权，未经商标权人的许可，在商标权核定的同一或类似的商品上使用与核准注册的商标相同或相近的商标的行为，以及其他法律规定的损害商标权人合法权益的行为；著作权侵权，未经著作权人同意，又无法律上的依据，使用他人作品或行使著作权人专有权的行为，以及其他法律规定的损害著作权人合法权益的行为；专利侵权，未经专利权人许可，以生产经营为目的，实施了依法受保护的有效专利的违法行为。

（五）跨国快递

在全球速卖通上有3类物流服务，分别是邮政大小包、速卖通合作物流以及商业快递。其中90%的交易使用的是邮政大小包。

中国邮政大小包、香港邮政大小包的特点是费用便宜（如500g的货物发往俄罗斯，大致费用只需要三四十元），但邮政大小包时效相对较慢，且存在一定的丢包率，建议在跟买家做好服务沟通的前提下使用。合作物流的特点是经济实惠、性价比高、适应国际在线零售交易，由全球速卖通分别与浙江邮政、中国邮政合作推出。四大商业快递特点是速度快、服务好、专业、高效，但相对快递价格比较高，适用于货值比较高、买家要求比较高的商品或交易。

卖家发货时，可以根据不同的物流服务，选择在速卖通上线上发货，也可以联系各主要城市的货代公司上门收件进行发货。

（六）安全性

（1）反欺诈风险模型。极为先进的专有欺诈风险模型有助于检测和预报欺诈性交易，从而避免业务受损。

（2）对数据加密技术的使用处于业界领先地位。对数据加密技术的使用比任何财务型服务公司都要广泛。

（3）保证财务信息的安全。不会向卖家透露买家的财务信息，使买家能够更加安心地从PayPal商家那里购物。

（4）业界标准服务。使用业界认可的地址认证服务（AVS）和卡安全代码（CSC，也称为CVV2）帮助防止身份被盗用。

（5）认证体系（专利申请中）。使用专有的银行账户认证方法作为额外的认证标准。

（6）反欺诈小组。反欺诈小组由全球各地的2 000多名专家组成。该小组全天候工作，帮助保证交易安全并确保敏感信息被保密。

二、盈利方式

全球速卖通平台的主要收入来源为两类。

（一）会员费

速卖通会员费用￥19 800元/年，即目前要加入全球速卖通平台需要首先缴纳￥19 800

元/年的会员费。

（二）交易佣金

阿里巴巴会向该平台上每笔成功交易根据不同的支付方式收取交易总额3%～9.15%不等的交易佣金。此平台目前支持电汇、支付宝以及其他跨国在线支付方式。其中，若卖家采用支付宝进行交易，在优惠期内，阿里巴巴只收取3%的佣金，即收取产品总价加上运费的总额的3%。

三、提供服务

（一）速卖通在阿里巴巴国际化布局的战略地位

全球速卖通是阿里巴巴旗下唯一面向全球市场打造的在线零售交易平台，融合订单、支付、物流于一体。主要目的和功能是把"中国制造"通过电子商务的平台直接送向全球的消费者手中，是跨境直达的平台。

（二）速卖通发展的"三步走战略"

速卖通的发展起步于2010年4月，目前服务网络覆盖全球220多个国家和地区，同时在俄罗斯、巴西、西班牙、美国等取得快速发展，通过重点国家的精细化运作实现速卖通的"全球卖"目标，完成交易模式的三步走战略：

第一步是中国卖家全球卖，就是目前的传统出口零售业务；

第二步是除了中国卖家外，当地卖家通过速卖通平台服务当地买家；

第三步是从货卖全球进化到货通全球，让每个在速卖通国家站的卖家都可以把货卖到全球。

（三）"双11"速卖通的战略使命

"双11"就是速卖通全球化布局的第一步，借助"双11"电商狂欢的机会，实现"全球卖"。

（四）速卖通跨境物流的升级

速卖通背后的物流支持主要依托于阿里菜鸟平台，通过邮政物流体系搭建全面覆盖网络，同时搭配专线体系，提高时效，降低成本。

而速卖通运营效率的提升也经历了一次变革，以俄罗斯的跨境物流为例：

速卖通在俄罗斯快速发展的同时，物流速度却成为了障碍。为解决物流困境，速卖通通过阿里菜鸟与中国邮政合作在保证俄罗斯全境覆盖的基础上，建立了专线物流，利用速卖通电商平台大量集中货物后利用专线直运到俄罗斯。目前，此专线每天一班，不需要像单个货代要等几天才能凑齐一个干线。加上电子化清关技术的使用，提升了通关效率。这个线路使得俄罗斯人民的收货时效由过去的60～90天，缩短控制在35天以内。

（五）速卖通跨境物流效率提升策略

供应链各个环节信息打通无缝对接，加上大数据对物流的监测，可以使得信息通畅；利用平台的聚货能力有效地集中大量订单和包裹，使得仓储和航空干线资源能够更高效地利用起来；集合官方平台的议价能力，替商家和消费者争取到了比较优惠的服务价格和高质量的服务；把社会上优质的物流资源聚合到一起，共同为买家和卖家提供服务。海关流程的打通，使得清关效率大大提高。

（六）自提点

菜鸟联合香港邮政、7-Eleven、Circle K，为香港的消费者提供超过 400 个自提点；菜鸟联合全家、7-Eleven，为台湾的消费者提供超过 3 500 个自提点；在菜鸟与新加坡邮政的战略合作下，新加坡邮政开放全境的 POP Station 为新加坡的消费者提供自提服务。

任务三　敦煌网

一、平台介绍

敦煌网是全球领先的在线外贸交易平台（如图 2-4 所示）。其 CEO 王树彤是中国最早的电子商务行动者之一。1999 年参与创立卓越网并出任第一任 CEO，2004 年创立敦煌网。敦煌网致力于帮助中国中小企业通过跨境电子商务平台走向全球市场，开辟一条全新的国际贸易通道，让在线交易不断地变得更加简单、更加安全、更加高效。

敦煌网是国内首个为中小企业提供 B2B 网上交易的网站。它采取佣金制，免注册费，只在买卖双方交易成功后收取费用。据 PayPal 交易平台数据显示，敦煌网是在线外贸交易额中亚太排名第一、全球排名第六的电子商务网站，其在 2011 年的交易达到 100 亿元规模。作为中小额 B2B 海外电子商务的创新者，敦煌网采用 EDM（电子邮件营销）的营销模式低成本高效率的拓展海外市场，自建的 DHgate 平台，为海外用户提供了高质量的商品信息，用户可以自由订阅英文 EDM 商品信息，第一时间了解市场最新供应情况。

图 2-4　敦煌网首页展示

二、交易模式

敦煌网"为成功付费"打破了以往的传统电子商务"会员收费"的经营模式，既减小企业风险，又节省了企业不必要的开支。同时避开了与 B2B 阿里巴巴、中国制造网、环球资源、环球市场等的竞争。

一个标准的卖家是这样做生意的：把自己产品的特性、报价、图片上传到平台，接到海外买家的订单后备货和发货；买家收到货后付款，双方通过多种方式进行贸易结算。整个周期5～10个工作日。

在敦煌网，买家可以根据卖家提供的信息生成订单，可以选择直接批量采购，也可以选择先小量购买样品，再大量采购。这种线上小额批发一般使用快递，快递公司一般在一定金额范围内会代理报关。举例来说，敦煌网与DHL（中外运敦豪）、联邦快递等国际物流巨头保持密切合作，以网络庞大的业务量为基础，可使中小企业的同等物流成本至少下降50%。一般情况下，这类订单的数量不会太大，有些可以省去报关手续。以普通的数码产品为例，买家一次的订单量在十几个到几十个不等。这种小额交易比较频繁，不像传统的外贸订单，可能是半年下一次订单，一个订单几乎就是卖家一年的"口粮"。"用淘宝的方式卖阿里巴巴B2B上的货物"，是对敦煌网交易模式的一个有趣概括。

任务四　eBay

一、平台介绍

eBay（中文简称易贝）是一个可让全球民众上网买卖物品的线上拍卖及购物网站（如图2-5所示）。eBay于1995年9月4日由Pierre Omidyar以Auctionweb的名称创立于加利福尼亚州圣荷西。人们可以在eBay上通过网络出售商品。2014年2月20日，eBay宣布收购3D虚拟试衣公司PhiSix。

eBay首席执行官约翰·多纳霍称，当日达送货服务是大势所趋。eBay的雄心就是当日达送货服务最终将推广到全美。它的计划是联合传统的快递公司、甚至是报社的送报车队，充分利用它们过剩的货运能力，提高物流的速度。eBay将与市场推广方分享用户数据。

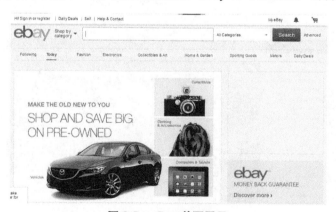

图2-5　eBay首页展示

二、销售方式介绍

eBay创立之初是一个拍卖网站，到今日eBay在销售方式上依然延续了拍卖的模式，这是eBay区别于其他平台的一大特色。在eBay上有两种售卖方式：拍卖和一口价。

（一）拍卖

以"拍卖"方式刊登物品是 eBay 卖家常用的销售方式，卖家通过设定物品的起拍价及在线时间，开始拍卖物品，并以下线时的最高竞拍金额卖出，出价最高的买家即为物品的中标者。在 eBay 上以低起拍价的方式拍卖物品，仍然是能激起买家兴趣踊跃竞拍的最好途径。而且，在搜索排序规则中，即将结束的拍卖物品还会在"Ending Soonest（即将结束）"排序结果中获得较高排名，得到更多的免费曝光机会。

拍卖的形式虽然好，但并不是所有的产品都适合拍卖，适合拍卖的产品主要有以下特点。

（1）有特点的产品，明显区别于市场上常见的其他产品，并且是有市场需求的。

（2）库存少的产品。

（3）非职业卖家，只是偶尔来销售产品。

（4）无法判断产品的准确价值时，可以设置一个能接受的起拍价，由市场决定最终价格。

（二）一口价

以"一口价"方式销售的物品在线最长时间是 30 天，可以让产品有充分的展示时间。适合一口价方式的产品主要具有如下特点。

（1）有大量库存的产品。

（2）有丰富的 SKU，可以整合到一次刊登中。

（3）需要长时间在线销售的产品。

（4）卖家希望有固定可控的利润。

三、了解 eBay 政策

（一）卖家服务评分

eBay 的卖家评分系统分为如下 4 个维度，简称为 DSR（Detail Seller Rating）。

（1）物品描述与实物之间的差异（Item as described）。

（2）沟通质量及回应速度（Communication）。

（3）物品运送时间合理性（Shipping time）。

（4）运费及处理费合理性（Shipping and handing charges）。

卖家服务评分是 5 分制，以 5 个星代表分数，5 分最高，1 分最低。交易成功后，买家可以选择给卖家打分。卖家服务评分以五角星的形式显示在卖家的信用评价档案里（如图 2-6 所示），星星后面的数字表示该项有效评价数。

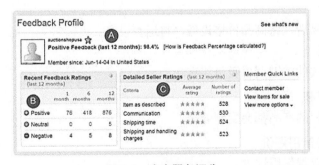

图 2-6　卖家服务评分

（二）不良交易率

1. 什么是不良交易率

不良交易率（Defect Rate）是指有以下一项或多项不良交易除以卖家所有成功交易所得的比例。

（1）买家在"物品与描述相符"一项给予了 1、2 或 3 分评级；

（2）买家在"运送时间"一项给予了 1 分评级；

（3）买家留下中评或差评；

（4）买家通过 eBay 退款保障；

（5）因卖家原因取消交易。

2. 计算原则

（1）同一笔交易中涉及多项问题的，只计算一笔。

（2）只有已完成的交易才被计入分母，这意味着因买家原因取消交易和买家出价不买的情况不计入计算。

（3）同一卖家账户下来自不同站点（美国、英国、德国）的交易分别统计，并影响对应的 eBay 站点。

（4）评估日期为每月 20 日。当过去 3 个月的交易达到超过 400 笔时，评估期为过去 3 个月；当过去 3 个月的交易不足 400 笔时，评估期为过去 1 年。

3. 所有卖家的不良交易率必须满足的条件

所有卖家：≤ 5% 或者 < 8 笔。

优秀评级卖家：≤ 2% 或者 < 5 笔。

卖家需要同时满足"不良交易率"及"未解决纠纷率"的最低要求，确保成为合格卖家。

（三）其他需要注意的规则

1. 虚假出价

虚假出价是指以拍卖方式刊登商品时，通过亲朋虚假出价以达到抬高价格的行为。被判定为虚假出价时，eBay 会根据情节轻重做出不同的惩罚，主要包括：

（1）删除刊登的商品。

（2）限制账户权利。

（3）取消"超级卖家"资格。

（4）暂时或永久冻结卖家账户。

2. 高额运费

卖家为逃避交易费，将商品价格设低，将运费设高。

3. 滥用关键词

使用和商品无关的关键词以吸引买家。

4. 违反知识产权

销售假冒或侵权的产品都会受到处罚。

5. 不正当取得信用评价

通过自卖自买取得信用评价。

任务五 亚马逊

一、平台介绍

Amazon（简称亚马逊），是美国最大的一家网络电子商务公司，位于华盛顿州的西雅图（如图2-7所示），是网络上最早开始经营电子商务的公司之一。亚马逊成立于1995年，一开始只经营网络的书籍销售业务，现在则扩及了范围相当广的其他产品，已成为全球商品品种最多的网上零售商和全球第二大互联网企业，在公司名下，也包括了AlexaInternet、a9、lab126和互联网电影数据库（Internet Movie Database，IMDb）等子公司。

2004年8月亚马逊全资收购卓越网，使亚马逊全球领先的网上零售专长与卓越网深厚的中国市场经验相结合，进一步提升客户体验，并促进中国电子商务的成长。2016年10月，亚马逊排2016年全球100大最有价值品牌第8名。

亚马逊及其他销售商为客户提供数百万种独特的全新、翻新及二手商品，如图书、影视、音乐和游戏、数码下载、电子和电脑、家居园艺用品、玩具、婴幼儿用品、食品、服饰、鞋类和珠宝、健康和个人护理用品、体育及户外用品、玩具、汽车及工业产品等。

图2-7 亚马逊首页展示

二、运营特点

亚马逊平台上的运营推广策略和国内电商平台大有不同，如果想参加亚马逊平台组织的促销活动，要根据商品以往的销售记录和综合评分来判断是否可以入选。亚马逊有其独特的运营规则，了解了这些规则后在亚马逊平台上也可以做得很好。

（一）Listing

1. 什么是Listing跟卖政策

亚马逊独有的Listing机制，即跟卖政策。如果A卖家创建了一个产品页，其他同款卖家看见后可以在上面增加一个按钮链接到自己的产品（如图2-8所示），表示：我这里也卖，可以来我这里买。这对新卖家来说是好机会，可以分享到别人的流量，但容易直接引发价格战。采取跟卖策略的卖家，也要非常小心，不要触犯侵权问题，一旦被投诉侵权就会被平台处罚。如果别人在你的 Listing 上发生了侵权行为，你也可以向平台投诉。

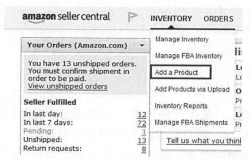

图 2-8　Listing 机制

为什么会有"跟卖"？任何卖家在亚马逊平台上传的 Listing 归属权都归于亚马逊，不再属于上传该 Listing 的卖家，这和国内大部分电商平台的规则不同。亚马逊平台认为同一款商品，商品的介绍、图片等信息应该是相同的，没必要出现同一款商品有很多页面的情况，唯一的区别就在于价格，所以亚马逊允许多个卖家使用同一个 Listing。如果有很多卖家销售同一款商品，则亚马逊会根据卖家提供服务的品质结合卖家的销售价格向消费者推荐更优的卖家。

怎么操作跟卖？找到你想跟卖产品的 ASIN，在卖家后台搜索该 ASIN，搜索出你要跟卖的产品并且点击页面上的"SELL YOURS HERE"，就可以进行跟卖了。

2. Listing 跟卖

跟卖的优势：

（1）不用自己制作页面，几秒钟就可以搞定；

（2）商品的出价会立即出现在排名靠前的 Listing 中；

（3）跟卖大流量的 Listing 不仅可以迅速提升跟卖产品的销量，还可以带动店铺其他产品的销量。

跟卖的风险：

（1）容易被 Listing 所有者投诉侵权，一旦投诉成功就会被封账号；

（2）直接引发价格战，导致低利润。

跟卖的建议：

（1）首先要确保自己的商品和跟卖的 Listing 描述完全一致，包括商品本身、包装、卖点、功能、描述等；否则，买家收到货如发现任何与描述不一致的地方，都可以向亚马逊投诉。你所跟卖的卖家也有可能对你的订单进行"Tast Buy"，如发现和描述不一致，也可以向亚马逊投诉。

（2）跟卖时尽可能设置较低的价格，价格越低获得购物车的可能性越高。抢夺购物车的权重依次为：FBA＞价格≥信誉度。

（3）选择跟卖比较多的 Listing，如果一款产品销售好又没有人跟卖，极有可能是有品牌保护的，这个时候千万不要冒着侵权的风险去跟卖。

（4）了解产品是否是注册品牌，可以在网上搜索或者去商标网站查看，主要通过 Google 搜索。

（5）如果被投诉侵权要立刻取消跟卖，并且积极和对方沟通了解是否真实发生了侵权行为。

3. 自建 Listing

如果你的产品不是标准化产品，或者是你独有的品牌，就需要自建 Listing。在制作 Listing 时，页面的设计和文案要吸引人。

Listing 标题的写法如下。

每个单词的首字母要大写（特殊情况除外，如连词 and、or、for；冠词 the、a、an；少于 5 个字母的介词 in、on、over、with）。

能使用数字就使用数字而不是单词（如尽量使用 2 而不是 Two）；不要包含类似于"！*$？"这样的符号；把一些测量值拼写出来而不是用符号代替（如表达英寸时请使用 inches，而不是符号）；不要使用中文输入法输入内容。

只包含商品本身的信息，不加入营销性质的词、物流方式的词，如 Free Shipping、New Arrival、Sale、Best Seller、Great Deal、Hot Item 等。

标题编写长度控制在每个特定类目的规定范围之内，标题中的单词避免拼写不规范或拼写错误。

描述清楚产品信息，通过标题就可以让买家知道要购买的是什么商品；但不要堆砌关键词，尽量保持标题简洁，关键词放在 search term 里。但是标题中已经出现的关键词就不用再重复出现在 search term 里了。关键词的每个单词之间用英文的空格隔开，同一个 SKU 的 5 个 search term 中的单词会自由组合成新的关键词。

参考亚马逊给出的标题建议，符合亚马逊平台算法，提升曝光量。

4. 做好 Listing 保护

如果自建了 Listing 就要做好后期的维护和保护，以免其他卖家过多地来跟卖，导致客户和价格被压低损失利润。如何保护好我们辛苦做出的 Listing 呢？

（1）首先要注册自己的品牌（建议注册美国和当地国商标，中国商标投诉成功的概率非常小），注册品牌后到亚马逊平台备案，完成备案后会得到 GCID 码，拿到 GCID 码上传产品时，就不需要 UPC 码了，可以节省一部分费用。GCID 码并不能起到保护 Listing 的作用，作为初期没有美国商标的商家，可以先用中国商标备案，以便获得 GCID 码以节省 UPC 码的费用。

（2）商标备案，可参考亚马逊官方的品牌申请说明。品牌备案只需要准备网站、以网站域名为后缀的邮箱、两张带有品牌的产品图片，提交亚马逊后就可以在 48 小时内备案完成。

（3）如果有品牌的商品被别人跟卖，可以与跟卖的卖家联系要求他们移除跟卖，或者直接向 Amazon Seller Support 提出举报，亚马逊会警告卖家甚至关闭其账号。

（二）Buy Box

Buy Box 的位置在每个商品页面的右上方，是买家浏览时最方便看见的黄金位置，只要买家点击"Add to Cart"按钮就会把该位置上卖家的产品放到买家购物车里（如图 2-9 所示）。在同一时间段里，只有一个卖家可以得到 Buy Box 的位置。

图 2-9　Buy Box

在亚马逊平台的运营策略中，抢占 Buy Box 是一种重要方法，占据 Buy Box 就意味着会有大量的订单。

1. Buy Box 分配原理

Buy Box 是系统通过计算卖家的综合素质来决定分配给哪个卖家的，影响因素主要如下。

（1）配送方式：运用 FBA 将大大增加卖家获得 Buy Box 的概率。

（2）最终价格：是卖家将产品运送给亚马逊时收取的价格（包括运费以及关税）。卖家的评级越高，就可以收取亚马逊更高的价格，同时还能保留 Buy Box 的位置。

（3）卖家评分：是卖家过去一年交易中的综合得分，越近期的交易得分在综合评分中所占的比重越大。

（4）运输时间：亚马逊对运送时间的要求很高，亚马逊判断运送时间的标准分为 0～2 天、3～7 天、8～13 天、14 天。

（5）还有其他一些因素会综合影响系统的判断。

2. 得到 Buy Box 必须满足的条件

（1）卖家拥有一个专业卖家账户。

（2）卖家需要是特色卖家。特色卖家的要求是卖家需要在亚马逊上有 2～6 个月的销售记录，拥有一个比较高的卖家评级、送货评级，以及订单错误率低于 1%。

（3）商品需要是全新状态。

（4）商品必须要有库存。

3. 如何提升获 Buy Box 的概率

（1）理好物流，缩短配送时间，建议选择 FBA。

（2）减少订单缺陷率，服务好每一个买家。

（3）制定一个有竞争力的价格。

（4）做一个优秀卖家，努力提高卖家评级（Selling Rating）。

（5）在各个变量上做优化。

（6）其他优化。

三、Amazon A-to-Z 条款

（一）A-to-Z 条款内容

A-to-Z 索赔条款是为了保护买家从第三方卖家购买商品时的权益。当买家从第三方卖家购买商品时，商品和物流都在 A-to-Z 条款的保护下。在满足以下情况时，买家可以提出 A-to-Z 索赔。

（1）买家已经通过自己的账号和第三方卖家沟通过；

（2）买家已等待 2 个工作日还未得到卖家回复；

（3）以下情况满足一条，买家就可以提出 A-to-Z 索赔：

①第三方卖家超过最长送达时间 3 天后或在下单日 30 天后，买家尚未收到商品，不论哪种情况先达到。

②买家收到的商品被损坏、有缺陷，或者与商品介绍有本质的区别。

③第三方卖家同意给买家退款但并没有退款，或退款数额有误。

注意：如果买家拒收包裹或者买家退回的包裹没有追踪号，买家的 A-to-Z 索赔不会被受理。

（二）卖家如何应对 A-to-Z 条款

（1）当买家的 A-to-Z 索赔尚未被核准受理时，卖家可以采取立刻全额退款的方式解决 A-to-Z 的投诉。如果卖家不同意退款，应立刻提供作为卖家的陈述资料。如果你的账户不支持退款，则可以请买家联系亚马逊客服协助处理。

（2）在有些情况下，即使亚马逊已经核实了买家的赔偿要求，但是此调查还在进行中，所以卖家还需要继续配合提供卖家应提供的资料；否则，卖家需要承担不回应 A-to-Z 的责任。

（3）卖家需要注意，如果 7 天内不回应 A-to-Z 的通知，亚马逊就会核准买家的赔偿要求，并且会从卖家账号里直接退款给买家。

（4）若收到 A-to-Z 索赔，如果明显是卖家的责任，应该积极帮助买家解决，并退款给买家；如果是买家的责任，则可以主动向亚马逊提供证据。最重要的是关注提醒信息，不要错过时间。

任务六　Wish

一、平台介绍

Wish 于 2011 年成立于美国旧金山，是一款基于移动端 APP 的商业平台（如图 2-10 所示）。起初，Wish 只是向用户推送信息，并不涉及商品交易。2013 年开始升级成为购物平台。Wish 的系统通过买家行为等数据的计算，判断买家的喜好、感兴趣的产品信息，并且选择相应的产品推送给买家。与多数电商平台不同，在 Wish 上的买家不太会通过关键词搜索来浏览商品，更倾向于无目的地浏览。这种浏览方式是美国人比较接受的，所以 Wish 平台超过六成的用户位于美国和加拿大，以及一些欧洲国家。

图 2-10　Wish 首页展示

二、平台销售原理

（一）Wish 平台特点

Wish 平台是在移动互联网发展中诞生的，和其他电商平台最大的区别在于 Wish 是基于手机端 App 的运用，买家都是通过移动端浏览和购物的，所以在 Wish 平台上运营时要充分考虑到如下特点。

（1）要考虑到买家的浏览环境。

（2）因为是移动端浏览，买家浏览时间是碎片化的，没有明确的购物目的，多以无目的地浏览为主，在这种情况下买家做决策的时间也很短，容易造成冲动消费。

（3）有别于传统电商的买家购买模式（通过搜索、浏览想要购买的商品），Wish 买家是根据系统平台推荐的内容浏览自己可能感兴趣的商品，是一种相对被动的浏览。

（二）商品推送原理

根据用户在注册时填写的基本信息，加上后期的浏览、购买行为，系统会为用户打上标签（Tag），并且不断地记录和更新用户标签，根据用户多维度的标签推算买家用户可能感兴趣的商品。这些计算都是由系统完成的，并且有持续修正的过程。

Wish 平台淡化店铺概念，注重商品本身的区别和用户体验的质量。在商品相同的情况下，以往服务记录好的卖家会得到更多的推广机会。

Wish 平台目前没有付费推广，在发展中 Wish 会根据买家的体验来优化计算方法和推送产品。

（三）Wish 平台的主要销售类目

目前 Wish 平台的主要销售类目是服装服饰，包括女装、男装、美妆、配饰，以后可能会拓展 3C 配件、母婴、家居类。根据 Wish 的买家的浏览方式我们可以推测，在 Wish 平台上受欢迎的类目会具有这些特点：产品种类丰富、使用更换频率高、有话题性等，所以不难理解为什么时尚类目是平台的主要类目。

新进入的卖家在选择类目时可以考虑即将被拓展的类目，避免激烈的竞争，为自己赢取更多的机会。

在选品时，卖家需要注意一点：因为 Wish 的技术判断在同一个页面或同一个推送下不出现重复或相似度高的产品，所以在选择商品时需要尽量考虑到差异化。这点和其他平台不同，在其他平台上同质化的商品可以通过低价来吸引流量、抢夺市场，但是在 Wish 平台上同质化的商品可能就意味着没有曝光的机会。

三、售后服务标准

（一）退款退货

商家默认都接受 Wish 平台的"100% 保证买家满意"政策，即接受"收货 30 天无条件退换货"条款。如果卖家不想接受此政策，则可以在"后台"—"账户"—"设置"—"退款政策"中选择修改。

（二）反馈系统

订单发出后 Wish 会要求买家做出评价，评价包括：
（1）物流时间；
（2）描述相符；
（3）服务满意度。

评价系统为 5 星，5 星最高，1 星最低。Wish 会根据卖家设置的发货时间来判断买家是否收到货了，并向买家发出评价要求。所以请准确设置发货时间；否则，可能在买家还没收到货时就收到系统发送的评价要求了。

任务七　平台选择

一、跨境电商平台销售市场分析

跨境电子商务是指分属不同关境的交易主体，通过电子商务平台达成交易、进行支付结算，并通过跨境物流送达商品、完成交易的一种国际商业活动。利用跨境平台销售商品、从中获取利益，前期销售市场调研必不可少。跨境电商平台面向国家不同，销售市场和物流政策也不同（如表 2-1 所示）。

表 2-1　跨境电商平台销售市场和物流特点

平台	主要销售市场	物流特点
阿里巴巴国际站	亚太、中东、欧洲、南美和北美	阿里巴巴国际站分别与新加坡邮政、美国邮政、巴西邮政、UPS 快递、FedEx 快递和德讯合作推出合作物流方式
速卖通	美国、英国、澳大利亚、巴西、俄罗斯	全球速卖通分别与浙江邮政、中国邮政合作推出合作物流方式
敦煌网	美国、中国、德国、日本、英国	敦煌网在线发货系统同时推出了"仓库发货"和美国线"国际 e 邮宝"两项服务，这两个行动使敦煌网平台上的物流成本大幅度降低，而且大大提高了发货速度和敦煌网的创新的能力
eBay	欧美	eBay 联合第三方合作伙伴，为中国卖家提供连接中美贸易的 ePacket 货运服务，推出澳大利亚、美国、英国、德国等地的海外仓储服务
Amazon	美国、中国、德国、日本、英国	自营物流中心
Wish	欧美和南美	卖方选择配送方式

二、跨境电商平台分析

如何选择跨境电商平台，需要考虑地域、产品、货源、物流等因素。首先要了解各个平台优劣势（如表 2-2 所示），其次了解各个平台运营特点（如表 2-3 所示），最后需要了解具体平台的相关的政策法规，避免不必要的违规处罚。

表 2-2 跨境电商平台优劣势

平台	优势	劣势
阿里巴巴国际站	(1) 知名度高； (2) 功能较完善； (3) 优质的客户服务和销售服务系统； (4) 综合资源能力强	(1) 恶性竞争激烈； (2) 排名没有保证； (3) 英文站价格高，实际效用与宣传有一定差距； (4) 价格战比较激烈
速卖通	(1) 全球市场覆盖率广； (2) 买家流量高； (3) 平台交易手续费率低； (4) 丰富的淘宝产品资源	(1) 支付能力弱； (2) 国际信誉度低； (3) 客户服务专业水平低
敦煌网	(1) 通过敦煌网在线交易； (2) 支付方式整合； (3) 拼单砍价； (4) 推荐位竞价投放系统； (5) 在线客服系统	(1) 接受程度低，推广压力大； (2) 竞争压力大； (3) 用户范围广，满足需求困难
eBay	(1) 品牌的国际影响力； (2) 领先的全球市场覆盖率； (3) 丰富的产品品类选择； (4) 优质的商家服务和保护体系，Paypal 支付紧密结合	(1) 收费相对较高； (2) 物流与供应链服务有待提高
Amazon	(1) 品牌的国际影响力； (2) 优质的商家服务体系； (3) 领先的国际物流仓储服务	(1) 中国市场启动较晚； (2) 宣传力度不足； (3) 支付能力弱
Wish	(1) 卖家入住门槛低； (2) 平台流量大，成单率高； (3) 利润率高于传统电商平台； (4) 利用移动平台的特点与 PC 端展开差异化竞争	(1) 进入市场晚； (2) 品牌影响力不大； (3) 客户服务体系有待健全

表 2-3 跨境电商平台特点

平台	平台特点
阿里巴巴国际站	(1) 互动：社区 Community 频道； (2) 可信：第三方的认证； (3) 专业：人性化的网站设计、丰富类目、出色的搜索和网页浏览，简便的沟通工具、账号管理工具； (4) 全球化：客户遍布全球
速卖通	(1) 产品适合新兴市场的卖家(俄罗斯，巴西等)； (2) 产品有供应链优势，适合价格优势明显的卖家，最好是工厂直接销售
敦煌网	(1) 多扶持：在线翻译、物流、培训，多种卖家扶持计划； (2) 零风险：专业风控、纠纷小组帮您把控交易风险； (3) 多服务：资深外贸专家全程指导； (4) 在线下单，多订单，少询盘，缩短成单周期
eBay	(1) 要有产品的地区优势； (2) 操作简单，投入小，适合有一定外贸资源的外贸人
Amazon	(1) 要有很好的外贸基础和资源，包括稳定可靠的供应商资源，美国本土的人脉资源； (2) 卖家最好有一定的资金实力，并且有长期投入的心态
Wish	(1) 智能推送技术； (2) 客户下单率高，而且满意度高； (3) 每次推送显示的产品数量比较少，这样对于客户体验来说非常好； (4) 通过主要的精准营销，国内的卖家短期内销售额爆增

比对 6 个主流跨境电商平台的运营特点、物流方式和优劣势之后，有 3 年天猫运营经验的 UR 公司最终选择了阿里巴巴旗下的速卖通（AliExpress）。速卖通已经覆盖 220 多个国家和地区的买家，覆盖服装服饰、3C、家居、饰品等共 30 个一级行业类目，海外买家流量超过 5000 万 / 日，交易额年增长速度持续超过 400%，AliExpress 居 Alexa 排名 76 位，并在快速提升中，速卖通店铺运营操作方式和后台程序跟淘宝一样，对于 UR 公司来说，进入跨境电商有着绝对的优势。

【知识巩固】

一、跨境电商平台发展趋势

（一）电商平台影响继续扩大

电商平台将继续分解零售市场。作为零售商和品牌商的另一个销售渠道，电商平台变得越来越重要。然而，并不是每个零售商或品牌都会在平台上成功。对于那些想要把控客户体验和定价的零售商来说，平台销售可能无法像自有渠道那样把控各个环节。平台销售容易掀起价格战，导致利润率下降，价格策略失去控制。另外，平台假货问题难以根除。为了取得成功，零售商必须摸索出大型平台（比如 eBay 和亚马逊）与垂直平台之间的差异。

（二）大数据将改变客户体验

收集有价值的客户数据，是提高营收和优化客户体验的重要方式。这也能增加消费者和零售商 / 品牌之间的互动，从而加强消费者的忠诚度和黏性。随着电商平台的影响力变大，零售商需要充分了解客户群，以更好地利用机会。成功不再仅仅是提供最便宜的价格。

（三）跨境电商将变得更具吸引力

技术创新和更高效的物流，将继续推动跨境电商的发展。据 eMarketer 称，2018 年亚洲电商市场交易额预计达到 1.8 万亿美元，占全球零售电商市场的 60%。为了取得成功，零售商将越来越多地关注近岸仓储解决方案，以更高的效率和更快的交货速度改善客户体验。

（四）物流将被重新定义

不断变化的消费者期望正在推动零售商和品牌重新定义物流。随着亚马逊不断发展，更高的物流标准也正在产生。如果零售商能够更好预测需求、及时配送产品，那么他们的竞争优势才会更大，也就更受消费者喜爱。

（五）全渠道战略仍然很重要

一方面，成本上涨迫使电商零售商通过实体店寻找新的机会。另一方面，实体店零售商正在逐步拓展线上渠道。全渠道零售继续为在线和实体零售创造协同效应。这不仅能帮助零售商更好地了解客户，还将确保他们的产品和服务在所有渠道中销售。即使在市场竞争加剧的情况下，这也会使他们的业务取得成功。

二、2018 年跨境电商平台新增规则

2018 年跨境电商平台新增规则如表 2-4 所示。

表 2-4　跨境电商平台新增规则

平台	新增规则
亚马逊	（1）亚马逊将鞋包、珠宝、服装及配饰 3 大品类佣金上调； （2）亚马逊开通一站式多站点管理
速卖通	（1）特殊类目下补运费／差价和赠品类目，每个类目仅可发布上架的商品数上限为 5 个； （2）取消定制化类目发布权限，当前发布在定制化类目下的商品，平台将于 2018 年 1 月 8 日陆续操作下架； （3）新增定制费用调整类目（仅对婚纱礼服经营大类卖家开放）
Wish	（1）收取 WE(Wish express) 项目 1 万美金的保证金； （2）新增 3 个品牌需要品牌授权方可销售

【本项目实训】

一、实训概述

本实训为跨境电子商务平台认知综合实训，通过对跨境电商平台市场和用户规模、用户消费特点分析让学生对跨境电商平台有基础认知，进而从运营模式深入了解跨境电商平台运营模式、商家入驻条件、支付方式，对跨境电商平台有完整的认知。学生通过对跨境电商平台销售模式和费用支付的分析，对跨境电商平台付费营销有全面的认识。

二、实训素材

（1）教学设备：计算机若干（可连接互联网）。
（2）实训场地：实训室。

三、实训内容

任务一　跨境电商平台市场认知

针对不同跨境电商平台的销售市场、用户规模、用户消费特点进行分析，使学生在分析过程中提高对跨境电子商务平台的认知。

跨境电商平台	平台销售市场	2015 年用户规模	用户消费特点
阿里巴巴国际站			
速卖通			
敦煌网			
eBay			
亚马逊			
Wish			

任务二　跨境电商平台基础认知

针对不同跨境电商平台的运营模式、商家入驻条件和支付方式进行分析，使学生具备分析跨境电商平台特点的能力。

跨境电商平台	运营模式	商家入驻条件	支付方式
阿里巴巴国际站			
速卖通			
敦煌网			
eBay			
亚马逊			
Wish			

任务三　跨境电商平台付费营销方式认知

结合教材学习和互联网调查分析，对比不同跨境电商平台的营销模式和费用，掌握不同跨境电商的销售方式。

跨境电商平台	营销方式	营销费用	注意事项
阿里巴巴国际站			
速卖通			
敦煌网			
eBay			
亚马逊			
Wish			

项目三

跨境电商平台操作

时下正兴的跨境电子商务平台如阿里巴巴国际站、速卖通、eBay、亚马逊等牢牢占据大部分市场份额,涉足跨境电商,需确定目标市场,选择适当的平台申请开通,经营店铺。在本项目中,选取速卖通平台做详细引导,帮助学生进行析产调研,货源渠道确认;掌握申请店铺开通、产品上架编辑、关键词选取、定价、模块设置等平台运营的实际操作内容。

【学习目标】

知识目标
(1)了解跨境电商平台;
(2)了解选品的重要性;
(3)了解选择货源渠道的重要性;
(4)熟悉速卖通平台店铺开通、实名认证等相关知识;
(5)熟悉速卖通店铺产品上架、模块管理、订单管理等内容。

能力目标
(1)掌握数据分析产品方法;
(2)掌握货源渠道选择方法;
(3)能够进行速卖通平台的入驻申请,提交验证资料,完成开店;
(4)精通速卖通平台的操作流程;
(5)能够借助跨境电商平台完成信息收集、发布、推广、商品销售及客户管理,店铺管理等工作。

【任务概述】

速卖通是阿里巴巴集团帮助中小企业直接与全球的个人消费者在线交易的跨境电商平台,集商品展示、客户下单、在线支付、跨境物流等多种功能于一体,可实现小批量、多批次快速销售,拓展利润空间。

无论是否具有外贸经验,速卖通都可以帮卖家实现 3 分钟商品上架,3 小时处理买卖信息,获得订单,3 天内通过快递将商品发往全球。在买家收货、确认付款之后,立刻拿到属于卖家的高额利润。

【任务分解】

在上一节中 UR 公司对不同平台进行分析最终选择了速卖通平台,本项目首先将完成海外市场调研和选品,确定货源采购渠道,完成店铺开通前的准备工作。其次,打算以平台入驻方式开始跨境电商之旅,完成商铺开通、产品发布、模块功能管理、订单管理等一系列操作,成功运营店铺。

任务一　海外市场调研和行业选品

一、海外市场调研分析

(一) 数据化分析跨境电商趋势

根据跨境电商大数据显示,中国出口跨境电商主要国家分布：美国16.5%、欧盟15.8%、东盟11.4%、日本6.6%、俄罗斯4.2%、韩国3.5%、巴西2.2%、印度1.4%（如图3-1所示）。

目前出口跨境电商主要面向美国、欧盟、东盟、日本等发达市场的中低端客群,同时俄罗斯、韩国、巴西、印度等新兴市场呈高速增长趋势。欧美日等发达经济体受益于量化宽松等刺激政策,经济增速企稳回升,新兴经济体经济增速放缓。中国制造性价

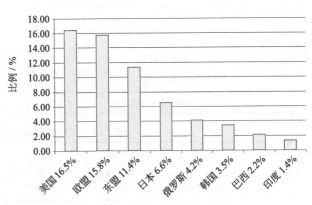

图3-1　跨境电商出口国家分布

比优势在未来仍将保持,同时海外消费市场为国内过剩产能提供了输出通道。

中国出口跨境电商卖家主要集中在：广东24.7%、浙江16.5%、江苏12.4%、福建9.4%、上海7.1%、北京5.2%、湖北4.1%、山东3.3%、其他17.3%。

广东庞大的经济基础、高度集中的生产制造基地、丰富的外贸人才储备成为出口跨境电商卖家集聚地,品类丰富及完善的产业链是其显著特征。长三角拥有发达的轻工业基础,从而服饰、鞋帽和家居类为销售领先,同时产业集群效应在长三角表现突出。

中国出口跨境电商卖家品类主要分布在：3C电子产品37.7%、服装服饰10.2%、户外用品7.5%、健康与美容7.4%、珠宝首饰6.0%、家居园艺4.7%、鞋帽箱包4.5%、母婴玩具3.6%、汽车配件3.1%、灯光照明2.8%、安全监控2.2%、其他10.3%。

中国出口跨境电商品类以成本优势强、标准化程度高的3C电子、服饰、户外用品等为主,以标准品为主的出口产品结构符合跨境电商的发展特征,标准品因其品类的统一性而天然地适合利用互联网进行推广和销售。

根据大数据显示,目前欧美市场升值空间很大,服装行业也占据市场比例10.2%,相对于其他行业来说,市场占有率也相对较高。UR公司有国内平台自主品牌服饰经营的经验,做外贸出口行业有一定的信心。服装行业是UR公司迈进跨境电商外贸的第一步。

(二) 蓝海产品

现存的市场由两种海洋所组成,即红海和蓝海。红海代表现今存在的所有产业,也就是我们已知的市场空间；蓝海指的是未知的有待开拓的市场空间。蓝海产品具备一个显著的特征,即无市场竞争产品或行业尚处于非激烈竞争阶段的产品,但又充满买家需求的行业。

由于以上特征，进行蓝海产品定价，基本缺乏竞争品牌各系列产品价格参照进行定价。同样，蓝海产品的蓝海阶段都是短暂的，随着跟随者的进入，蓝海产品将渐渐驶出"蓝海"，进入渐渐激烈的行业竞争当中。因此，蓝海产品的定价就更加应该具备战略性和竞争性的前瞻性。

价值创新是蓝海战略的基础。企业凭借其创新能力获得更快的增长和更高的利润。蓝海战略要求企业突破传统的血腥竞争所形成的"红海"，拓展新的竞争性的市场空间，考虑如何创造需求，突破竞争（如表 3-1 和表 3-2 所示）。

表 3-1　红海战略和蓝海战略对比

红海战略	蓝海战略
竞争于已有市场空间	开创无人争抢的市场空间
打败竞争对手	规避竞争
开发现有需求	创造和获取新的需求
在价值与成本之间权衡取舍	打破价值与成本之间的权衡取舍

表 3-2　红海战略和蓝海战略区别

红海战略—竞争—随需应变	蓝海战略—价值创新—创造需求
在红海中，产业边界是明晰和确定的，竞争规则是已知的。竞争是红海战略永恒的主题。	在蓝海中，竞争并不激烈。因为行业的竞争规则还没有形成。价值创新是蓝海战略的基础。
公司提升市场份额的典型方式，就是努力维持和扩大现有客户群。	蓝海战略认为市场的边界并不存在，所以思维方式不会受到既存市场结构的限制。
通过对客户的需求变化的追踪来提升自己的应变能力，这可以被称为"随需应变"。	着眼点就是应该从供给转向需求，从竞争转向发现新需求的价值创造

蓝海行业充满新的商机和机会。寻找蓝海行业是每一个卖家心中的期盼。蓝海行业和红海行业只是相对而言的，随着时间的推移，新进入的竞争者增多，流量爆发期过后也会出现价格搏杀的局面。

速卖通平台也为卖家推荐了 10 个以上的蓝海行业。具体操作如下，首先登录店铺，然后在"数据纵横"界面，点击"行业情报"，就能看到"行业情报"和"蓝海行业"（如图 3-2 所示）。根据各自店铺的具体情况，寻找合适的蓝海行业和蓝海产品。

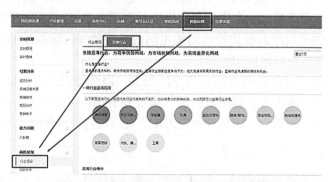

图 3-2　速卖通后台"蓝海行业"界面显示

目前对于 UR 公司来说，寻找蓝海行业和产品为时过早。先选择好的产品打入国际市场才是目前的重点任务。

二、选品策略

(一)选品的重要性

选品的重要性对卖家来说不言而喻。对于 UR 公司来说也非常重要。而选品策略作为店铺运营策略的一部分,也被视为整个运营策略的基石。选对产品对本身的销售和店铺后期的成长至关重要(如图 3-3 所示)。

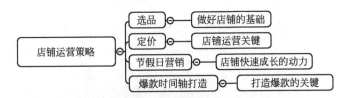

图 3-3 选品的重要性

选品的好处归纳为三个时期,依次为运营前期、运营中期、运营后期。每个时期做好选品给店铺整体运营带来的好处都有不同的特点。

店铺运营前期,产品快速地获得买家的青睐;获得速卖通平台的推荐;提高买家下单的概率。店铺运营中期,产品可以快速积累销量;获得买家的好评;从平台获得更多的自然流量;降低推广和采购成本。店铺运营后期,定期上传优质产品为店铺增加新的销量入口;为后期店铺营销打好基础;提高店铺产品的竞争力(如图 3-4 所示)。

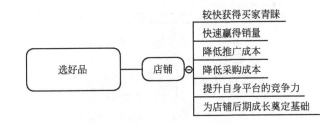

图 3-4 选品的好处

从市场角色关系看,选品即选品人员从供应市场中选择适合目标市场需求的产品。从这个角度看,选品人员必须一方面把握用户需求,另一方面,要从众多供应市场中选出质量、价格和外观最符合目标市场需求的产品。成功的选品,最终达到供应商、客户、选品人员三者共赢的结果。此为选品价值之所在。

从用户需求的角度看,选品要满足用户对某种效用的需求,比如带来生活方便、满足虚荣心、消除痛苦等方面的心理或生理需求。从产品的角度看,选出的产品,即在外观、质量和价格等方面符合目标用户需求的产品。由于需求和供应都处于不断变化之中,选品也是一个无休止的过程。

选型思路:网站定位 → 行业动态分析 → 区域需求分析 → 品相参考 → 产品开发与信息加工。

在把握网站定位的前提下,研究需要开发产品所处行业的出口情况,获得对供需市场的整体认识;借助数据分析工具,进一步把握目标市场的消费规律,并选择正确的参考网站,最终结合供应商市场,进行有目的产品开发。

(二)数据化选品

速卖通后台"选品专家"模块,也为新手卖家提供了选品数据支持。具体操作如下,在"数据纵横"界面,点击"选品专家",可以看到"热卖"和"热搜"数据情报(如图3-5所示)。之后可以通过行业、国家、时间3个维度来筛选数据,并可以导出最近30天的原始数据自行处理分析。

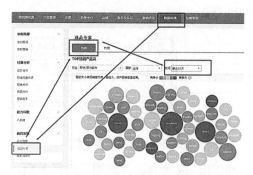

图3-5 速卖通后台"选品专家"界面显示

在界面的主区域则用一个圆来代表一种产品,圆的大小代表销售热度,圆的颜色深浅代表竞争程度。圆越大,产品越热销;颜色越蓝,产品的竞争程度越低(如图3-6所示)。

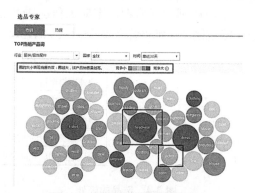

图3-6 "热销"数据界面显示

点击代表"headwear"的圆,进入热销选项的次级页面——销量详细分析页面。此页面有TOP关联产品的TOP热销属性两个区域(如图3-7所示)。

在TOP关联产品中,图的大小和颜色所代表的意思和热销选项界面相同,圆之间的连线的粗细代表了买家的同时关注度,所以可作为关联产品选品的依据。

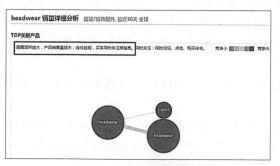

图3-7 关联产品界面显示

在 TOP 热销属性中，圆的大小颜色所代表的意思和热销选项界面相同，在这里可以展开观察各属性的销售热度，可导出最近 30 天原始数据做进一步分析（如图 3-8 所示）。

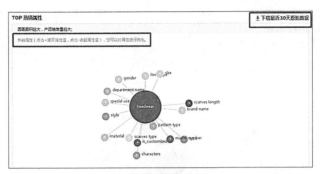

图 3-8　热销属性界面显示

"选品专家"中的"热搜选项"界面，在其中可以通过行业、国家、时间三个维度来筛选数据，并可以导出最近 30 天的原始数据自行处理分析。在界面的主区域则用一个圆来代表产品，圆的大小代表销售热度（如图 3-9 所示）。

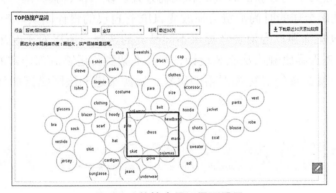

图 3-9　热搜产品词界面显示

点击 "dress" 的圆，进入热搜选项的次级页面 "搜索详细分析" 页面。此页面有 "TOP 关联产品" 和 "TOP 热搜属性" 两个区域。

在 TOP 关联产品中，圆的大小代表的意思和热搜选项界面相同，圆之间的连线的粗细代表了买家的同时搜索度，所以可以作为关联产品选品的依据 (如图 3-10 所示)。

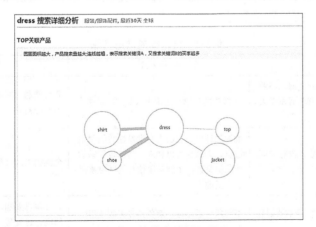

图 3-10　关联产品界面显示

在 TOP 热搜属性中，圆的大小代表的意思和热搜选项界面相同，在这里可以展开观察各属性的搜索度，可导出最近 30 天的原始数据做进一步分析（如图 3-11 所示）。

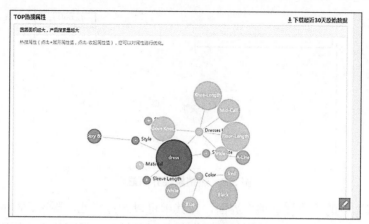

图 3-11　热搜属性界面显示

UR 公司一直致力于倡导新的时尚观和购物方式，以"快、狠、准"为主要特征的快时尚迅速兴起，带动起全球的时尚消费习惯改变。UR 有自己的设计团队，产品系列包括女装、男装、童装及包包配饰等，为消费者提供不同品类的选择，所以对于跨境出口电商服装行业非常有信心。UR 天猫旗舰店从服装设计、产品上架到货运物流都非常的成熟，可是对于出口外贸，服装质量必须经过更加严格的质检。货源渠道和国际物流如何选择和监控，也是一个重点难题。

任务二　货源采购

一、货源常见问题分析

对于卖家来说，确定了产品后，选择何种进货渠道也是一个苦恼的事情。如果是新手，在没有看到利润之前不敢贸然大量进货，而是有单后再做采购，或者是只考虑投入少量资金先进行一次尝试；如果是做兼职卖家，则没有太多时间去市场挑货。下面我们分析一些新手卖家寻找货源的常见问题（如表 3-3）。

表 3-3　货源渠道常见问题

常见问题	解决方式	风险
因是新手，在没有看到利润之前，不敢贸然大量投资囤货，选择有单后再做采购，零库存	零售的订单，去国内其他网店进货	有可能遇到网站断货的可能，造成成交不卖的问题
因有全职工作，兼职做网店，没有时间去市场挑货	批发的订单，去国内有批发性质的网站进货，大家也可以加入一些比较靠谱的行业信息群，了解最新信息的同时掌握一手货源	金额稍大的订单在网上进货不放心
只考虑投入少量资金，尝试一下售卖过程	不囤货、零库存，避免预算无效使用	有订单再采购，可能遇到物流等不可抗原因超过发货周期

货源最重要的注意事项是切忌跟风。不要看见别的卖家卖什么卖得火自己店铺跟着卖，这是生意场上的大忌讳。知己知彼百战百胜，要将自身的具体情况和外部各条件综合起来，比较之后再做出决定。除了货源市场外，还要根据自己的时间条件来决定。如果你是上班族的兼职卖家，那你就要确定你是否有充足的时间去处理进货、发货等一系列细节问题。售后服务和货源同样重要。作为一个卖家，对行业知识懂得越深、越精，买家越觉得你是行家，才会对你有信任感，才有可能和你交易。

二、货源采购的主要渠道

无论是做传统外贸还是做跨境电商外贸，如何找货源成了广大卖家最为苦恼的事情。对于卖家来说有了好的货源，接下来的事情都是水到渠成。优质的货源无疑是卖家获得更多订单、赚取更多利润的基础。因此，卖家在考虑进货渠道时，可以从质量、议价空间、是否便捷等因素综合考虑。下面介绍几种找货源的方法：

（一）利用人际关系寻找货源

如果自己家或朋友有开实体店，或者和某些生产厂家有关系的，那就不用担心货源问题。利用好自己的交际圈子，可以节省成本，产品售后也有保障。

（二）在 B2B 网站找

阿里巴巴上聚集了各类厂家，很多都有提供批发业务，产品也配有图片。不过，这类厂家很多都需要大量进货，如果前期资金和经验不足，建议可以在阿里的小额批发区进货。200~500 的混批，虽然进价会稍微高一点，但是刚开始经营店铺不要过度追求高利润。

（三）做网店代理或代销

现在很多电子商务的网站上不仅有做批发，还有提供代理、代销服务的。网店代理比较适合网店新手，不用什么成本就能将店开起来。但是在找这类代理的时候，一定要多对比，可以先买回一两件看看。

（四）直接在淘宝上找

淘宝上有很多有实力的大卖家，其中就有提供批发或代销的。可以找他们多了解一下，看看他们的客户对产品的评价如何，如果质量和货源都比较稳定的话还是可以的。

（五）去当地的批发市场

如果资金比较充裕，去批发市场看货进货是最直接的。这样有两个好处，一是我们可以看到商品的质量，二是自己有库存就不会出现断货的情况。

（六）空手套白狼

经营网店的最高境界之一就是空手套白狼。电子产品、化妆品等很多产品都是空手套白狼的选择对象，这些东西的图片和产品说明都是网上现成的，你可以先登商品，等有人买后再去进货也不迟。

任务三　商铺开通

一、申请店铺

进入全球速卖通首页，点击右上角"立即入驻"按钮，如图3-12所示。

图3-12　速卖通首页

进入注册界面，速卖通现在统一采用邮箱注册，填入邮箱账号进行验证，验证完成后点击下一步。如图3-13、图3-14所示。

图3-13　邮箱注册页面（1）

图3-14　邮箱注册页面（2）

系统会将验证邮件发送到注册填写的邮箱内，点击"请查收邮件"，会跳转到邮箱登录页面，登录邮箱后邮件内容如图 3-15 所示。

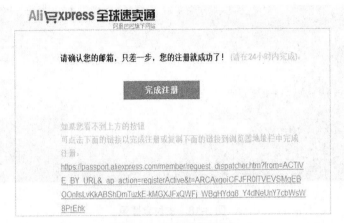

图 3-15　邮箱确认页面

点击完成注册，跳转到速卖通注册界面，如图 3-16 所示。填入注册信息，其中经营模式选定后不可更改，不过对账户没有其他过多影响。

图 3-16　注册信息填写

填写完成后，点击最下方确认按钮，账号注册成功。下面开始实名认证。

二、实名认证

速卖通平台做优化升级后，只有企业店铺才能进行经营。申请实名认证后的店铺如图 3-17 所示。

图 3-17　实名认证

实名认证资料：企业资质；企业支付宝。

跳转到支付宝登录界面，登录支付宝账号。如图 3-18 所示。

图 3-18　支付宝登录

通过支付宝账号登录后，需要支付宝进行授权，如图 3-19 所示。

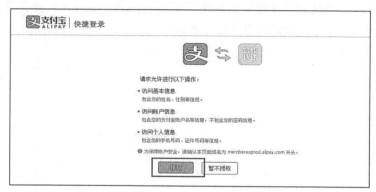

图 3-19　支付宝授权

点击授权，提示您的账号已注册成功，如图 3-20 所示。

图 3-20　成功授权

任务四　产品发布

一、产品发布

（一）产品发布步骤

主页——快速入口——产品发布（图 3-21）。

项目三 跨境电商平台操作

图 3-21 产品发布栏

（二）选择类目

在选择类目时需要注意，可经营类目（黑色字体）是已经向平台申请开通过的。初始类目是账户申请开通时勾选的类目（图 3-22）。

图 3-22 选择类目

（三）进入产品编辑页面

产品的基本信息是平台已经给定的，只需要根据商品的详情进行勾选即可，如图 3-23 所示。其中需要注意的是产品标题、产品图片和产品详情页的编辑。

如图 3-24 所示，产品标题需加入产品的主要功能、亮点等形容词。撰写时首字母需大写，尽量避免出现 of、about 等介词以防在搜索时平台抓取不到（产品标题与关键词优化会在项目六中详细讲解）。

如图 3-25 所示，产品详情页展示如同我们看到的天猫或淘宝的详情页，是由很多图文结合的图片构成。设计具体事项在项目四中讲述。

图 3-23 产品编辑页面（1）

图 3-24　产品编辑页面（2）

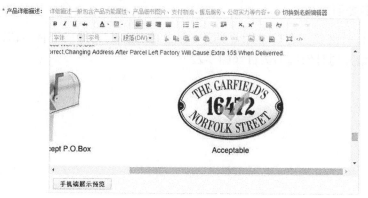

图 3-25　产品编辑页面（3）

（四）预览和发布

产品有效期可以配合当月的营销活动设定，如果活动期效短，选择 14 天，如果是同月活动则选择 30 天（图 3-26）。

产品在发布前先进行预览，核对产品信息无误后进行发布。

图 3-26　产品发布

（五）产品定价

速卖通定价思路需要条理清晰、卡位精准；根据不同的策略，利润把控到位。以下介绍的定价方法为速卖通常用定价法则，不论是按照这个定价思路去定价，还是根据这个定价思路去做调整，都是通用的（图 3-27）。

图 3-27　价格设置页面

1. **狂人策略**

　　研究同行业卖家、同质产品销售价格，确定行业最低价，以最低价减 5% ～ 15% 为产品销售价格。用销售价格倒推上架价格，不计得失确定成交价。那么上架价格又可以有两种思路来做：

　　（1）上架价格 = 销售价格 /（1-15%）；

　　（2）上架价格 = 销售价格 /（1-30%）

　　策略（2）费钱，可以用重金打造爆款，简单、粗暴、有效。但不可持续，风险较大。

　　策略（1）略微保守一些，可以通过后期调整折扣来让销售价格回到正常水平。两种定价思路都可以在 15% 折扣下平出或者略亏，作为引流爆款。

2. **稳重策略**

　　比较稳妥的方式是通过计算产品的成本价，根据成本价 + 利润来确定产品的销售价格。产品的销售价格确定后，根据店铺营销的安排，确定上架价格。

　　例如：产品成本是 $3，按照速卖通目前的平均毛利润率（15%），还有固定成交速卖通佣金费率 5%，及部分订单产生的联盟费用 3% ～ 5%。我们可以推导：

　　销售价格 =$3÷（1 − 0.05 − 0.05）÷（1 − 0.15）=$3.92

　　再保守点，销售价格 =$3÷（1 − 0.05 − 0.05 − 0.15）=$4

　　其中，5% 的联盟佣金并不是所有订单都会产生，但考虑到部分满立减、店铺优惠券直通车等营销投入，以 5% 作为营销费用，基本没有差错。当然，这其中还可以加入丢包及纠纷损失的投入，按照邮政小包 1% 的丢包率来算，又可以得到：

　　销售价格 =$3÷（1 − 0.05 − 0.05 − 0.01）÷（1 − 0.15）=$3.96

　　再保守点，销售价格 =$3÷（1 − 0.05 − 0.05 − 0.15 − 0.01）=$4.05

　　得到销售价格后，我们需要考虑该产品是通过活动还是作为一般款来销售。假如作为活动款，那么，按照平台通常活动折扣要求 40% 来计算：

　　上架价格 = 销售价格 ÷（1 − 0.4），平时打 40% 折扣，活动最高可以到 50%。

3. **一般款销售**

　　上架价格 = 销售价格 ÷（1 − 0.3），平时打 30% 折扣。

　　建议折扣参数不低于 15%，因为平台大促所要求的折扣是最低 15%，不高于 50%，因为折扣过大容易有虚假折扣的嫌疑。而根据速卖通官方的统计，折扣在 30% 左右，是买家最钟情的折扣，属于合理预期范围。对于 50% 折扣的活动要求，基于以上定价的模式，基本上相当于平出，不会亏本或者略亏。

在速卖通里，对排序起着重要影响的两大因素分别是销量以及关键词。而影响销量的关键因素之一就是价格，下列是有关价格名词的解释。

1．上架价格（List Price，LP）：产品在上传的时候所填的价格。

2．销售价格/折后价（Discount Price，DP）：产品在店铺折扣下显示的价格。

3．成交价格（Order Price，OP）：用户在最终下单后所支付的单位价格。

这几个价格直接的联系是这样的：

销售价格＝上架价格×折扣

成交价格＝销售价格－营销优惠（满立减、优惠券、卖家手动优惠）

弄清楚这几个价格的关系，就可以有针对性地对不同定位的产品采取不一样的定价策略。

二、产品管理

（一）产品信息的管理及修改

1．产品审核

产品信息提交成功后，速卖通的工作人员会对产品信息进行审核。如果符合阿里巴巴信息发布规则的要求，则所发布的产品会在一个工作日之内审核完成，高峰期顺延。

可以打开"产品管理"——"管理产品"页面，在"正在销售"状态栏下查看和编辑通过审核的产品，如图3-28所示。

图3-28　产品管理页

2．产品修改

打开"产品管理"——"管理产品"页面，选择要修改的产品；点击操作下方的"编辑"按钮进入编辑页面，修改信息之后，单击"提交"按钮，进入等待审核阶段，如图3-29所示。

图3-29　产品编辑页

3. 产品下架

产品的有效期分为 14 天、30 天，过了有效期产品将从"正在销售"转为"已下架"状态；可以在"已下架"状态栏下查看下架的产品，也可以将已下架产品重新上架，如图 3-30 所示。

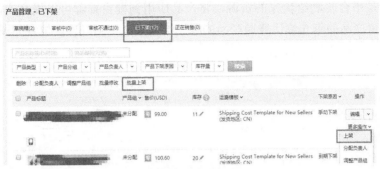

图 3-30　产品下架

（二）产品状态

任何一个产品发布之后，可能会处于 5 种状态，如图 3-31 所示。

图 3-31　产品状态

草稿箱：若在"发布产品"页面进行编辑，则每 15 分钟系统自动保存一次信息。

若在"发布产品"页面单击"保存"按钮，则产品信息保存至草稿箱。

草稿箱保存信息的数量上限为 20，超过时应手动删除。

草稿箱中的产品描述图片只保留 15 天，逾期系统自动删除，应尽快提交审核。

（三）如何查找产品

如图 3-32 所示，查找产品一共有 5 种方式，即：产品名称或 ID；产品编码；产品分组；产品负责人；到期时间；批量操作。其中批量操作（图 3-33）包含以下几个部分：批量修改；一键修改发货期；一键延长有效期；批量下架；批量橱窗推荐。批量修改可同时修改多个产品的 M 性，包括产品标题、关键词、销售情况、单位／方式、包装重量、包装尺寸、产品信息模块、服务模板、运费模板、零售价。

图 3-32　查找产品

图 3-33　批量操作页面

三、其他产品管理类工具

（一）橱窗推荐产品

橱窗推荐是平台奖励给卖家的资源，将产品应用到橱窗推荐可以提高产品在搜索结果中的排名（橱窗产品的曝光量比普通产品的曝光量要大 8～10 倍）。位置如图 3-34 所示。

图 3-34　橱窗推荐产品

橱窗推荐规则：

（1）平台通过卖家等级等活动免费赠送卖家，无须付费。

（2）可以登录"我的速卖通"，在页面中间的"可用资源"中查看可以使用的橱窗推荐位数量。

速卖通的橱窗设置是一种奖励机制，获得的方法如下：卖家可以通过提升卖家服务等级获得，等级越高的卖家享受的资源奖励越多。各等级卖家可获得的橱窗展位个数如表 3-4 所示。

表 3-4　奖励橱窗表

卖家等级	优秀	良好	及格	不及格	成长期
橱窗推荐数	10	5	2	无	2

参加平台的一些活动也有橱窗位的奖励，具体可以关注卖家频道首页公告。

（二）图片银行

图片银行集分组管理、图片搜索、图片筛选、图片重命名等功能于一体，能够提供更加强大的图片管理功能，帮助卖家更加方便、快捷地管理在线交易图片（图 3-35）。

产品详细描述中的图片会默认保存到图片银行。

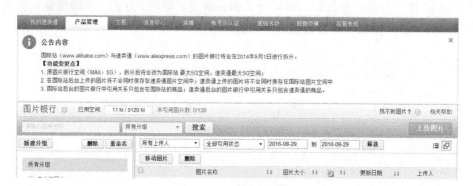

图 3-35　图片银行

(三)产品分组

产品分组是指把同类产品集合到一起,并能够将产品整合展示在店铺中的功能。产品可以设置成不同的产品组分类展示到网站上,如图 3-36 所示。

图 3-36 产品分组

1. 产品分组功能介绍

产品分组是指能让买家更容易检索卖家商铺中产品的功能。而在实际使用过程中,很多卖家并不了解怎么调整产品组更便于买家使用,也不知道如何调整自身产品组在商铺首页的展示。

2. 合理的产品分组排序方式

合理的产品分组排序能够将店铺中的产品用最合理、最能吸引买家购买的方式展现。结合平台商铺的数据分析,如下形式的产品分组会更容易吸引买家。

(1)促销产品分组,例如 New Arrive、Promotion、Discount。

(2)热门品类的分组,例如 Xiaomi 配件、Meizu 配件。

(3)按照所属行业常用规则的产品分组,例如平板电脑可以按照屏幕尺寸分组。

(4)其他分组,放一些无法归类的产品。

3. 如何优化商铺产品分组

进入速卖通后台,单击"产品管理"选项卡,打开"产品分组"页面。如果想调整某个产品分组的排序,只要用鼠标点击该产品组后的十字形按钮,将其拖动至想要展示的位置即可,如图 3-37 所示。

图 3-37 产品分组排序

若新增的产品组未在店铺首页展示,一般来说存在以下几种情况。

(1)如果产品组是刚设置的,则由于新建的产品组不会立即展示在店铺首页,建议等待 24 小时后再去店铺首页查看。

(2)确认产品组是否添加过产品,若产品组未添加过任何产品,那么该产品组不会在店铺首页展示。

(3)若产品组里的产品均被下架,即产品组里的产品数是 0,那么该产品组也不会在店铺首页展示。重新上架产品后,建议等待 24 小时后再去店铺首页查看。

(四)回收站

如果不小心删除了已发布的产品,则可以在"管理产品"页面的回收站中找到,并且可以在这里单击"恢复"按钮来恢复已删除的产品,如图 3-38 所示。

图 3-38　回收站找回

提示:

(1)被删除到回收站的产品信息需要在 24 小时后才能恢复上架操作,彻底删除或清空回收站后的产品将不能再被恢复。

(2)产品被删除并及时恢复后,之前的交易记录还会保留;但若彻底删除产品,则交易记录无法被保留。

任务五　模块管理

一、创建模块

(一)产品信息模块

产品信息模块是一种新的管理产品信息的方式,你可以为产品信息中的公共信息(例如售后物流政策、活动信息等)单独创建一个模块,并在产品中引用。如果需要修改这些信息,只需要修改相应的模块,所有使用这个模块的产品中的信息就会全部自动更新。

产品信息模块除了可以放置公共信息外,还可以放置关联产品(已上线)、限时打折等(正在开发中)信息。

(二)创建模块位置

(1)在"卖家后台"——"产品管理"——"模板管理"页面中,可以找到"产品信息模块"的入口,在这里可以对产品信息模块进行管理操作,如图 3-39 所示。

图 3-39　产品信息模块

（2）目前可以创建 2 种模块，即关联产品模块：可以选择最多 8 个关联产品；自定义模块：通常可以填写一些公共信息，例如公告、活动信息、物流售后政策等，如图 3-40 所示。速卖通平台会在后续提供更多的模块。

图 3-40　模块类型

（3）创建关联产品模块需要填写模块标题（只能输入英文，用于区分模块），选择至少一个产品，如图 3-41 所示。

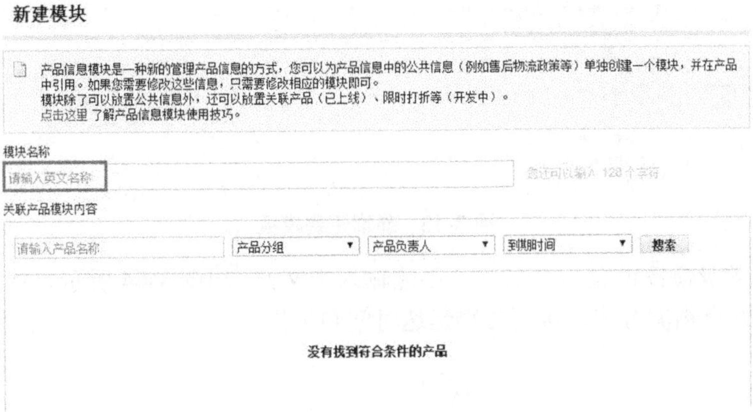

图 3-41　信管模块

（4）可以单击"预览"按钮来查看模块在前台实际展示效果。

（5）创建自定义模块同样需要填写标题，与关联产品模板不同的是，在自定义模块中可以随意填写你需要的内容。需要注意的是，自定义模块的内容是需要通过审核的，只有审核通过的自定义模块才能够被使用，如图 3-42 所示。

图 3-42　模块编辑

产品信息模块最大的好处在于如果需要修改模块内容,则只需要在产品的信息模块管理页面中修改一次即可,之后所有的产品信息都会同步更新。

二、运费模板

(一)新增运费模板

(1)打开"产品管理"——"运费模板"——"新增运费模板"页面,进行模板设置,如图 3-43 所示。

图 3-43　新增运费模板

(2)为该运费模板设置一个名字(不能输入中文),如图 3-44 所示。然后在如图 3-45 所示的页面中选择物流方式,填写货物运达时间和折扣。

图 3-44　模板名称编辑

图 3-45　选择物流端

（二）自定义运费设置

如果需要对某种物流方式进行个性化设置，比如对部分国家设置标准运费、对部分国家设置免运费等情况，其操作步骤如下。

（1）"运费模板设置"页面中选择"自定义运费"——"添加一个运费组合"选项，如图3-46所示。

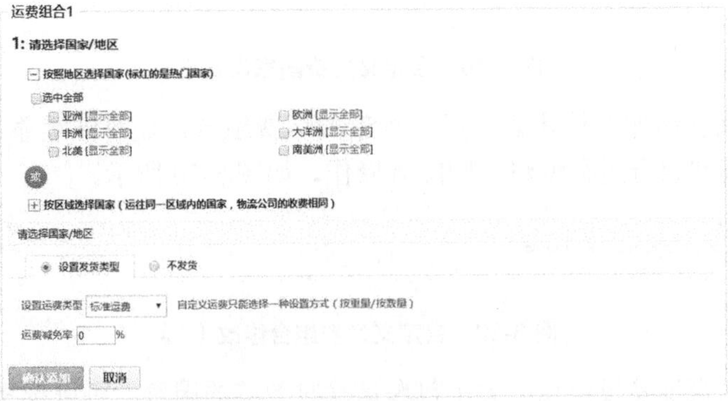

图3-46 自定义运费组合设置

（2）选择该运费组合包含的国家。可以将某些热门国家选为一个组合（如果想吸引美国的买家，则可以选择美国，并将美国地区的运费设置为容易吸引买家下单的水平，例如卖家承担运费），或按照区域选择国家，如图3-47所示。

图3-47 自定义运费国家设置一

（3）选择完毕，系统显示当前已选×××国家/地区，如图3-48所示。

图3-48 自定义运费国家设置二

（4）对该组合内的国家设置发货类型，例如：标准运费减免折扣、卖家承担运费或者自定义运费。自定义运费的设置如图3-49所示。

图 3-49　自定义运费国家设置三

（5）单击"确认添加"按钮后生成一个新的运费组合，还有继续添加运费组合，也可以对已经设置的运费组合进行编辑、删除等操作，如图 3-50 所示。

图 3-50　自定义运费组合修改（1）

（6）对于难以查询妥投信息、大小包裹运输时效差的国家，可以选择"不发货"选项，再单击"确认添加"按钮即可屏蔽该国家/地区，如图 3-51 所示。

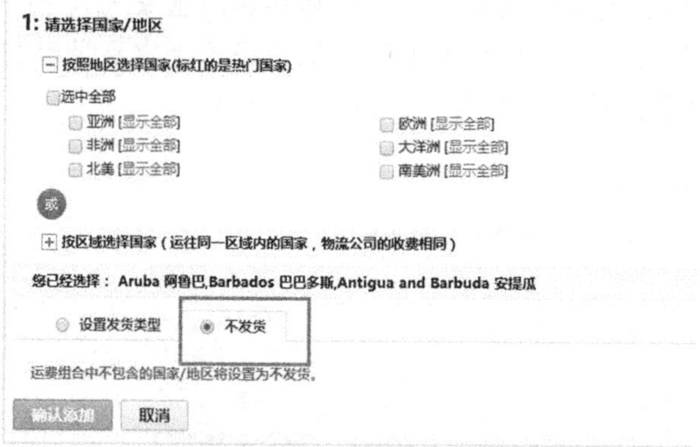

图 3-51　自定义运费组合修改（2）

（三）自定义运达时间设置

如果需要对货物运达时间进行个性化设置，则可以单击"自定义运达时间"按钮进行操作。设置页面如图 3-52 所示。

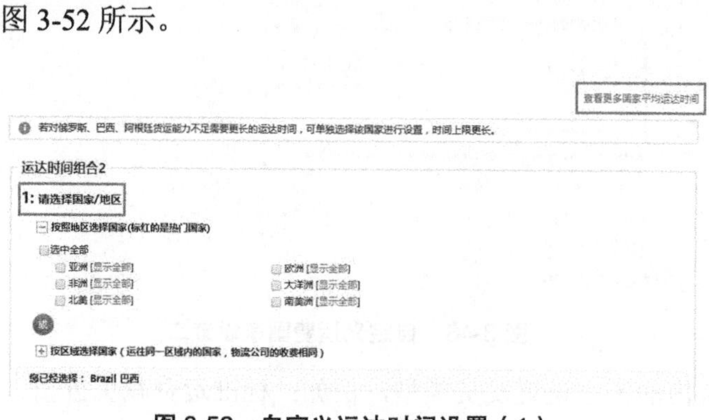

图 3-52　自定义运达时间设置（1）

设置完成后，单击页面下方的"确认添加"按钮即可完成自定义运达时间设置，如图 3-53 所示。

图 3-53　自定义运达时间设置（2）

在发布产品时，在"产品运费模板"选项中选择"自定义运费模板"选项，在下拉列表框中选择之前设置的物流模板即可，如图 3-54 所示。

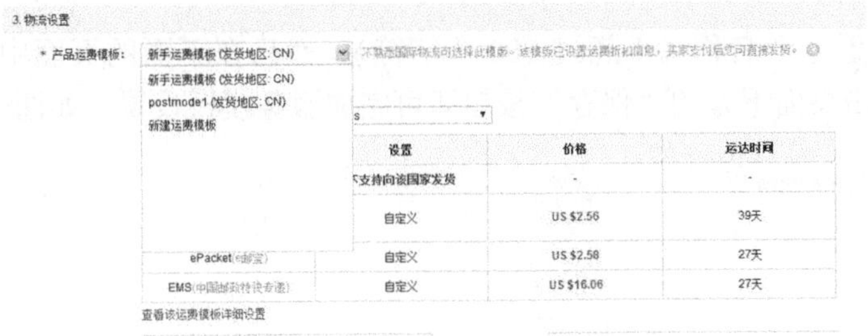

图 3-54　自定义运达时间设置（3）

（四）管理运费模板

如果已有的运费模板不符合现在的需要，则可以编辑相关的运费模板。打开"产品管理"——"运费模板"——"具体模板名"——"编辑"页面，如图 3-55 所示，即可编辑运费模板。

图 3-55　管理运费模板

三、服务模板

卖家可以根据不同商品需要提供的服务设置不同的服务模板，提供的服务会展示在商品详情页面，作为强有力的保障买家权益的措施，以减少买家对商品的担忧，增强其购买信心，提升店铺的购买率。

（一）服务内容介绍

卖家自行设置的模板包括以下两部分：货不对版买家要求退货；卖家是否接受无理由退货。

（二）如何设置并应用服务模板

1. 新增服务模板

打开"产品管理"——"模板管理"——"服务模板"页面，单击"新增服务模板"按钮，进行模板设置，如图3-56所示。

图3-56　新增服务模板

为该服务设置一个名称（不超过100个字符），然后在下面的页面中选择服务选项。设置完成后，单击页面下方的"保存"按钮即可完成服务模板设置，如图3-57所示。

图3-57　新增服务模板

模板保存后会跳转到服务模板列表页面，在这里会看到所有的服务模板，其中"新手服务模板"是为新手卖家设置的，不可编辑或删除；其他模板是卖家自定义的。如果卖家有经常使用的服务模板，则可以设置为"默认"模板，产品应用模板的时候会默认使用该模板，如图3-58所示。

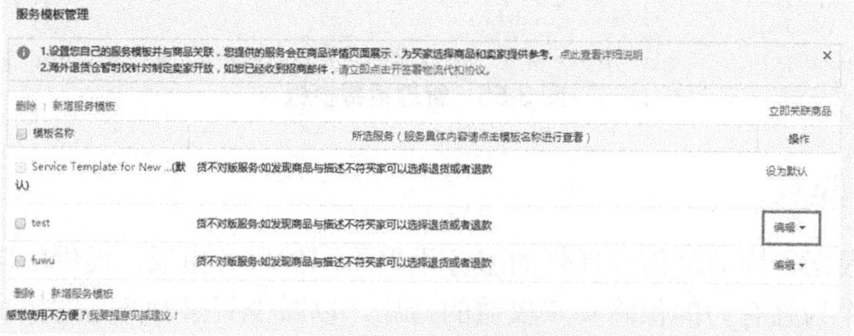

图3-58　服务模板管理

2. 应用服务模板

新发布的产品选择服务模板。在产品发布页面中单击"服务设置"模块的下拉列表按钮，选择之前设置的服务模板，如图 3-59 所示。

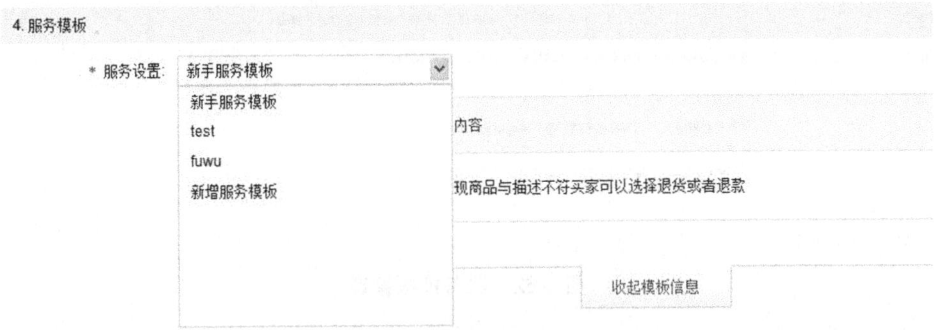

图 3-59　服务设置

更换服务模板。打开"产品管理"——"管理产品"页面，选择不同状态下的产品，单击"批量修改"——"服务模板"旁边的"修改"按钮，选择对应的服务模板并单击"确认"按钮，如图 3-60 所示。

图 3-60　更换服务模板（1）

在编辑产品页面中直接选择其他服务模板，如图 3-61 所示。

图 3-61　更换服务模板（2）

3. 管理服务模板

如果已有的服务模板不符合现在的需要，则可以编辑相关的服务模板。打开"服务模板管理"页面，单击具体服务模板名称右侧的"编辑"按钮，如图 3-62 所示。

图 3-62　服务模板管理

（三）尺码模板

经营服装、鞋子、戒指等类目的卖家一定苦恼于每次都要在商品信息中编辑一套尺码信息，不仅填写、修改麻烦，很多时候买家还不一定能够看到，为此产生了各种咨询和纠纷。为了解决上述问题，速卖通上线了尺码模板的功能，通过尺码模板，卖家可以轻松地维护几套常用的尺码表，然后在发布商品时直接勾选即可快速关联。

1. 尺码模板位置

进入卖家后台的"产品管理"页面，即可看到尺码模板的选项入口，如图 3-63 所示。

2. 创建尺码模板

进入"尺码模板"页面后，首先要选择一个大类，例如想要给上衣创建尺码表，那么就选择"服装尺码"这个大类，然后点击"新增模板"按钮，如图 3-64 所示。

图 3-63　尺码模板位置　　　　　图 3-64　尺码模板设置（1）

在打开的新对话框中选择对应的小类，然后单击"下一步"按钮，如图 3-65 所示。

接下来就进入了尺码表编辑页面，在这里可以给尺码模板指定一个名称（中、英文均可），然后在左侧勾选需要的尺码（例如衣服尺码只有 S、L、XL、XXL 4 种，那么只勾选这 4 个选项即可），在右侧勾选需要展示的维度，如图 3-66 所示。

项目三 跨境电商平台操作 69

图 3-65 尺码模板设置（2）

图 3-66 尺码模板设置（3）

不可勾选的维度为必填项，可以勾选的维度为可选项，例如胸围就是可选项，勾选后即可填写，如图 3-67 所示。

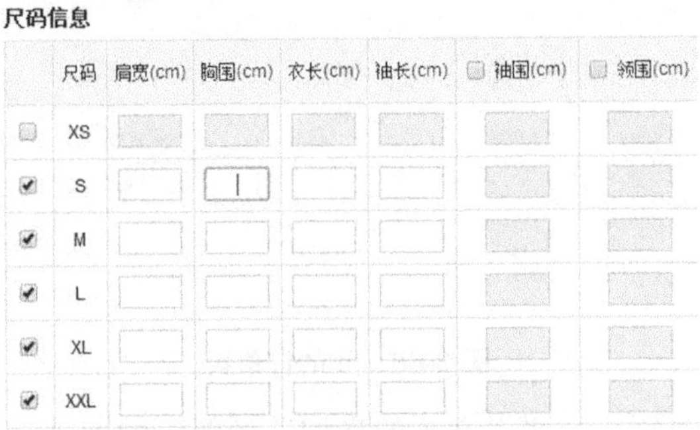

图 3-67 尺码模板设置（4）

填写完成后，单击"保存"按钮即可。

卖家可以直接复制模板，稍做修改即可快速创建一个自定义的尺码模板，而对于自己所创建的尺码模板也可以进行复制。

3. 如何使用尺码模板

（1）发布产品时选择模板。在发布产品时，对于可以使用尺码模板的产品则选择对应的尺码模板，选择后即可正常关联。

（2）在"尺码模板管理"页面中单击"尺码表模板"右侧的小三角按钮，在下拉列表中选择"应用到产品"选项即可快速关联。

任务六 订单管理

一、我的订单

在"我的订单"页面，所有的订单分为特别关注、等待卖家操作订单和等待买家操作订单（图 3-68）。

"特别关注"用于反映当日销售数据。

"等待您操作的订单"是需要进行操作处理的，如待输入运单号的待发货订单、需要处理的有纠纷订单、待回复留言的订单等。

"等待买家操作的订单"是需要及时关注的订单，其中等待买家付款的订单可以配合优惠券营销活动来促成买家付款。

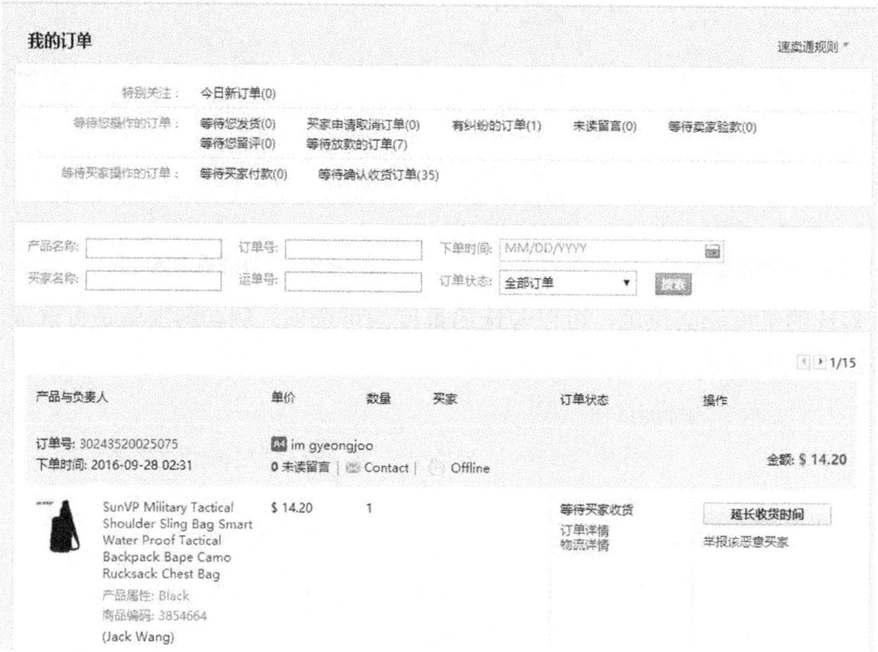

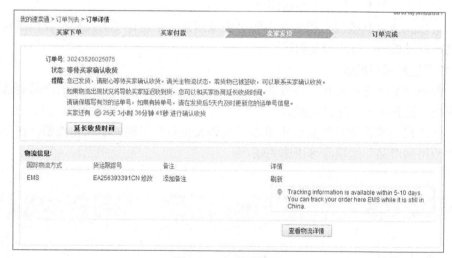

图 3-68　我的订单页

在订单页面可以反映每一个售出产品的详情，如图 3-69 所示，卖家可以通过订单详情和物流详情来获取订单的进行状况。

图 3-69　订单详情页

二、退款和纠纷

纠纷订单排序默认以买家发起纠纷日期倒叙排列，如图 3-70 所示。卖家可以看到发起纠纷的产品详情、订单号等信息。卖家还可通过图示旺旺标识向买家发起会话进行协调。

图 3-70 纠纷列表页

点击"纠纷详情",我们可以看到客户发起纠纷时填写的原因。如图 3-71 所示,买家发起原因是因为商品尺寸太小。在得知退款原因后,卖家可以根据具体情况来判断是否同意退款。如买卖双方统一达成意见,处理纠纷后,该订单呈现已完成状态。如买卖双方意见不一致,速卖通平台会介入进行协商,做出最终裁定。

图 3-71 纠纷详情页

三、订单导出

订单导出功能用于查看固定时间段内的销售详情,买家可根据具体需求选择需要导出的订单字段。该功能详情是店铺数据分析和营销活动设置的强有力依据。如图 3-72 所示。

图 3-72　订单批量导出页

【知识巩固】

一、爆款选品

（一）爆款打造

1. 成交速度

只要成交速度够快，快速的超过别人就能成为爆款。其实成交速度就是我们所说的权重，也就是销量的速度，当然其中不包括刷单。

2. 需求量

需求量在足够大的情况下，市场就一定足够大。需求就是市场，它一定是不能操控的，我们要做的就是找出符合需求量的产品然后顺势而为。

3. 转化率

其实转化率是否高也看市场，在直通车里面我们唯一能做的只有出价和筛选关键词，并不能控制转化率。转化率一定是在稳定的范围内波动的，但是只要需求量大时转化率就会高，销量就不会差。

（二）爆款选品注意事项

一个产品之所以能被卖家选为爆款产品，一定要有它自己的独特之处，这是区别于其他同款产品的优胜点。有经验的卖家们都知道，爆款大多是利润款，低利润款走量，高利润款一天卖几十个都可以。但针对爆款，还是有几个误区，需要卖家们在选品前多加注意的。

1. 低端价格产品

如 10～50 元的产品，很多商家一开始都是先以亏本赚销量，最后才提价。首先，一个产品有它的权重,你提价后产品的权重会降低,那么排名也会降低,其次,一个产品 29.9 元你一天也可以卖 300 个,但提价提到 39.9 元后,可能 100 个都卖不到,因为这与市场的定价区间有关系,价格区间市场决定你的日销量饱和度,若你想突破这个饱和度,那么只能通过站外推广来解决这个日销量最大限额问题!

2. 成本一定要有优势

对于一个店铺来说,你的价格比同类型的产品价格都高,那么基本是做不成爆款的,除非你的产品卖点比同类型的卖点要多,也就是性价比高,那么,就可以卖得起来了。千万不要想着通过无利润的爆款引流,促进其他产品的销售。据统计,在店铺装修尚不完善的情况下,卖 100 个爆款产品,大致上只能促进买家买 1~2 个店铺其他相关性的产品。

3. 库存一定得充足

爆款的货品量一定要充足,若一个爆款真的大爆,那么一天卖几百件是件很轻松的事,1000 件不用两天就可以卖完,到时你再备货就来不及了。

二、货源优缺点对比

货源优缺点对比,卖家寻找货源的同时,既要考虑到产品质量,同时也需要注重库存及货源供应商的信誉(如表 3-5 所示)。

三、寻找货源注意事项

货源的寻找虽说途径方式多样,但是在寻找货源的同时还是有许多的注意事项。

(一)货好和货源好不是一个概念

质量好的货不一定就能成为好的货源,买家不只是简单地追求产品的质量而是性价比,只有性价比高的货源才能赢得买家的喜欢。

质量好、价格好的货也不一定就能成为好的货源,买家有时候很挑剔,追求性价比的同时,还要考虑到服务。所以说,性价比高的产品,但服务质量不好的,依然不是好的货源。

表 3-5 货源优缺点对比

网上找货源			
渠道	优点	缺点	适合人群
淘宝网上找代理	产品细节描述清楚,有模特照、实物照、数据包等; 发货服务和售后服务良好; 不需要备货,资金占用少,容易操作	价格没有竞争力	刚创业的小卖家
专业批发网	产品多,细节描述详细,服务好,有模特照、实物照、数据包等; 可以一件代发,不需要备货; 比代理淘宝卖家价格便宜	服装品种较少	刚创业的卖家
专业的货源工厂	价格便宜; 可以一件代发,无需备货; 细节描述清楚,有模特照、实物照,有数据包	服装品种较少	淘宝大卖家和小卖家

续表

批发市场拿货			
渠道	优点	缺点	适合人群
非专业淘宝货源批发市场	货源足； 款式多； 价格便宜	没有现成模特照片和细节描述等； 一般不可以退换货； 需要备货	淘宝大卖家或者专业的小卖家
专业淘宝货源批发市场	货源足、价格相对低； 款式多，不需要照相、量尺寸等细节； 可以一件拿货； 可以退换货	服装质量相对较差； 价格相对非专业服装批发市场较高	所有淘宝卖家

其他渠道			
渠道	优点	缺点	适合人群
品牌代理的各个渠道	产品质量可靠	价格竞争激烈	刚创业的淘宝卖家
直接找工厂加工定做	可自定义款式、质量； 价格是最低的	资金占用较大	淘宝大卖家或者专业的小卖家

选择货源不仅要看商家的人品也要看商家的能力，选择货源就是选择创业项目，一定要选择一个有前途的团队来参加。

挑选好货源，网上的货源价格一定要有优势。

（二）了解市场行情

（1）批发市场：卖家一定要去当地的批发市场了解一下那里有什么品牌，什么价格，做好记录。然后专门去选好的几家图片有现成的、价格有利润空间的店逛。

（2）网络批发市场：把之前做好的笔记跟网上价格对比一下，这样就知道产品在市场上的基本价格了，不管是进价还是销售价心里都有底了。之后根据自己的实际情况，选择产品的品牌、品种。

（三）网店代理代销

新手对货源都缺乏经验和了解，所以代理是不错的选择，避免了进货压货的环节。但是在选择代理时，代理商的货源价格、真实性、信誉、服务等都是重要的参考标准，要明白不仅是在选择代理商还是在选择创业项目和合作团队。

（四）虚拟货源网站识别的基本方法

（1）网站是否经过工业和信息化部正规的ICP备案，如果没有备案，十有八九是骗子；

（2）网站交易是否支持第三方担保交易；

（3）网站是否留有固定电话，正规公司都会留有；

（4）百度一下网友对这个公司的评价，也是一条参考信息；

（5）正规公司都有400电话，选择正规的网店代理，这是成功的第一步；

（6）需要缴加盟费才可以成为代理，极有可能是假的；

（7）网站简单，图片粗略，客服回答草率，一般都是假的。

（五）产品分组的注意事项

（1）不要出现无法分组的产品，无法分组的产品会导致系统在分组里面增加一个额外的 other 分组；

（2）不要只注重促销产品的分组，促销产品的分组比重不要过多，最好不要超过 3 个；

（3）不要将不相关的产品加在同一个产品组里面；

（4）不要用买家不容易搞懂的专业信息进行分组；

（5）不要有过多的产品分组，尽可能将产品分组控制在 20 个以内，超过 20 个分组买家是无法记忆的。

【本项目实训】

一、实训概述

本实训项目要求学生以创业者身份进行市场调研和行业选品，在速卖通平台申请店铺并开通，上架产品并进行相应的后台管理，目的在于让学生通过实训掌握速卖通店铺开通前期准备以及后期运营工作。

二、实训素材

（1）教学设备：计算机若干。

（2）实训场地：实训室。

（3）教学材料：速卖通账号，实训软件。

三、实训内容

任务一 商铺开通

学生在速卖通卖家官网（实训软件）尝试注册账号。

要求：

（1）进入注册界面，录入信息采集，完成账号申请。

（2）独立进行实名认证申请，绑定企业支付宝账号，完成店铺申请开通和实名认证工作。

任务二 跨境电商速卖通平台选品数据分析

学生使用速卖通账号登录平台，分析最近 3 个月热门行业和产品，完成实训表格，提交给教师，由此培养学生分析行业和产品数据的能力。

行业	最近 3 个月搜索量	热门产品搜索量
女装		
男装		
鞋类		
配饰		
包包		

任务三 产品发布

在申请的账号中，进入快速入口，尝试产品发布。

要求：

（1）正确选择类目；

（2）正确勾选产品基本信息；
（3）按照课程内讲述的注意事项撰写产品标题；
（4）上传产品图片及详情；
（5）预览并发布。

任务四　产品管理

在申请的账号中（实训软件），进行产品管理操作。

要求：

（1）打开产品管理页，进入产品修改；
（2）优化产品标题和图片，重新提交；
（3）新建产品分组，将上传产品移入该分组；
（4）使用 ID 查找老师指定产品，将该产品也移入新设分组。

项目四
跨境电商视觉设计

视觉营销是归属营销技术的一种方法,更是一种可视化的视觉体验,视觉营销指的是通过视觉达到产品营销或品牌推广的目的,可以理解为通过视觉冲击和审美感观提高顾客(潜在的)兴趣,达到产品或服务的推广。

随着电子商务的发展、网络购物的普及,电子商务行业从业人员越来越多,视觉体验作为买家购物的第一印象受到越来越多卖家的重视。做好视觉营销,能够第一时间抓住买家眼球,提升网点的客流量、停留时间,并提升转化率与品牌认知度。

【学习目标】

知识目标
(1)了解文案策划概念;
(2)了解商品主图的设计标准;
(3)了解广告图的设计标准;
(4)了解自定义区模块的内容。

能力目标
(1)掌握商品主图的构图技巧;
(2)掌握店招的设计技巧;
(3)掌握广告图的设计技巧;
(4)掌握自定义模块的设计技巧。

【任务概述】

网店视觉营销是营销里面必不可少的营销手段之一,是利用色彩、图像、文字等造成冲击力吸引潜在顾客的关注,由此增加产品和店铺的吸引力,从而达到营销制胜的效果。视觉营销其作用是吸引顾客关注,从而提升网店的流量,并且刺激其购物欲望,最终使目标流量转变为有效流量。

【任务分解】

越来越多的人涌入视觉设计师的大军中。但是视觉设计到底是什么?我们是否真正的了解视觉设计?了解后又是如何进行视觉设计?所谓视觉设计的核心是什么呢?

任务一 视觉设计认知

视觉设计的一般定义:通过眼睛感官的主观形式的表现手法和结果。
视觉设计更重要的是一种信息的传递,图片、文字、空间等人所获的信息其实百分之八十都是来自视觉。换言之，视觉设计其实也可以说成是信息设计。除了信息层面的，视觉设计还包括很多其他的感官感受，比如颜色，比如质感各异的元素等。当然这些也可以说成是一种信息，视觉设计师需要的是通过对比不同的视觉层次和视觉维度来把视觉中的一切元素编排和组织起来，最终形成最后的产物。

认识视觉设计还不能脱离了文化的层面。单靠表层的一些色彩元素等视觉传达可以说是没有灵魂的，只是一个皮囊而已。成功的视觉设计应该是有血有肉的，有张力，有生命力，才有说服力。视觉设计师需要将所要传达的品牌内涵、文化内涵通过元素和表现手法揉到作品中去，最终形成一个有张力、有说服力、有生命力的作品。

总之，做视觉设计之前，一定要先认清楚视觉设计到底是什么，建立自己的理解和认知，多思考，最后再去进行视觉设计。

任务二 文案策划

一、店招文案

店招就是商店的招牌，随着网络交易平台的发展，店招也延伸到网店中，即虚拟店铺的招牌。店招一般都有统一的大小要求，以全球速卖通来说，店招宽度一般为1200px，高度为100~150px。格式为jpg、gif（淘宝网自身有flash的店招）。为了追求良好的视觉营销效果，卖家往往会追求店招的吸引力，由此，店招的形象化和生动化也逐渐为网店卖家所重视。而一个好的店招文案能够在店招图像说明的基础上，为店招加深商品或品牌的文字推广，并引起消费者对商品详细信息的关注。

那么，如何设计一个好的店招文案呢？首先来了解一下店招的组成部分。

全球速卖通店招一般由店名、文字说明和商品图片组成，像淘宝店铺的店招一般包括店铺名称、品牌Logo、主营商品3个基本部分，在文案设计中，要求有明确的产品定位，再加上适当的文字说明。

二、店铺名称

店铺名称一定要通俗易懂，琅琅上口，多品类产品的店铺名称，店名可以用单一单词或简单词组，但一定要简单大气，如图4-1所示。如果是经营单一的品类，则店名最好可以与产品有一定关联性，可以选择将产品的关键词包含在店名中。

图 4-1 店招

设计店招要做好产品、品牌、买家的定位，要充分体现出店铺的优势，并辅以让人过目不忘的广告词。另一方面，店铺的卖点和优势也是店招中要体现出的重要元素，假如店铺经营的是品牌类商品，就可以考虑做一个个性化定制，比如支持海外仓发货或厂家直销等。最后，由于店招所处的页面位置视觉展示效果较好，也可以将一些促销活动元素加入店招图片和文字的设计中，如"年中大促""双十一大促""打折季"等。每年三月和八月速卖通平台有大促销活动，还可以根据不同的店铺性质自行设计一些促销活动，都可以在店招中体现出来。

三、海报文案

网店的海报文案主要是指在跨境电商网店的显著位置或用于网络广告平台推广所使用的广告图片中的文案，这类文案的主要作用是吸引消费者点击进入店铺或商品详情页，扩大品牌影响力或商品的传播面，这类图片中文案对站内、站外引流起着至关重要的作用。

通常来说，网店海报可以分为3个类型，分别为：爆款打造、品类推荐、活动广告。爆款打造又指单品推荐，一般放在网店的首页滚动banner中与详情页的关联推荐中，爆款打造的商品以低廉的价格吸引消费者关注，所以在海报图片设计中突出价格优势，可适当的将价格文字的表现效果突出，如图4-2所示。

图 4-2　海报

品类推荐是针对网店主营类目产品进行推荐，所吸引的流量是针对类目下的一个大类，通过吸引流量到类目下提升店铺的整体转化率。因此，这类文案策划需要把握这类产品的共同优势，将流量和转化率较高的产品以及介绍放在海报主图的显要位置，如图4-3所示。

图 4-3　促销类海报

促销活动广告，一般有新品预售、清仓甩卖、节日促销等方式，活动设计强调利益引诱，所以在策划文案的时候注意。

四、产品详情文案

详情文案有许多选择,可以按部就班地做一个从产品实际属性角度出发的文案,也可以做一个更加灵活、富有创意、有略微故事情节的文案,或者其他更好的选择。详情页的文案直接关系到店铺内的成交转化,因此需要在此处多费一些工夫。

一是一个好的详情文案,能更好地体现产品卖点,打动顾客的心;二是好的详情文案也能提高访问深度,甚至还能起到引导购买、提高转化率的作用,如图4-4所示。

图4-4 详情文案

在这里特别提醒一下,西方人在网页浏览的过程中更加关注文字内容的描述。因此,还是建议卖家在上传详情的时候直接使用文字就好,这样才能真正算作图文并茂,有利于提高产品的搜索匹配度。

任务三 商品主图构建

一、商品主图视觉标准

制作前需要准确把握速卖通平台对主图的要求，速卖通对产品主图的格式、大小等有硬性要求，具体如下：

（1）图片格式 JPEG；
（2）文件大小 5M 以内；
（3）图片像素建议大于 800px×800px；
（4）横向和纵向比例建议 1∶1 到 1∶1.3 之间；
（5）图中产品主体占比建议大于 70%；
（6）背景白色或纯色，产品图片风格统一；
（7）产品 Logo 建议放置左上角，不宜过大，不建议在主图上添加促销标签或促销文字。

同时，也应该注意避免首图容易出现的一些误区：
（1）主体很多，没有重点；
（2）画面杂乱，主体不突出；
（3）图片很暗，主体不突出；
（4）图片比例不一致，非正方形；
（5）文字过多，遮盖主体。

二、商品主图设计

（一）前期工作

（1）确定主图成品标准和参考，确立拍照的姿势，为后续的照片调型找好参照物。
（2）做好纠正图片偏色的准备，为后续纠正偏色放置灰卡。
（3）注意拍摄细节，方便后期处理，为后续调型留出衣袖和衣身的空间。

（二）主图制作的标准流程和操作方法

第一步，调整偏色（图 4-5）。Ctrl+M 调出曲线命令，选择灰场吸管，然后点击灰卡，调整曲线之后纠正偏色。

图 4-5 图片调色

第二步，调整中线（图4-6）。Ctrl+T键旋转图片，使中线与参考线平行，要注意旋转中心点的位置。

图4-6　调整图片中线

第三步，抠图换背景（图4-7）。服装通常可用选择工具结合调整边缘抠图，高要求可用钢笔工具抠图。

图4-7　图片抠图

第四步，调色（图4-8）。

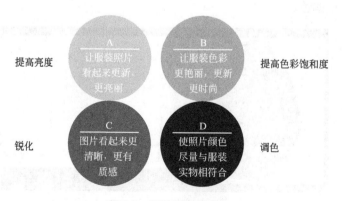

图4-8　图片调色标准

(1)提高亮度:添加亮度对比度调整图层。放大图片,适当调整(图4-9)。

图 4-9　调整亮度

(2)提高饱和度:添加饱和度调整图层,调整(图4-10)。

图 4-10　调整饱和度

(3)锐化:直接滤镜锐化,或添加"复制图层——去色——高反差保留图层——柔光模式"柔和锐化(图4-11)。

图 4-11　锐化

（4）服装照片调色：可对照实物，通过曲线、色彩平衡等工具进行综合调色（图4-12）。

图4-12　照片调色

第五步，调整服装大小。调出参考图片，调整到合适大小，调整图片透明度，随后接着按Ctrl+T键调出八点框，选择变形，参考调整，主要是大廓形调整。

第六步，调整细节造型。通过"滤镜"——"液化"调整细节（图4-13）。

图4-13　液化

（三）成图

将完成标准流程处理好的图片拉到原来做好的模板中，调整好大小。保存图片，存储格式为Web所用格式，图片选jpg格式，优化图片，保持图片大小在5M以内（图4-14）。

图4-14　图片导出

任务四 店招设计

买家看到店铺招牌后,对店铺会有一个总体的印象,并对店铺产品有一个大致的定位。

一、店招图设计

速卖通系统板块的店招尺寸宽度为 1200px,高度可以在 100~150px 之间,一般在设计店招的时候应该尽量将店招区域充分利用起来,将尺寸设计为 1200px×150px。这样能够在尽可能大的空间展示店铺信息,店招也会显得相对大气,从而提高卖家的认可和购物体验。

在进行店招图片设计的时候首先要认识到两个问题:

目前速卖通系统的店招板块,只可以加入一个超链接。

在不同的时间段,有不同的促销方式和不同的重点推荐产品,因此店招也要随之改变。爆款产品、产品分类、促销链接等都是可以放置在店招上的内容。

但是大多数情况下,店招设置的链接还是首页链接,以方便买家挑选商品时随时回到网店首页。

二、店招图片上传

完成图片制作后,要将制作出来的店招图片上传到店铺中去,登录全球速卖通卖家账号,在卖家后台中选择"店铺——店铺装修及管理"模块,点击"进入装修"进入网店装修界面,如图 4-15 所示。

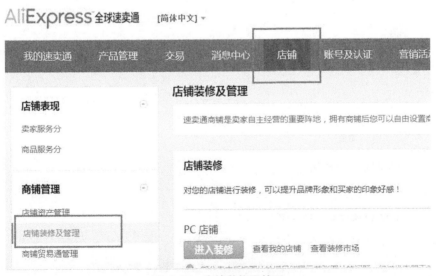

图 4-15 店铺装修及管理

初次进入速卖通后台页面时,店招板块在整个页面最上方,如果之前不小心删掉了店招板块,则只需要将光标移动到最上方,右侧就会出现"添加模块"按钮,点击该按钮就可以添加店招模块。在"页面编辑"面板下出现了"基础页面"按钮,基础页面编辑最上面的模块就是网店的店招,点击"编辑",如图4-16所示。

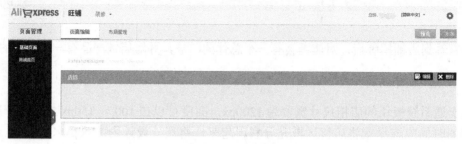

图4-16 页面编辑

在弹出的"店招"编辑框内进行店招高度设置和店招上传(图4-17)。

图4-17 店招高度设置

输入店招高度,点击"添加店招图片",会弹出店招图片上传选项,选择自己制作的店招图片后上传,单机"使用这张图片",选择"保存",就可以成功保存自己制作的店招图片了,如图4-18所示。

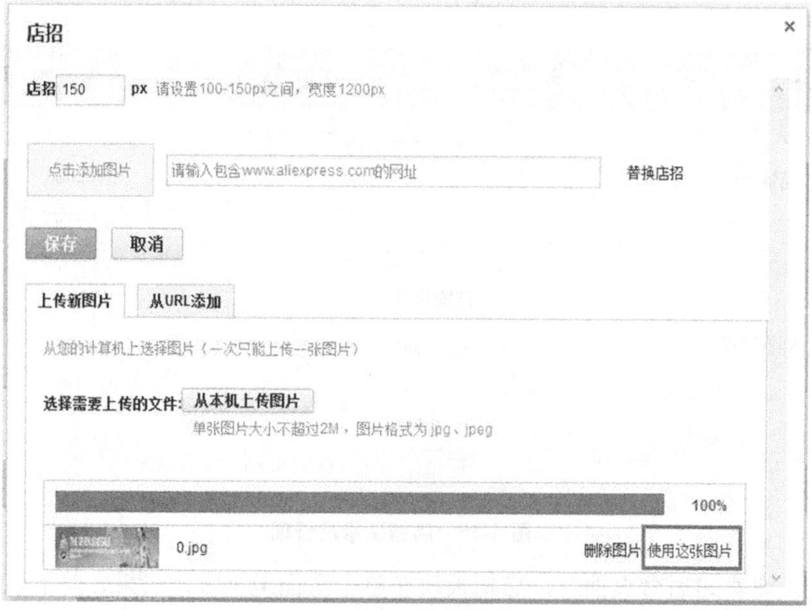

图4-18 店招上传

任务五　广告图设计

一、广告图视觉标准

轮播广告海报在系统板块内的尺寸宽度为960px，高度为100～600px，对于960px宽度的广告图片来说，高度为400px在视觉效果上更加美观。图片要求无边框和水印，不允许拼图。另外，Logo需统一放在图片左上角，约占主图的1/10。

轮播海报设计占用了大篇幅的系统首页空间，并占据了非常醒目且有价值的空间位置，所以在设计轮播海报时要注意，海报广告图片一定要有行之有效的文案与行为导向按钮。在轮播海报的设计中通过真实的产品展示，并配以营销型的文案口号，才更容易抓住买家的心。买家被海报的文案口号所吸引，对产品产生了购买欲望，就迫切需要进入产品购买页面，那么一个醒目的购买链接就能很好地满足买家的需要，如图4-19所示。

图4-19　广告图

二、广告图上传

打开图片轮播的编辑页面，可以点击"点击添加图片"来上传图片，或者点击"添加新图片"来增加图片的数量（图4-20）。

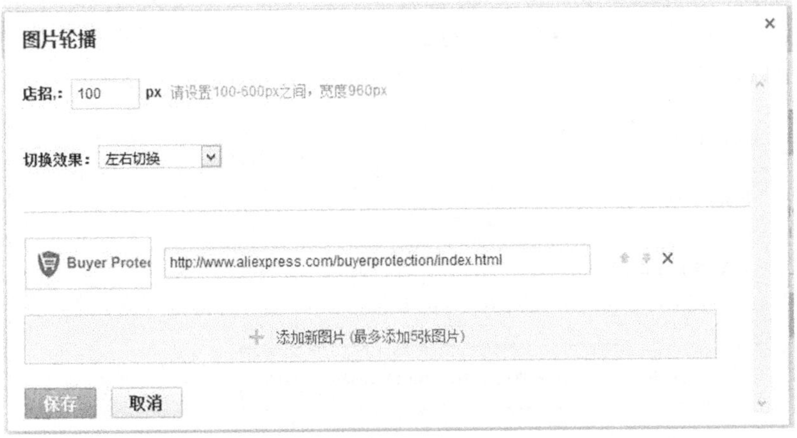

图4-20　轮播广告图上传（1）

点击"点击添加图片"后，下方会出现上传图片的区域，可以采用上传本机图片、从URL直接添加两种方式进行（图4-21）。

图 4-21　轮播广告图上传（2）

图片上传成功后，可以点击"使用该图片"（图4-22）。

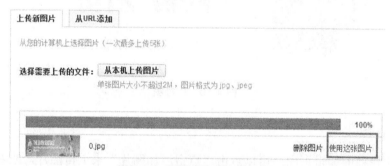

图 4-22　轮播广告图上传（3）

可以给每张图片分别设置一个 URL 超链接（但必须是在速卖通网站下的链接地址），也可以通过点击右侧的箭头来调整图片的上下顺序，当然，如果不需要某张图片或者想要替换掉，则可以直接点击右侧的"×"来删除这张图片（图4-23）。

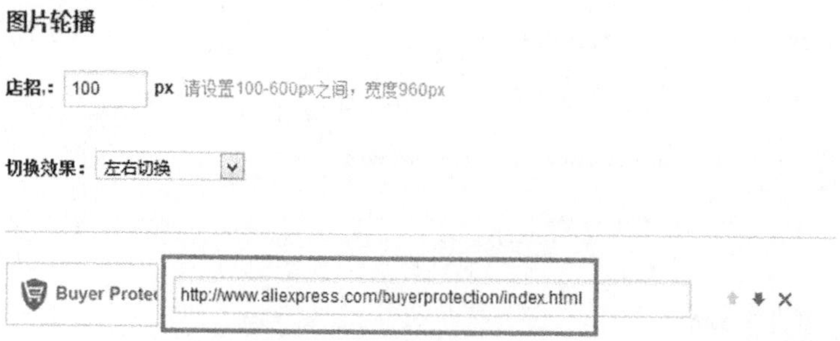

图 4-23　轮播广告图上传（4）

任务六　自定义模块设计

一、自定义内容

自定义内容区，排版灵活，可以更好地加入我们的营销想法，生动地展示产品和店铺，甚至能使店铺上升到艺术的层次，但操作难度系数比较大。

自定义板块并不局限于产品，它还可以在店铺内更直观地添加产品分组，引导消费，做一个良好的导购员，如图4-24所示。

图4-24　自定义内容区

在基础板块中最多可以添加5个自定义内容区，在同一个自定义板块内，字符数不能超过5 000个。

自定义板块的应用非常广泛，语言栏板块也属于自定义内容，首先将语言图标设计出来切片，然后加入语言链接，如图4-25所示。

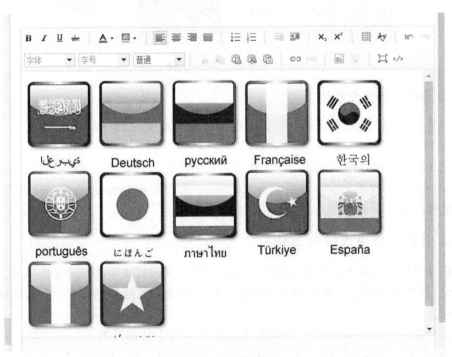

图4-25　语言栏板块

语言链接代码如下。

意大利：http://it.aliexpress.com/store/123456(用自己店铺编号替换)

韩国：http://ko.aliexpress.com/store/123456

阿拉伯：http://ar.aliexpress.com/store/123456

德国：http://ge.aliexpress.com/store/123456

西班牙:http://es.aliexpress.com/store/123456

荷兰语：http://nl.aliexpress.com/store/123456

日语：http://ja.aliexpress.com/store/123456

法国：http://fr. aliexpress. com/store/123456

葡萄牙语：http://pt.aliexpress.com/store/123456

土耳其语：http://tr.aliexpress.eom/store/l23456

俄语：http://ru.aliexpress.com/store/123456

泰语：http://th.aliexpress.com/store/123456

越南语：http://vi.aliexpress.com/store/123456

（一）主区自定义规格

基础板块的自定义内容区的图片宽度最大为 920px，高度不限，但建议不要超过 3000px，如图 4-26 所示。原因：一是太高会影响网页展开速度；二是字符数太多容易超出规定限制。

图 4-26　主区自定义

（二）侧边栏自定义规格

在侧边栏添加一个自定义内容区，它的图片最大宽度为 180px，高度不限制，但建议不要超过 1500px，如图 4-27 所示。

自定义板块是高级旺铺装修中一个比较常用的部分，它应用起来非常灵活，可以是图片或是文字。但比较难上手，需要配合 Photoshop 的切片和 Dreamweaver 编写代码来共同实现。优秀范例如图 4-28 所示。

二、自定义模块设计与上传

自定义模块可以放入我们自主设计的切片内容，基础板块中的自定义部分只支持宽度为 960px，而现在的第三方板块提供的自定义模块支持宽度为 1200px。后台编辑板块如图 4-29 所示。

从后台编辑页面可以看出，之前在基础板块中的工具都没有了，所以我们只能借助 Dreamweaver 软件来完成编码任务。将编辑好的代码全部复制、粘贴进来，保存即可。

图 4-27 侧边栏

图 4-28 优秀范例

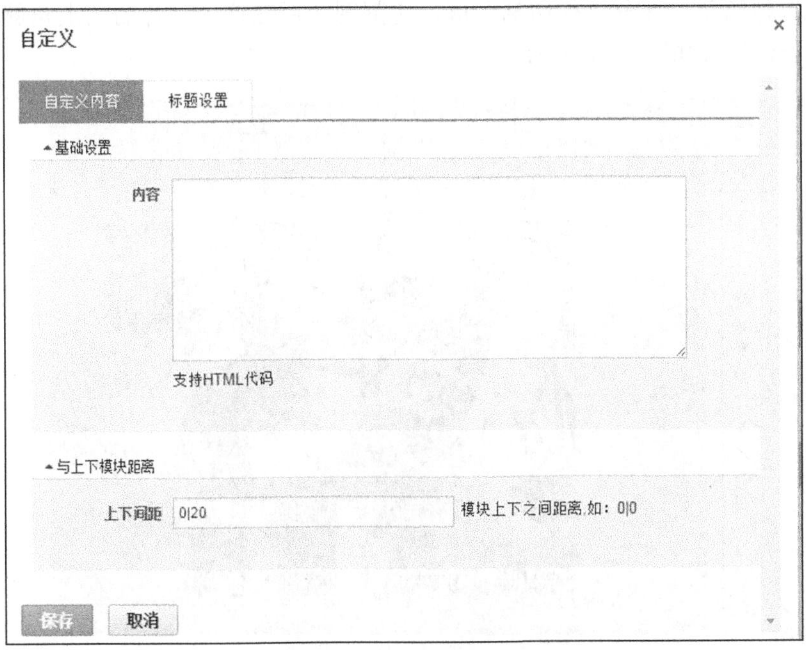

图 4-29 自定义模块设置

（一）自定义模块的设计与制作

首先打开 Photoshop，找到切片工具。将图片拖入 Photoshop 中，选择切片，如图 4-30 所示。

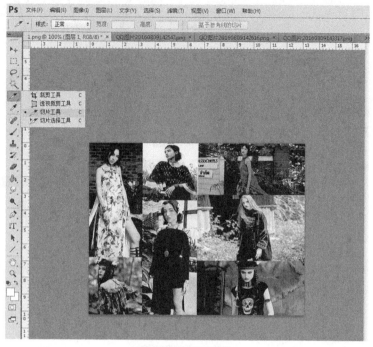

图 4-30　打开图片

根据商品类别选定切片的区域，将图片划分成块。从图片的左上角开始进行切割，按照要求进行每一部分的切割，以便于在编辑 HTML 代码时可以对不同的商品添加不同的链接地址，所以按照每一部分进行切割即可，切割图片后在这个图片的左上角就能够看到一个自动的标记记号，如图 4-31 所示。

图 4-31　切片

图片切割完成后，选择文件→储存为 web 格式，选区存储路径并对文件进行命名，选择格式的时候要选"HTML 和图像"格式。如图 4-32、图 4-33 所示。

图 4-32 存储（1）

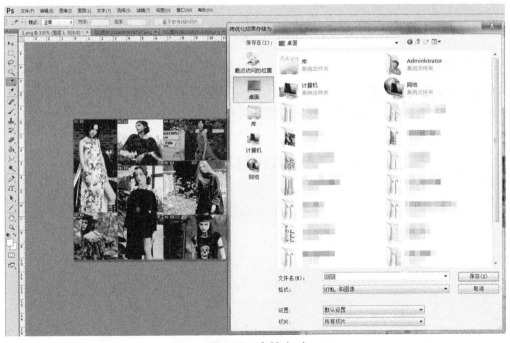

图 4-33 存储（2）

这时可以看到刚才编辑过的图片已经储存为"HTML 格式 +images 文件夹",如图 4-34 所示。

图 4-34　HTML 格式 +images 文件夹

打开 Images 文件夹,可以看到从"01"到"07"共 7 张图片,Photoshop 已经默认为图片做了编号,如图 4-35 所示。

图 4-35　默认编号

(二)上传图片

单击"产品管理",进入图片银行,新建分组,单击"上传图片"按钮,如图 4-36、图 4-37 所示,每次上传数量为 6 张,依次将所有切片内容上传完成为止。

图 4-36　产品管理

图 4-37　图片银行

（三）调整代码

用 Dreamweaver 打开已保存的 HTML 文件，选择"拆分"模式，如图 4-38 所示。

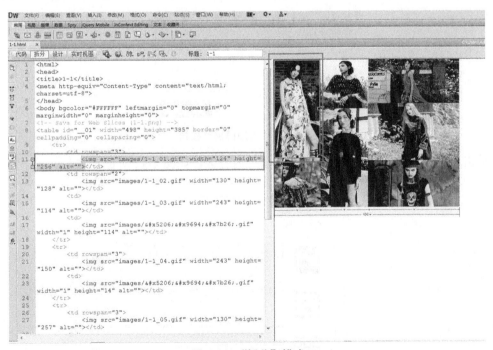

图 4-38　"拆分"模式

虽然现在在界面中也能看到产品的图片，但是这个图片路径是存在电脑上的，而网页上并不能打开，所以需要替换成一个网上的地址，也就是我们上传图片空间的图片路径。

回到图片银行，选择 01 号图，单击鼠标右键，选择"复制图像地址"，如图 4-39 所示。

图 4-39 复制图像地址

将图片区域原地址删除,粘上刚复制的地址进行替换,依次替换变成为止。

(四)发布网页代码

在后台,将鼠标放在任意一个板块上,在右下角都会自动出现一个"添加模板"按钮,如图 4-40 所示。

图 4-40 "添加模板"按钮

单击"添加模板"按钮,新建一个自定义内容区,如图 4-41 所示。

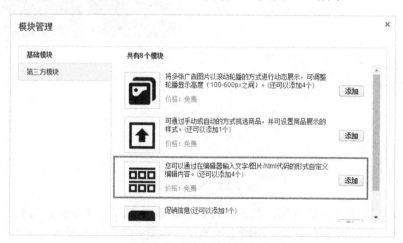

图 4-41 添加"自定义区"

单击源代码图标，展开代码，将 Dreamweaver 中的代码复制进来，如图 4-42 所示。

图 4-42　单击源代码图标

再次单击源代码图标，转换成图片格式，依次选择产品，加入对应产品链接，确认无误后单击"保存"按钮即可。

（五）测试优化

无论在上传产品还是在添加自定义链接的时候，都需要预览检验一下，看看是否存在误差，避免发布后出现麻烦。

同样上传切片完成后，单击装修页面右上角"预览"按钮，测试产品链接是否有误，然后再进行相应调整，如图 4-43 所示。

图 4-43　"预览"按钮

确认无误后单击"发布"按钮，这样上传就算完成了。

优秀页面展示图如图 4-44 所示。

图 4-44　优秀页面展示

【知识巩固】

一、视觉规范化的实施和应用

（1）不要超过三种字体，建议采用一种字体，用字号大小来突出关键词；
（2）不要超过三种修饰，例如不要同时：阴影＋金属＋发光＋描边；
（3）不要超过三种颜色，否则无法突出重点；
（4）字体要与产品和店铺风格协调；
（5）时尚家居类一般选择罗马系列字体；
（6）3C电子类一般选择黑体系列字体；
（7）婴童类选择可爱的圆体系列字体；
（8）运动、汽配类选择黑体类和斜体类；
（9）杂货类选择万能字体黑体类，如：Arial、Helvetica。

二、点爆广告图

当顾客在平台上进行搜索的时候，出现在他们眼前的就是产品主图。主图的作用是直接影响点击转化率。

目前在速卖通平台上，主图可以分为3类。

（1）白底主图，如图4-45所示。

白底主图的优势在于：干净大气、简单明了、主体突出。还有一点是，便于我们报活动以及参加大促等。

（2）边框主图，如图4-46所示。

图4-45　白底主图

图4-46　边框主图

速卖通整个平台底色都是白色，边框主图刚好能利用这一点，在众多产品中起到聚焦的作用，便于客户发现，吸引点击。

（3）背景主图

背景主图作为一个色块，吸引力还是非常大的。但往往很多卖家在使用的时候，不容易把握一个度，那就成了牛皮癣，反而会影响产品的排名，如图4-47所示。

图 4-47 牛皮癣主图

综上所述,我们就应该明白自己的店铺大致应该用何种主图,如果是报活动款,则尽量使用干净大气的白底主图,平时可以用一些简单背景主图和边框主图以增加点击转化。

同时,也应该注意避免首图容易出现的一些误区:

(1)主体很多,没有重点;

(2)画面杂乱,主体不突出;

(3)图片很暗,主体不突出;

(4)图片比例不一致,非正方形;

(5)文字过多,遮盖主体。

三、广告图设计误区

1. 夸大其辞

广告为了吸引顾客,难免有些夸大,这点本是无可厚非,但是过度吹嘘,尤其是保健品广告,更容易昙花一现。要知道,虽然有的顾客会被怂恿,但更多的顾客却会相当反感这种不实广告,从长远上看,这并不是个明智的做法。

2. 重创意,轻叫卖

绝大多数消费者对广告的接受还停留在叫卖时代,这是一个不争的事实。叫卖式的广告要比含蓄式的广告更容易让人接受。创意,是让广告人眼热心跳的两个字眼,但有些广告,看完你一头雾水,甚至不知道它卖的是什么;更有些标榜创意的广告设计,看上去很美,但抓住你的是眼花缭乱的表现手段,最后却连品牌名都没让人记住,更别提卖产品了。有创意的广告有些我们也喜欢、也看得懂,但叫卖更直接、更能见效益。

3. 广告表现与广告诉求脱节

广告表现不是目的而是手段,广告表现的最终作用是将广告诉求以最鲜明最容易记忆的方式传达给目标消费者,广告表现与广告诉求一致的广告投放较少的量就能让消费者记住该记住的内容,如果吸引注意的表现手段与后期的广告诉求风马牛不相及,就会造成广告成本加大。

4. 盲目创意,忽视产品特质

广告的目的无非就是两点,一是销售产品、二是提升品牌形象。不能不问产品特性一概而论，感性的产品尽量就不要使用理性的手法进行宣传，反之亦然。

【本项目实训】

一、实训概述

本实训项目要求学生以店铺视觉设计者的身份，分别进行主图设计、店招设计、广告图设计、自定义模块设计。目的在于让学生通过实训掌握跨境电子商务店铺视觉设计中的方法和技巧。

二、实训素材

（1）教学设备：实训计算机若干。

（2）实训场地：实训室。

（3）实训材料：Photoshop 软件、Dreamweaver 软件。

三、实训内容

任务一　商品主图构建

教师给学生一个主图设计的要求和标准，学生根据教师的要求进行产品拍摄和商品主图设计。示例如图 4-48 所示。

主图设计要求如下。

图片视角：正面、侧面、背面、不同区域细节（3 张）；

图片底色：白色或纯色；

图片尺寸：800px×800px；

Logo 放置：Logo 放置于左上角统一位置，不超过图片 1/10；

其他要求：图片无边框和水印，不允许拼接。

图 4-48　主图正确和错误示例

任务二　店招设计

教师给学生一个店招设计的要求和标准，学生根据教师的要求进行文案设计和店招视觉设计。示例如图 4-49 所示。

店招要求如下。

尺寸要求：1200 px×150px；
内容要求：包含店铺名称、Logo、文案等内容；
文案要求：适当的文案说明店铺产品定位；
设计要求：文案和图像分离，背景简单，图像清晰。

图 4-49　店招示例

任务三　广告图设计

教师给学生一个广告图设计的要求，学生根据教师的要求进行文案设计和广告图视觉设计。示例如图 4-50 所示。

设计主题：商品感恩节或黑色星期五促销广告图；

尺寸要求：960 px×400 px；

版式要求：左图右文或者右图左文；

色彩搭配：使用对比色，页面色彩不超过三种；

文案要求：文案简洁，强调利益引诱。

图 4-50　广告图示例

项目五

国际物流认知

跨境物流是为跨国经营和对外贸易服务，使各国物流系统相互"接轨"，因而与国内物流系统相比，具有国际性、复杂性和风险性等特点。随着跨境电商全球化进程的飞速发展，国际物流成为跨境电商中重要的组成部分。国际物流运输渠道的不断成熟和多元化，也对跨境电商的物流应用和发展起到了推动作用。

对于平台店铺来说，国际物流是一个至关重要的角色。它不仅关系到新老客户的购物体验是否良好，也关系到卖家在客户和平台中的信誉度。卖家在接到海外客户订单后，所选择的物流方式，需要保证货物在承诺运达时间范围内，还需要减少或避免因物流引起的差评、纠纷。从而可见，跨境电商物流对于买家卖家的重要性。

本项目我们将以跨境电商企业物流环节为背景，详细讲解"自定义运费模板"和"海外仓运费模板"。通过对本项目的学习，学生掌握店铺平台的物流模板设置步骤；了解跨境电商物流和海外仓概况。

【学习目标】

知识目标
（1）认识跨境物流分类；
（2）熟悉国际物流优劣势对比；
（3）了解海外仓；
（4）认识国际物流网规。

能力目标
（1）掌握新手物流模板设置；
（2）掌握自定义模板设置；
（3）掌握海外仓模板设置。

【任务概述】

Flower girl dresses 服装店在全球速卖通平台上开了一家以梦幻时尚为主题的品牌童装店（如图5-1所示）。为了更大的满足客户的购物体验，店铺现在需要对产品添加不同的物流服务商。

图 5-1 Flower girl dresses 童装店首页产品展示

【任务分解】

Flower girl dresses 童装店在物流方式选择过程中，首先需要了解不同物流服务商的特点，其次需要根据不同国家选择合适的物流服务商，最后添加多个合作物流服务商。可是，国际物流具体有哪些服务商？具体该怎么选择国际物流服务商？产品运费模板又该如何设置？带着这些问题，我们开始本项目的学习。

任务一　邮政物流介绍

据不完全统计，中国出口跨境电商 70% 的包裹都是通过邮政系统投递。其中中国邮政占据 50% 左右。因此，目前跨境电商物流还是以邮政的发货渠道为主。邮政网络基本覆盖全球，比其他物流渠道都要广。这也主要得益于万国邮政联盟和卡哈拉邮政组织（KPG）。

不过，邮政的渠道虽然比较多，但也很杂。在选择邮政包裹发货的同时，必须注意出货口岸、时效、稳定性等。像从中国通过 E 邮宝发往美国的包裹，一般需要 15 天才可以到达。

邮政物流包括各国及中国香港邮政局的邮政航空大包、小包，以及中国邮政速递物流分公司的 EMS、ePacket 等。

一、EMS

EMS，即 Express Mail Service，特快专递邮件业务。EMS 国际快递是各国邮政开办的一项特殊邮政业务。该业务在各国邮政、海关、航空等部门均享有优先处理权。以高速度、高质量为用户传递国际紧急信函、文件资料、金融票据、商品货样等各类文件资料和物品，同时提供多种形式的邮件跟踪查询服务。EMS 还提供代客包装、代客报关、代办保险等一系列综合延伸服务。

（一）EMS 的资费标准

EMS 国际快递的资费标准请参考网站 http://www.ems.com.cn，不同分区，折扣不同，卖家可与邮政或货代公司协商。

（二）EMS 的参考时效

在清关顺利的提前下，EMS 国际快递参考时效应该是这样：东南亚 3～8 天，美国、加拿大 5～8 天，澳大利亚、新西兰 5～9 天，欧洲 4～9 天，南亚 6～10 天，中东 7～12 天，南美 8～12 天，非洲 8～12 天。官方参考时效查询：http://www.ems.com.cn/serviceguide/shixianchaxun/guo_ji_shi_xian_cha_xun.html。

（三）EMS 跟踪查询

卖家可登录 EMS 快递网站：http://www.ems.com.cn/ 查看相应的收寄、跟踪信息。

（四）EMS 体积和重量限制

EMS 的体积、重量限制参考网站：http://www.ems.com.cn/。

（五）禁限寄物品

（1）国家法律法规禁止流通或者寄递的文件、物品；
（2）爆炸性、易燃性、腐蚀性、放射性和毒性等危险物品；

（3）反动报刊、书籍或者淫秽物品；

（4）各种货币；

（5）妨害公共卫生的物品；

（6）容易腐烂的物品；

（7）活的动物（包装能确保寄递和工作人员安全的蜜蜂、蚕、水蛭除外）；

（8）包装不妥，可能危害人身安全、污染或损毁其他邮件设备的物品；

（9）目的地国家与地区禁止进口的文件、物品；

（10）对违反知识产权保护法，未出具相关证明的，禁止邮寄；

（11）其他不适合邮递条件的物品。

因此，卖家在选品和发货时均要注意排查。

（六）EMS 的优缺点总结

概括起来，EMS 主要有以下几个突出的优点：

（1）邮政的投递网络强大，覆盖面广，价格比较合理。

（2）不用提供商业发票都可以清关，而且具有优先通关的权利，即使通关不过的货物也可以免费运回国内，其他快递一般都要收费。

（3）EMS 适合于发小件，而且对时效要求不高的货物，可走敏感物流，不容易产生关税问题。

（4）EMS 寄往南美国家及俄罗斯等国家有绝对优势。

但是 EMS 也存在着以下几个比较明显的缺点：

（1）EMS 相比于商业快递来说，速递会偏慢一些。

（2）查询网站信息滞后，一旦出现了问题只能做书面查询，查询时间较长。

（3）EMS 不可以一票多件，大货价格偏高。

二、ePacket

ePacket 俗称 e 邮宝，又称 EUB，是中国邮政速递物流旗下的国际电子商务业务。ePacket 目前可发往美国、澳大利亚、英国、加拿大、法国、俄罗斯。

（一）ePacket 的资费标准

ePacket 的资费参考网站 http://www.ems.com.cn。

（二）ePacket 的参考时限

中国邮政对 ePacket 业务是没有承诺时限的，这点卖家在发货时需注意。

（三）ePacket 的跟踪查询

美国、澳大利亚和加拿大 ePacket 业务提供全程时限跟踪查询，但不提供收件人签收证明；英国 ePacket 业务提供收寄、出口封发和进口接收信息，不提供投递确认信息。卖家可登陆邮政官网 http://shipping.ems.com.cn/index 或拨打客服热线 11183 查询。

需要注意的是，ePacket 业务不受理查单业务，不提供邮件丢失、延误赔偿。因此，ePacket 并不适合寄递一些价值比较高的产品。

(四) ePacket 的体积和重量限制

(1) 单件邮件最高限重 2 千克。

(2) 最大尺寸:单件邮件长、宽、厚合计不超过 90 厘米,最长一边不超过 60 厘米。圆卷邮件直径的两倍和长度合计不超过 104 厘米,长度不得超过 90 厘米。

(3) 最小尺寸:单件邮件长度不小于 14 厘米,宽度不小于 11 厘米。圆卷邮件直径的两倍和长度合计不小于 17 厘米,长度不少于 11 厘米。

三、中国邮政大、小包

(一) 中国邮政大包 (China Post Air Parcel)

China Post Air Parcel 即中国邮政航空大包,俗称"航空大包"或"中邮大包"。中国邮政大包除了航空大包外,还包括水陆运输、空运水陆路运输的大包,本书所提及的"中邮大包"仅指航空大包。中邮大包可寄达全球 200 多个国家,价格低廉,清关能力强,对时效性要求不高而重量稍重的货物可选择使用此方式发货。

1. 中邮大包的资费标准、体积和重量限制

中邮大包的相关资费以及体积和重量的限制根据运输物品的重量及目的国家而有所不同,参考网站:http://11185.cn/index.html。

2. 中邮大包的跟踪查询

查询网站:http://intmail.183.com.cn/。

3. 中邮大包的优缺点总结

中邮大包拥有中国邮政的大部分优点,主要包括:

(1) 成本低。价格较 EMS 稍低,且和 EMS 一样不计算体积重量,没有偏远附加费,相对于其他运输方式(如 EMS、DHL、UPS、FedEx、TNT 等)来说,中国邮政航空大包服务有较好的价格优势。采用此种发货方式可最大限度地降低成本,提升价格竞争力。

(2) 交寄相对方便,可以到达全球各地,只要有邮局的地方都可以到达,且清关能力非常强。

(3) 方便,快捷,单一的运单,并由公司统一打印,减少了客户的麻烦。

中邮大包的缺点主要包括以下几个方面:

(1) 部分国家限重 10 千克,最多也只能寄 30 千克。

(2) 妥投速递慢。

(3) 查询信息更新慢。

(二) 中国邮政小包 (China Post Air Mail)

中国邮政国际小包,俗称中邮小包、邮政小包、航空小包,及其他以收寄地市局命名的小包(如"北京小包")。是指包裹重量在 2 千克以内(阿富汗为 1 千克以内),外包装长、宽、高之和小于 90 厘米,且最长边小于 60 厘米,通过邮政空邮服务寄往国外的小邮包。国际小包可以分为中国邮政平常小包(China Post Ordinary Small Packet Plus)和挂号小包(China Post Registered Air Mail)两种。主要区别在于挂号小包提供的物流跟踪条码能实时跟踪邮包在大部分目的国家的实时状态;平邮小包不受理查询,但是可以通过面单条码以电话查询形式查询到邮包在国内的状态。

1. 中邮小包的资费标准

参照网站：http://shipping.11185.cn/selfsys/。

2. 中邮小包的参考实效

由于中国邮政并未对中邮小包寄递时限进行承诺，因此卖家可通过查询社会公司的网站统计对寄递时效进行了解，比如17track网站上的统计可查看网站：https://www.17track.net/zh-cn。

3. 中邮小包的跟踪查询

平邮小包不受理查询；挂号小包大部分国家可全程跟踪，部分国家只能查询到签收信息，部分国家不提供信息跟踪服务。

卖家可登录中国邮政官方网站：http://intmail.183.com.cn/zdxt/yjcx/ 进行查询。

中国邮政的协议客户可向收寄邮政局申请大客户号，通过邮政内网进行查询，网址为：http://211.156.194.150/pydkh。

卖家也可登录一些社会网站进行查询，比如以下网站。

一起跟踪网：https://www.17track.net/zh-cn。

赛兔网：http://www.track91.com/。

对于以上网站未能展示出的信息，比如境外邮政的接收、投递信息等，各卖家也可以尝试登录不同国家邮政的网站进行查询。

4. 中邮小包的体积和重量限制

参照ePacket的标准。但是卖家要注意，寄往阿富汗的国际小包限重1千克，而非2千克。

5. 中邮小包的优缺点总结

中邮小包具有如下几个明显的优点：

（1）运费便宜，这是最大的优点。部分国家运达时间并不长，因此其属于性价比比较高的物流方式。

（2）全球化。国际小包可以将产品送达全球几乎任何一个国家或地区的客户手中，只要有邮局的地方都可以到达，大大扩展了外贸卖家的市场空间。

（3）中邮小包本质上属于民用包裹，并不属于商业快递，因此该方式能邮寄的物品比较多。

但是中邮小包也存在着一些固有的缺点，包括：

（1）限重2千克，如果卖家的包裹超出2千克就要分成多个包裹邮寄，或者只能选择其他物流方式。

（2）一般以私人包裹方式出境，不便于海关统计，也无法享受正常的出口退税。同时，速度较慢，丢包率高。

（3）运送的时间总体比较长，像俄罗斯、巴西这些国家超过40天才显示买家签收，都是正常现象。

还存在许多国家是不支持全程跟踪的，而邮政官方的183网站也只能跟踪国内部分，国外部分不能实现全程跟踪，因此卖家需要借助社会公司的网站或登录到寄达国的查询网站进行跟踪，查询很不方便。

总的来说，中邮小包属于性价比较高的物流方式，适合寄递物品重量较轻、量大、价格要求实惠，而且对于时限和查询要求不高的产品。

6. 中邮小包通关的注意事项

由于中邮小包只是一种民用包裹，并不属于商业快递，海关对个人邮递物品的验放原则是"自用合理数量"，自用合理数量原则即以亲友之间相互馈赠自用的正常需要量为限，因此，为了顺利通关，并不适于寄递太多数量的产品。

限值规定：海关规定，对寄自或寄往中国港澳地区和国外的个人物品，每次允许进出境的限值分别为人民币 800 元和 1 000 元；对超出限值部分，属于单一不可分割且确属个人正常需要的，可从宽验放。

四、其他国家或地区的邮政小包

邮政小包是使用较多的一种国际物流方式，依托万国邮政联盟网店覆盖全球，其对于重量、体积、禁限寄物品要求等方面的特点均存在很多共同点，然而不同国家和地区的邮政所提供的邮政小包服务却或多或少存在一些区别，主要体现在不同优势区域会有不同的价格和时效，以及对于承运物品的限制不同。

因此，我们需要与多个物流渠道的货运代理公司建立联系，以确保能最快了解到各类渠道的最新信息，从而根据最新信息组合使用多个渠道。比如香港小包这个月爆仓了，我们马上就换新加坡小包，新加坡小包爆仓了，我们再换菲律宾小包。

为了让各卖家能灵活地综合使用各种小包渠道，下面对常用的航空小包的特点做一个简要的介绍。

（1）中国香港小包，时效中等，价格适中。特点是处理速度快，上网速度快。

（2）新加坡小包，价格适中，服务质量高于邮政小包的一般水平，并且是目前常见的手机、平板电脑等含锂电池商品的运输渠道。

（3）瑞士小包，欧洲线路的时效较快，但价格较高。欧洲通关能力强，欧洲申根国家可以免报关。

（4）瑞典小包，欧洲线路的时效较快，俄罗斯通关及投递速度较快，且价格较低。俄罗斯首选的物流方式，而且在某段时间安检对带电池的产品管制还没那么严格，可用于寄递带电产品。

其他还有很多不同地区的邮政小包，但目前没用被卖家广泛使用，这里就不一一介绍了。

任务二　商业快递介绍

速卖通平台常用的商业快递方式包括 UPS、DHL、FedEx、TNT、SF Express、Toll 等。不同的国际快递公司具有不同的渠道，在价格、服务、时效上都有所不同。下面我们重点介绍几种常见的国际快递方式。

一、TNT 介绍

TNT 集团是全球领先的快递邮政服务供应商，为企业和个人客户提供全方位的快递和邮政服务。总部位于荷兰的 TNT 集团，在欧洲和亚洲提供高效的递送网络，并且正通过在全球范围内扩大运营分布来最大幅度地优化网络效能。TNT 快递有超过 26 610 辆货车与 40 架飞机，以及欧洲最大空陆联运快递网络，实现门到门的递送服务。

（一）TNT 的资费标准

TNT 快递的运费包括基本运费和燃油附加费两部分，其中燃油附加费每个月变动，以 TNT 网站：http://www.tnt.com.cn/ 公布的数据为准。

（二）TNT 的参考时效

TNT 快递一般货物在发货次日即可实现网上追踪，全程时效为 3～5 天，TNT 经济型时效为 5～7 天。

（三）TNT 的跟踪查询

TNT 的跟踪查询网站：http://www.tnt.com/express/zh_cn/site/home.html。

（四）TNT 的体积重量限制

TNT 快递对包裹的重量和体积限制：单件包裹不可以超过 70 千克，体积重量计算方式为：长×宽×高/5 000（厘米）；单件尺寸不能超过 240×120×150（厘米）；货物的计费重量为实重与体积重取大者为准。

（五）TNT 操作的注意事项

（1）TNT 快递运费不包含货物到达目的地海关可能产生的关税、海关罚款、仓储费等费用，因货物原因无法完成目的地海关清关手续或收件人不配合清关，导致货物被退回发件地（此时无法销毁），所产生的一切费用如收件人拒付，则需由卖家承担。

（2）若因货物原因导致包裹被滞留，不能继续转运，其退回费用或相关责任由发件人自负。

（3）卖家若授权货代公司代为申报，如因申报原因发生扣关或延误，货代公司大多不承担责任。

（4）如果 TNT 包裹需申请索赔，则需在包裹上网后 21 天内提出申请，逾期 TNT 不受理。

（5）一票多件计算方式：计算包裹的实重之和和体积重量之和，取其较大者。

（6）TNT 不接收仿牌货物，扣关不负责。

（六）TNT 的优缺点总结

TNT 主要有以下几个优点。

（1）速度快，通关能力强，提供报关代理服务。

（2）可免费、及时、准确追踪、查询货物。

（3）在欧洲和西亚、中亚及政治、军事不稳定的国家有绝对优势。

（4）时效为 2～4 个工作日通至全球，特别是到西欧大概 3 个工作日，可送达国家比较多。

（5）网络覆盖比较全、查询网站信息更新快、遇到问题响应及时。

（6）纺织品类大货到西欧、澳大利亚、新西兰有优势。

（7）可以通达沙特，但需提供正规发票。

TNT 主要存在以下几个缺点。

(1）要算抛重，对所运货物限制也比较多。
(2）价格相对较高。

二、UPS 介绍

UPS 快递 (United Parcel Service) 在 1907 年作为一家信使公司成立于美国华盛顿州西雅图，是一家全球性的公司，其商标是世界上最知名、最值得景仰的商标之一。UPS 是世界上最大的快递承运商与包裹递送公司，同时也是运输、物流、资本与电子商务服务的领导性的提供者。

UPS 每天都在世界上 200 多个国家和地域管理着物流、资金流与信息流。通过结合货物流、信息流和资金流，UPS 不断开发供应链管理、物流和电子商务的新领域，如今 UPS 已发展成拥有 300 亿美元资产的大公司。

大部分 UPS 的货代公司均可提供 UPS 旗下主推的 4 种快递方式，包括：

（1）UPS Worldwide Express Plus——全球特快加急，资费最高。
（2）UPS Worldwide Express——全球特快。
（3）UPS Worldwide Saver——全球速快，也称为红单。
（4）UPS Worldwide Expedited——全球快捷，也称为蓝单，时效最慢，资费最低。

在 UPS 的运单上，前三种方式都是红色标记的，最后一种是用蓝色标记的。目前，速卖通平台支持的 UPS 发货方式包含 UPS Worldwide Saver 和 UPS Worldwide Expedited。下面做简要介绍。

（一）UPS 的资费标准

UPS 的资费标准以 UPS 网站公布的信息或者以 UPS 的服务热线信息为准。
https://www.ups.com/content/cn/zh/shipping/cost/zones/index.html。

一票多件货物的总计费重量依据运单内每个包裹的实际重量和体积重量中较大者计算，并且不足 0.5 千克按照 0.5 千克计，超过 0.5 千克计 1 千克。每票包裹的计费重量为：每件包裹的计费重量之和。

（二）UPS 的参考时效

（1）参考派送时间：2～5 个工作日。
（2）派送时效以快件上网到收件人收到此快件为准。
（3）如遇海关查车等不可抗拒的因素，派送时效就要以海关放行为准。

（三）UPS 的跟踪查询

UPS 国际快递跟踪查询网站：https://www.ups.com。

（四）UPS 的体积重量限制

UPS 国际快递体积重量限制：

1. 附加费

当货品满足以下条件之一时，每个包裹将收取 RMB40 的附加费（注意，每个包裹最多收取一次附加手续费）：

（1）非纸箱包装的物品；

（2）任何无法完全装入一般纸箱的圆柱形物品，例如：木桶、鼓、圆筒或者轮胎；

（3）任何最长边缘的长度超过 152 厘米或次长边缘超过 77 厘米的包裹；

（4）实际重量大于 32 千克的包裹；

（5）一票货件内单个平均重量大于 32 千克的包裹，以及重量未在所使用的原始文件或 UPS 自动运输系统中指明的包裹。

2. 超重超长费

UPS 国际快递小型包裹服务不递送超过以下重量和尺寸的包裹。若 UPS 国际快递接收该类货件，将对每个包裹收取超重超长费 RMB378 元。

每个包裹最大重量为 70 千克

每个包裹最大长度为 270 厘米

每个包裹最大尺寸：长 + 周长 $[(2 \times 宽) + (2 \times 高)] = 330$ 厘米

注意，每个包裹最多收取一次的超重超长费。

（五）UPS 的优缺点总结

UPS 主要有以下几个优点。

（1）速度快，服务好。

（2）强项在美洲路线和日本路线，特别是美国、加拿大、南美、英国，适宜发快件。

（3）全球派送 2～5 个工作日妥投。

（4）服务覆盖 220 个国家及地区；可以在线发货，全国 109 个城市上门取货。

（5）可在线查询全程详细包裹派送信息，遇到问题解决及时。

UPS 主要有如下几个缺点。

（1）运费较贵，要计算产品包装后的体积重量，适合发 6～21 千克，或者 100 千克以上的货物。

（2）对托运物品的限制比较严格。

（3）中国香港 UPS 代理停发澳大利亚件；中国大陆 UPS 可以发。

（4）中国香港 UPS 大货尽量不要使用香港地址发货物（包含发票也不要使用香港地址和公司）；在目的地清关一定需要使用香港地址的情况下就找正规的货代公司发货。

三、FedEx 介绍

FedEx 全称是 Federal Express，即联邦国际快递，是一家国际性速递集团，提供隔夜快递、地面快递、重型货物运送、文件复印及物流服务，总部设于美国田纳西州。联邦快递分为：中国联邦快递经济型服务（International Economy，IE）和中国联邦快递优先型服务（International Priority，IP）。FedEx 成立于 1973 年 4 月，亚太总部设在中国香港，同时在上海、东京、新加坡均设有区域性总部。

FedEx IP 和 FedEx IE 主要区别如下。

FedEx IP：

（1）时效快。快递的时效为 2～5 个工作日。

（2）清关能力强。

（3）为全球超过 200 多个国家及地区提供快捷、可靠的快递服务。

FedEx IE：

(1)价格更优惠，相对于中国联邦快递优先型服务的价格更有优势。

(2)时效比较快，递达的时效一般为4～6个工作日，时效比中国联邦快递优先型服务通常慢1～3个工作日。

(3)清关能力强，中国联邦快递经济型服务同中国联邦快递优先型服务由同样的团队进行清关处理。

(4)为全球超过90个国家及地区提供快捷、可靠的快递服务，中国联邦快递经济型服务同中国联邦快递优先型服务享受同样的派送网络，只有很少部分国家的运输线路不同。

（一）FedEx的资费标准

联邦快递的资费标准最终以其官网公布的为准。

网址为：http://www.fedex.com.cn/rates/index.html。

联邦快递的"体积重量"计算公式为：长×宽×高/5 000（厘米），如果货物体积重量大于实际重量，则按体积重量计费。

（二）FedEx的参考时效

(1)FedEx IP服务派送正常时效为2～5个工作日（次时效为从快件上网至收件人收到此快件为止），需要根据目的地海关通关速度决定。

(2)FedEx IE服务派送正常时效为4～6个工作日（次时效为从快件上网至收件人收到此快件为止），需要根据目的地海关通关速度决定。

（三）FedEx的跟踪查询

参考网站：http://www.fedex.com/cn/。

（四）FedEx的体积重量限制

联邦快递单件最长边不能超过274厘米，长+2（宽+高）不能超过330厘米；一票多件（其中每件都不超过68千克），单票的总重量不能超过300千克，超过300千克请提前预约；单件或者一票多件中单件包裹有超过68千克，需要提前预约。联邦快递申报价值超过RMB5 000元要单独报关。

（五）FedEx的优缺点总结

FedEx主要有如下几个优点。

(1)适宜走21千克以上的大件，到南美洲的价格较有竞争力。

(2)一般2～4个工作日可送达。

(3)网站信息更新快，网络覆盖全，查询响应快。

FedEx主要有如下几个缺点。

(1)价格较贵，需要考虑产品体积重量。

(2)对托运物品限制也比较严格。

四、DHL介绍

DHL国际快递是全球快递行业的市场领导者。可寄达220个国家及地区，涵盖超过

120 000 个目的地（主要邮政区码地区）的网络，向企业及私人顾客提供专递及速递服务。

（一）DHL 的资费标准

DHL 的标准资费详见网站：http://www.cn.dhl.com。

DHL 的体积重量计算公式为：长 × 宽 × 高 /5 000（厘米），货物的实际重量和体积重量相比，二者中取大者计费。

（二）DHL 的参考时效

（1）上网时效：参考时效从客户交货之后第二天开始计算，1～2 个工作日会有上网信息。

（2）妥投时效：参考妥投时效为 3～7 个工作日（不包括清关时间，特殊情况除外）。

（三）DHL 的跟踪查询

DHL 可全程跟踪信息，并可以查到签收时间和签收人姓名。
DHL 跟踪网站：http://www.cn.dhl.com。

（四）DHL 的体积和重量限制

DHL 对寄往大部分国家的包裹要求为：单件包裹的重量不超过 70 千克，单件包裹的最长边不超过 120 厘米。但是部分国家的要求不同，具体以 DHL 官网公布的为准。

（五）DHL 操作注意事项

（1）物品描述。报品名时需要填写实际品名和数量。不接受礼物或样品申报。

（2）申报价值。DHL 对申报价值是没有要求的，客户可以自己决定填写的金额，建议按货物的实际价值申报，以免产生高额关税及罚金。

（3）收件人地址。DHL 有部分国家不接收 PO Box 邮箱地址，必须要提供收件人电话，填写以上资料应该用英文填写，其他的语种不行。

（六）DHL 的优缺点

DHL 主要有以下几个优点：

（1）到西欧、北美有优势，适宜走小件；可送达国家网点比较多。

（2）一般 2～4 个工作日可送达；去欧洲一般 3 个工作日，到东南亚一般 2 个工作日。

（3）查询网站的货物状态更新也比较及时，遇到问题解决速度快。

DHL 主要有以下几个缺点：

（1）走小货价格较贵不划算，DHL 适合发 5.5 千克以上，或者介于 21 千克和 100 千克之间的货物。

（2）对托运物品的限制比较严格，拒收许多特殊商品，部分国家不提供 DHL 包裹寄递服务。

五、Toll 介绍

Toll 环球快递（又名拓领快递）是 Toll Global Express 公司旗下的一项快递业务，Toll

到澳大利亚以及泰国、越南等亚洲地区价格较有优势。

（一）Toll 的资费标准

Toll Global Express 的运费包括基本运费和燃油附加费两部分，其中燃油附加费每个月变动，以 Toll Global Express 网站或泰嘉网站上公布数据为准。具体国际快递运费可在泰嘉网站首页查询：http://www.takesend.com。

（二）Toll 的参考时效

Toll 的参考时效 (如表 5-1 所示)。

表 5-1　Toll 的参考时效

国家和地区	参考时效（工作日）
东南亚	3～5 天
美国、加拿大	6～10 天
澳大利亚	3～5 天
欧洲	6～10 天
南美	8～15 天
中东	8～15 天

（三）Toll 跟踪查询

Toll 的跟踪查询网站：https://www.tollgroup.com/。

（四）Toll 的体积重量限制

Toll Global Express 首重、续重均为 0.5 千克，对包裹的重量限制为 30 千克，体积重量超过实际重量需按照体积重量计费，体积重量的算法为：长 × 宽 × 高 /5000（厘米）。单件货物任何一边长度超过 120 厘米，需另外加收每票 200 元的操作费。

（五）Toll 操作注意事项

（1）Toll Global Express 运费不包含货物到达目的地海关可能产生的关税、海关罚款、仓储费、清关费等费用。因货物原因无法完成目的地海关清关手续或收件人不配合清关，导致货物被退回发件地（此时无法销毁），所产生一切费用如收件人拒付，则需由发件人承担。

（2）若因货物原因导致包裹被滞留在香港，不能继续转运，其退回费用或相关责任由发件人自负。

（3）如货物因地址不详等原因在当地派送不成功，需更改地址派送，Toll 快递会收取每票 50 元的操作费。

（4）如因货物信息申报不实、谎报等原因导致无法清关，或者海关罚款等，一切费用由发件人承担，Toll 快递会另外收取每票 75 元的清关操作费。

（5）Toll 在当地会有两次派送服务，如两次派送均不成功，要求第三次派送会收取 75 元派送费。

（6）货物不能用金属或者木箱包装，或者严重不规范的包装，否则 Toll 快递会收取 200 元的操作费。

（7）Toll 快递到澳大利亚、缅甸、马来西亚、尼泊尔，可能有偏远地区附加费，具体地区及收费标准如下。

澳大利亚：首重 0.5 千克，90 元 + 燃油费，每件续重 32 元 + 燃油费

缅甸：8 元 / 千克 + 燃油费

马来西亚：12 元 /0.5 千克 + 燃油费

尼泊尔：6 元 / 千克 + 燃油费

（8）Toll 不接受仿牌，承运商查到后运费和货物均不退。

六、SF Express 介绍

SF Express 即顺丰速运，1993 年在广东顺德成立，是一家主要经营国际、国内快递业务的港资快递企业。近年来，顺丰积极拓展国际件服务，除开通中国大陆、香港、澳门和台湾地区外，顺丰目前已开通美国、日本、韩国、新加坡、马来西亚、泰国、越南、澳大利亚等国家的快递服务。

（一）SF Express 的资费标准

SF Express 的资费标准最终以其官网公布的为准，网址为：http://www.sf-express.com/cn/sc/dynamic_function/price/。

（二）SF Express 的跟踪查询

顺丰国际快递的跟踪查询网站：http://www.sf-express.com/。

（三）SF Express 的体积重量规则

对于体积大、重量轻的货物，顺丰是参考国际航空运输协会的规定，根据体积重量和实际重量中较重的一种收费。始发地或目的地任一方为港澳台地区或其他海外国家，体积重量(千克)的计算方法为：长度（厘米）× 宽度（厘米）× 高度（厘米）/6 000。

备注：体积重量的计算方法参考各地区及当地市场惯例，当中可能略有差异。涉及的具体产品范围请致电 95338 或与当地收派员进行咨询。

（四）SF Express 的优劣势总结

顺丰国际快递的优势主要体现为国内服务网点分布广，收派队伍人员服务意识强，服务队伍庞大，价格有一定竞争力。劣势主要表现在开通的国家线路少，卖家可选的国家少，而且顺丰的业务种类繁多，导致顺丰的揽收人员相对于国际快递的专业人员略显逊色。

任务三　专线物流介绍

一、Special Line-YW 介绍

Special Line-YW 即航空专线—燕文，俗称燕文专线，是北京燕文物流公司旗下的一项国际物流业务。线上燕文专线目前已开通美国、欧洲、澳洲、中东和南美专线。

（一）燕文专线的资费标准

资费标准请参考网站：http://www.yw56.com.cn/

计算方法：1 克起重，每个单件包裹限重在 2 千克以内。

（二）燕文专线的参考时效

在正常情况下，16～35 天到达目的地。

在特殊情况下，35～60 天到达目的地。特殊情况包括：节假日、特殊天气、政策调整、偏远地区等。

（三）燕文专线的跟踪查询

查询网站：http://www.yw56.com.cn/

（四）燕文专线的体积重量限制（如表 5-2 所示）。

表 5-2 燕文专线的体积重量限制

包裹形状	重量限制	最大体积限制	最小体积限制
旅行包裹	小于 2 千克（不包含）	长、宽、高之和小于 90 厘米	至少有一面的长度大于 14 厘米，宽度大于 9 厘米
圆柱形包裹		2 倍直径及长度之和小于 104 厘米，长度小于 90 厘米	2 倍直径及长度之和大于 17 厘米，长度大于 10 厘米

（五）燕文专线的操作注意事项

包装材料及尺寸应按照所寄物品的性质、大小、轻重选择适当的包装袋或纸箱。邮寄物品外面需套符合尺寸的包装袋或纸箱，包装袋或纸箱上不能有文字、图片、广告等信息。

由于寄递路程较远、冬天寒冷等原因，需选用适当的结实抗寒的包装材料妥为包装，以便防止以下情况发生。

（1）封皮破裂，内件露出，封口胶开裂内件丢失。

（2）伤害处理人员。

（3）污染或损坏其他包裹或分拣设备。

（4）寄递途中碰撞、摩擦、震荡或受压力、气候影响而发生损坏。

（六）燕文专线的优势

1. 时效快

拉美专线通过调整航班资源一程直飞欧洲，再发挥欧洲到拉美航班货量少的特点，快速中转，避免旺季爆仓，大大缩短妥投时间。

俄罗斯专线与俄罗斯合作伙伴实现系统内部互联，一单到底，全程无缝可视化跟踪。国内快速预分拣，快速通关，快速分拨派送，正常情况俄罗斯全境派送时间不超过 25 天，人口 50 万以上城市派送时间低于 17 天。

印尼专线使用服务稳定、可靠的香港邮政挂号小包服务，由于香港到印尼航班多，载量大，同时香港邮政和印尼邮政有良好的互动关系，因此，香港邮政小包到达印尼的平均时效优于其他小包。

2. 交寄便利

北京、深圳、广州（含番禺）、东莞、佛山、杭州、金华、义乌、宁波、温州（含乐清）、上海、南京、苏州、无锡提供免费上门揽收服务，揽收区域之外可以自行发货到指定集货仓。

3. 赔付保障

邮件丢失或损毁提供赔偿，可在线发起投诉，投诉成立后最快5个工作日完成赔付。

二、Ruston 介绍

Ruston 俗称俄速通，是由黑龙江俄速通国际物流有限公司提供的中俄航空小包专线服务，针对跨境电商客户物流需求的小包航空专线服务，渠道实效快速稳定，全程物流跟踪服务。

（一）Ruston 的资费标准、体积重量限制

Ruston 的资费标准为85元/千克+8元挂号费，体积重量限制参照中邮小包的资费标准。

（二）Ruston 的参考时效

（1）在正常情况下，15～25天到达俄罗斯目的地。

（2）在特殊情况下，30天到达俄罗斯目的地。

（三）Ruston 的跟踪查询

通过速卖通在线发货后台查询物流轨迹，或者通过以下网站进行查询：http://www.ruston.cc/。

（四）Ruston 的优点

（1）经济实惠。Ruston 以克为单位进行精确计费，无起重费，为卖家将运费做到最低。

（2）可邮寄范围广泛。Ruston 是联合俄罗斯邮局推出的服务产品，境外递送环节全权由俄罗斯邮政承接，因此递送范围覆盖俄罗斯全境。

（3）运送时效快。Ruston 开通了"哈尔滨——叶卡捷琳堡"中俄航空专线货运包机，大大提高了配送时效，使中俄跨境电子物流平均时间从过去的近两个月缩短到13天。80%以上的包裹25天内到达。

（4）全程可追踪。48小时内上网，货物全程可视化追踪。

三、Aramex 介绍

Aramex 快递，即中外运安迈世，在国内也称为"中东专线"，可通达中东、北非、南亚等20多个国家，在当地具有很大优势。正常递送时间一般为4～12天。作为中东地区最知名的快递公司，Aramex 成立于1982年，是第一家在纳斯达克上市的中东国家公司，提供全球范围的综合物流和运输解决方案。

（一）Aramex 的资费标准

Aramex 的标准运费包括基本运费和燃油附加费两部分，其中燃油附加费每月变动，以 Aramex 网站公布的数据为准。

（二）Aramex 的参考时效

一般会在收件后 2 天内上网，中东地区派送时效为 3～8 个工作日。

（三）Aramex 的跟踪查询

所有包裹可以通过 http://www.aramex.com 进行跟踪。

（四）Aramex 的体积和重量限制

（1）邮包的体积常规限制在 120×50×50 立方厘米以内；

（2）邮包体积重量计算公式为：长 × 宽 × 高 /5 000（厘米），如果邮包体积重量大于实际重量，则按体积重量计费；

（3）单票包裹尽量不超过 30 千克。尤其寄往印度、南非、英国的货件长度不得超过 150 厘米，货物单件重量不得超过 32 千克，超过则加收超重费；越南的货物单件重量不能超过 30 千克 / 件，超过则加收超重费。

（五）Aramex 的操作注意事项

（1）运单上必须用英文填写明晰的收件人名字、地址、电话、邮编、国家、货品信息、申报价值、件数及重量等详细资料；

（2）必须在运单报关联填写明晰的货物详情、名称、件数、重量及申报价值；单票货物申报不得超过 USD50 000，寄件人信息统一打印；

（3）Aramex 收件地址不可以是 PO Box 的邮箱地址。

（六）Aramex 的优势

（1）运费价格优势：寄往中东、北非、南亚等国家价格具有显著的优势，是 DHL 的 60% 左右；

（2）时效优势：时效有保障，包裹寄出后 3～5 天可以投递，大大缩短了世界各国间的商业距离；

（3）无偏远优势：世界各国无偏远，抵达全球各国都无需附加偏远费用；

（4）包裹可在 Aramex 官网跟踪查询，状态实时更新信息，寄件人每时每刻都跟踪得到包裹最新动态。

四、芬兰邮政介绍

速优宝—芬兰邮政是由速卖通和芬兰邮政针对 2 千克以下小件物品推出的香港口岸出口的特快物流服务，分为挂号小包和经济小包，运送范围为俄罗斯及白俄罗斯全境邮局可到达区域。速优宝具有在俄罗斯和白俄罗斯清关速度快、时效快、经济实惠的特点。

（一）芬兰邮政的资费标准

芬兰邮政挂号小包的资费计算项目与中邮挂号小包一致，包括配送服务费和挂号服务费两部分。芬兰邮政经济小包则只有配送服务费。

芬兰邮政挂号小包的计算方式为：运费＝配送服务费×邮包实际重量＋挂号服务费；芬兰邮政经济小包的价格计算方式为：运费＝配送服务费×邮包实际重量。芬兰邮政起重为1克，运费会根据每月初的最新汇率进行调整。

（二）芬兰邮政的参考时效

对于芬兰邮政挂号小包，物流商承诺包裹入库后35天内必达（不可抗力除外），因物流商原因在承诺时间内未妥投而引起的速卖通平台限时达纠纷赔偿，由物流商承担。对于芬兰邮政经济小包物流商承诺包裹入库后35天内离开芬兰（不可抗力除外），因物流商原因在承诺时间内没有离开芬兰的物流轨迹节点而引起的速卖通平台限时达纠纷赔偿，由物流商承担。

（三）芬兰邮政的跟踪查询

挂号包裹到达俄罗斯邮政后，可在俄罗斯邮政官网查询相关物流信息。

（四）芬兰邮政的寄送限制

1．体积、重量限制：芬兰邮政对包裹的重量、体积有严格的限制（如表5-3所示）。

表5-3　体积、重量限制

包裹形状	重量限制	最大体积限制	最小体积限制
方形包裹	小于2千克（不包含）	长宽高之和小于等于90厘米，单边长度小于等于60厘米	至少有一面的长度大于等于14厘米，宽度大于等于9厘米
圆柱形包裹		2倍直径及长度之和小于等于104厘米，单边长度小于等于90厘米	2倍直径及长度之和大于等于17厘米，单边长度大于等于10厘米

2．电池的寄送限制：不能寄送电子产品，如手机、平板电脑等带电池的物品，或纯电池（含纽扣电池）。

（五）芬兰邮政的优势

（1）运费价格优势：寄往俄罗斯和白俄罗斯的价格较其他专线具有明显的优势。

（2）时效优势：时效有保障，包裹寄出后大部分在35天可以投递，挂号包裹因物流商原因在承诺时间内未妥投而引起的速卖通平台限时达纠纷赔偿，由物流商承担，降低卖家风险。经济小包跟传统的平邮小包相比，直到包裹离开芬兰前均有物流轨迹，离开芬兰前包裹丢失、破损以及时效延误而延期的速卖通平台限时达纠纷赔偿，由物流商承担，降低卖家风险。

五、中俄快递—SPSR介绍

线上发货"中俄快递—SPSR"服务商SPSR Express是俄罗斯最优秀的商业物流公司，

也是俄罗斯跨境电子商务行业的领军企业。"中俄快递—SPSR"面向速卖通卖家提供经北京、香港、上海等地出境的多条快递线路，运送范围为俄罗斯全境。

（一）中俄快递—SPSR 的资费标准

中俄快递—SPSR 的资费计算与邮政挂号小包一致，包括配送服务费和挂号服务费两部分。运费根据包裹重量按每 100 克计费，不满 100 克按 100 克计，每个单件包裹限重在 15 千克以内，尺寸在 60 厘米 ×60 厘米 ×60 厘米以内。

（二）中俄快递—SPSR 的参考时效

对于中俄快递—SPSR 物流商承诺包裹入口后最短 14 天、最长 32 天内必达（不可抗力除外），因物流商原因在承诺时间内未妥投而引起的速卖通平台限时达纠纷赔偿，由物流商承担。

（三）中俄快递—SPSR 的跟踪查询

挂号包裹到达俄罗斯邮政后，可在 SPSR 官网查询相关物流信息。

（四）中俄快递—SPSR 的寄送限制 60 厘米 ×60 厘米 ×60 厘米以内的包裹。

可寄送重量 100g～15kg，尺寸在 60 厘米 ×60 厘米 ×60 厘米以内的包裹。

电池寄送限制：不能寄送电子产品，如手机、平板电脑等带电池的物品，或纯电池（含纽扣电池）；任何可重复使用的充电电池，如锂电池、内置电池、笔记本电脑的长电池、蓄电池、高容量电池等，无法通过机场货运安检。但是插电产品，如摄像头、烘甲机、卷发器等可以发，合金金属等也在可以发的范畴（不含管制刀具等违禁品）。

任务四 海外仓介绍

海外仓集货物流指为卖家在销售目的地进行仓储、分拣、包装及派送的一站式控制及管理服务。确切地说，海外仓集货物流包括了预定船期、头程国内运输、头程海运或头程空运、当地清关及报税、当地联系二程拖车、当地使用二程拖车运输送到目的仓库并扫描上架和本地配送这几个部分。

通过海外仓的管理方式能够大大地改善买家的购物体验，所以，速卖通平台鼓励第三方物流公司以海外仓的形式给众多卖家提供服务。作为平台的管理理念，平台不直接参与海外仓的建设，但对于使用海外仓的卖家会予以特别的标识。对于当地的买家来说，他们更多地会选择使用海外仓服务的卖家来缩短送货时间，以改善购买体验。

一、了解海外仓

（一）海外仓优缺点

能得到跨境电商巨头们的青睐，海外仓的优势体现在以下方面。

1. 降低物流成本

从海外仓发货，特别是在当地发货，物流成本远远低于从中国境内发货，例如在中国发 DHL 到美国，1 千克货物要 124RMB，在美国发货只需 $5.05。

2. 加快物流时效

从海外仓发货，可以节省报关清关所用的时间，并且按照卖家平时的发货方式（DHL 5～7 天，fedex 7～10 天，ups 10 天以上）若是在当地发货，客户就可以在 1～3 天收到货，大大缩短了运输时间，提高了物流的时效性。

3. 提高产品曝光率

如果平台或者店铺在海外有自己的仓库，那么当地的客户在选择购物时，一般会优先选择当地发货，因为这样对买家而言可以大大缩短收货的时间，海外仓也能够让卖家拥有自己特有的优势，从而提高产品的曝光率，提升店铺的销量。

4. 提升客户满意度

因为并不是所有收到的产品都能让客户满意，这中间可能会出现货物破损、短装、发错货物等情况，这时客户可能会要求退货、换货、重发等，这些情况在海外仓内便可调整，大大节省了物流的时间，在一定层面上不仅能够重新得到买家的青睐，也能为卖家节省运输成本，减少损失。

5. 有利于开拓市场

因为海外仓更能得到国外买家的认可，如果卖家注意口碑营销，自己的商品在当地不仅能够获得买家的认可，也有利于卖家积累更多的资源去拓展市场，扩大产品销售领域与销售范围。

当然海外仓也是把双刃剑，有优点，也有缺点。

选择海外仓就需要支付一定的海外仓储费，海外仓的仓储成本不同的国家费用也不同，卖家在选择海外仓的时候一定要计算好费用，与自己目前发货方式所需要的费用进行对比，选择适合的方式。建议卖家可以在旺季的时候选择使用海外仓储服务。

（二）海外仓产品前台展示

卖家的海外仓产品发布成功后，卖家可以在产品详情页看到产品的发货地址信息，从而进行选择。

（1）买家可以在搜索页选择"Ship from"国家，筛选海外发货的产品。

（2）买家也可以通过搜索选项"Domestic Delivery"一键筛选出本国发货的产品。

（3）海外本地发货（发货国与买家收件国一致）的产品将展示专属标识。

（4）对于刚登入详情页的买家，需要选择发货地（Ship from），根据买家选择的发货地及收货地，从而判断该订单是否享受海外仓本地化服务。

（三）海外仓选品

哪些产品适合做海外仓，大致可以分为以下几种情况。

（1）尺寸、重量大的产品。因为此类产品的重量跟尺寸都已经超出了小包规格的界限，直接用国际快递的话，费用昂贵。使用海外仓刚好弥补了这一缺点。

（2）单价和利润高的产品。海外仓的本地配送服务相对于国际快递，丢包率跟破损率都可以控制在一个相对较低的水平，对于卖家而言，可以降低高价值产品的意外损失率。

（3）高人气产品。这一类产品由于受到本地市场的热捧，使用海外仓可以使货物的周转率加快，货物积仓的风险减小，而卖家也能更快地回笼资金。

（四）亚马逊 FBA

1. 什么是 FBA

FBA(Fulfillment by Amazon)是亚马逊提供的代发货服务，卖家把货物发往 FBA 的仓库，亚马逊提供包括仓储、拣货打包、派送、收款、客服、退货处理一系列服务。对于做跨境电商的卖家来说，物流是很重要的，亚马逊又非常看重卖家的物流配送能力，所以建议使用 FBA 服务。尤其是欧洲市场，国内寄往欧洲的物流时间长、费用高，如果卖家不能保证买家在 7～10 天内收到包裹，则会严重影响综合评分。所以，这时候选择 FBA 是明智之举。

2. FBA 优缺点

（1）FBA 优点

①根据亚马逊的统计，有一半的买家不愿意选择不是 FBA 服务的卖家，选择 FBA 服务可以让你的商品被更多的买家选择，同时你的买家也会得到更好、更快的物流配送服务。

②加入 FBA 服务可以提高 Listing 排名，增加抢夺 Buy Box 的机会。

③不用担心因为物流而引起的差评。

④提供 7×24 小时客户服务热线，解决卖家的客服问题。

⑤拥有丰富的仓储和物流经验，以及先进的智能管理系统。

（2）FBA 不足

①成本较高，尤其是仓储费。

②语言转换难题尚未解决，只能用英语与客户沟通。

③FBA 不会为卖家头程发货提供清关服务。

④退货地址只支持美国（如果是做美国站的 FBA）。

⑤容易提升买家的退货率。

3. FBA 费用

仓储服务费用主要包括：

① Order Handling（订单处理费）

② Pick & Pack（商品挑选打包费）

③ Weight Handling（称重费）

④ Inventory Storage（仓储费）

二、申请海外仓

Flower girl dresses 童装店在了解海外仓的整体概况后，综合考虑，跟美国一家海外仓服务公司合作。现在需要对自己的店铺开通海外仓服务。首先就需要在速卖通店铺后台申请开通海外仓。

第一步，进入卖家店铺后台，在"交易"界面下，点击"我有海外仓"，点击"申请开通"(如图 5-2 所示)。

第二步,①填写"申请发货地设置权限"相关资料,点击申请;②"资料审核";③"签署协议";④"申请成功"(如图 5-3 所示)。

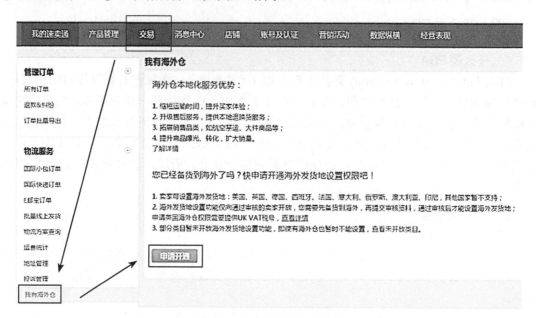

图 5-2　申请开通海外仓权限

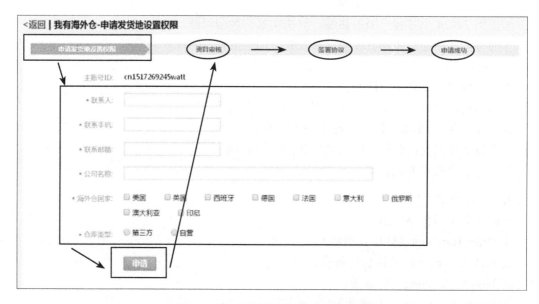

图 5-3　填写申请发货地设置权限步骤

三、海外仓运费模板设置

(一)阿里巴巴速卖通平台

经过速卖通平台的严格审核,Flower girl dresses 童装店已经成功申请海外仓。接下来,需要编辑海外仓运费模板。

进入卖家店铺后台,在"产品管理"下,"模板管理"下"运费模板",点击"新增运费模板"按钮或选择现有运费模板进行编辑(如图5-4所示)。

图 5-4　新增或编辑运费模板

点击"新增发货地",勾选需要设置的发货国家,点击"确认"按钮,同一运费模板可以同时设置多个发货国家。目前运费模板中可选择的发货地设置仅包含中国在内的10个国家,如果您的商品发货地不在其中,请选择发货地为中国。后续平台会根据卖家发货地分布新增支持的发货国家(如图5-5和图5-6所示)。

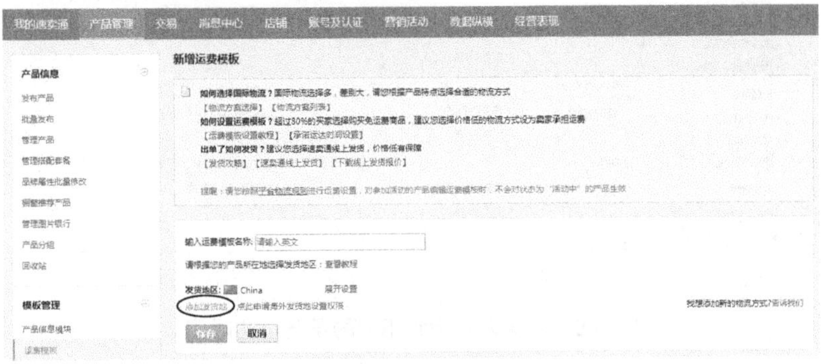

图 5-5　增加发货地

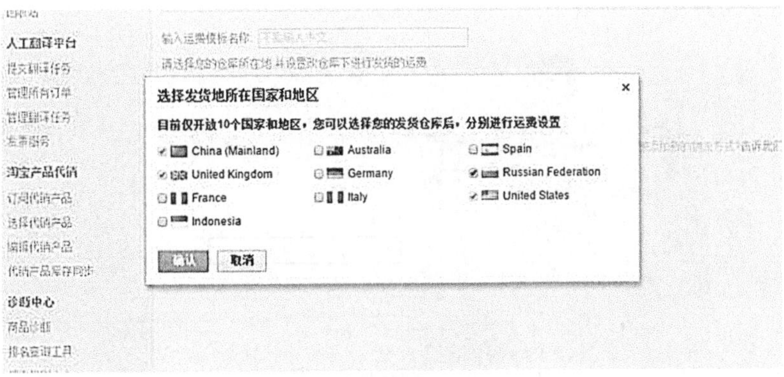

图 5-6　选择发货地区

点击发货地区后的"展开设置",可针对不同的发货地区以及不同的物流方式分别设置运费及承诺运达时间(如图 5-7 所示)。

图 5-7 "展开设置"设置运费及时效

这里可以点击自定义运费,选择物流方式所支持的国家及运费;也可以点击自定义运达时间,对不同国家设置不同的承诺运达时间(如图 5-8 所示)。

图 5-8 不同国家设置不同的承诺运达时间

Flower girl dresses 童装店设置好海外仓运费模板,店铺产品展示如图 5-9 所示。

图 5-9 Flower girl dresses 童装店海外仓店铺产品展示

在速卖通平台搜索页选择"Ships From"国家,可以筛选海外发货的商品。对 Flower girl dresses 童装店来说,产品多了一个"Ships From"的选择,加大了产品的曝光度。同时也加快了在美国地区的发货速度,减少了物流成本,提高客户满意体验度。

(二)亚马逊平台操作

将产品设置为 FBA 发货,先打开亚马逊后台,点击"inventory"菜单,即进入你的库存管理界面(如图 5-10 所示)。

图 5-10 库存管理界面

然后在此产品列表下勾选你需要发货的"listing",点击工具栏左上方"Actions on 1 Selected"——"Send/Replenish inventory"(如图 5-11 所示)。

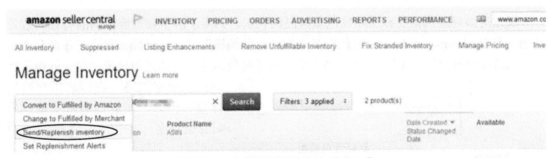

图 5-11 勾选你需要发货的"listing"

当页面跳转后,点击"Convert & Send inventory"。选择你需要发货的目的地国家,点选"continue to shipping plan"(如图 5-12 所示)。

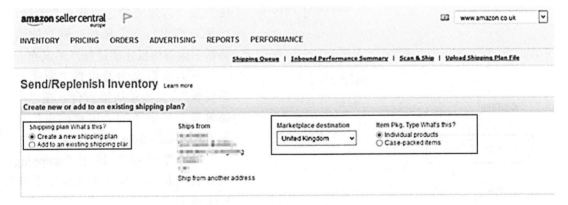

图 5-12 选择发货的目的地国家

此时已经成功创建你的发货计划，如若需要同时创建多个产品的发货计划，只需在"inventory"界面下也就是第一步时，同时勾选你所有需要发货的产品 listing，以同样步骤即可完成（如图5-13所示）。

图5-13　FBA操作完成界面显示

任务五　物流模板设置

通过对国际物流概况和国际物流服务商的认识，初步了解了物流服务商的特点和政策法规。所以 Flower girl dresses 童装店在操作"运费模板"时，需要根据物流服务商和产品的实际情况设置"运费模板"。在运费上面，也根据物流服务商的优惠政策，尽可能地给客户提供更多优惠。在提高用户购物体验的同时，还能提高店铺整体的好评信誉度。

一、新手运费模板

Flower girl dresses 童装店在发布产品的时候可以选择"新手运费模板"或"自定义的运费模板"两种，如果未编辑自定义模板，则只能选择新手运费模板才能进行产品发布。

下面我们先学习设置"新手运费模板"。先登录店铺后台，在"产品管理"界面下的"运费模板"进行设置（如图5-14所示）。

"运费模板"显示"Shipping Cost Template for New Sellers"（如图5-15所示）。

图5-14　产品管理界面

项目五 国际物流认知

图 5-15 新手运费模板 "Shipping Cost Template for New Sellers"

点击"模版名称：Shipping Cost Template for New Sellers"，可以看到"运费组合"和"运达时间组合"（如图 5-16 所示）。

图 5-16 "Shipping Cost Template for New Sellers" 显示界面

在"运费组合"下，速卖通平台默认的"新手运费模板"包含了"China Post Registered Air Mail""Russian Air""EMS""ePacket"。

系统提供的标准运费，为各大快递运输公司在中国大陆地区公布的价格。对应的减免折扣率是根据目前速卖通平台与中国邮政洽谈的优惠折扣。

平台显示的"其余国家""不发货"包含了两重意思，一是部分国家或地区不通邮或邮路不够理想；二是部分国家或地区有更优惠的物流方式可选。Flower girl dresses 女装店的商品在发往西班牙的时候，特别注明"China Post Registered Air Mail"发货时间为 27～43 天，提醒买家在选择物流运输的同时需要注意发货时间。而该地区，Postnl 物流公司虽然到货时间比较长，但是免运费，也是一个不错的选择（如图 5-17 所示）。

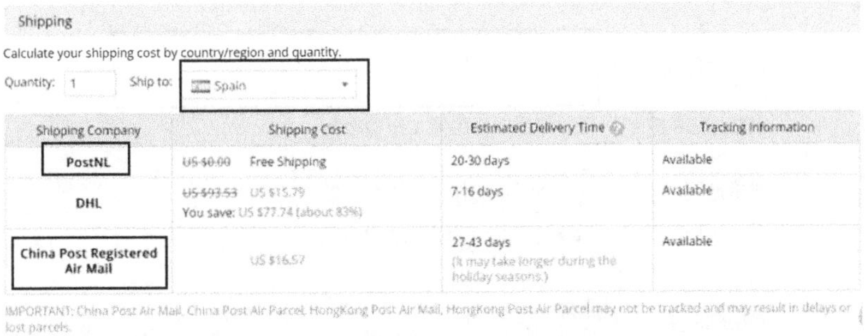

图 5-17 西班牙物流运输公司及时间

从"运达时间组合"上看，"承诺运达时间"为平台判断包裹寄到收件人所需的时间（如图 5-18 所示）。

图 5-18 新手运费模板"运达时间组合"界面

二、自定义运费模板

对于 Flower girl dresses 女装店而言,"新手运费模板"所能体现的物流运输并不能满足客户的需求。这种情况下就需要用"自定义运费模板"增加更多的物流运输服务商,提高用户购物体验,满足客户的不同物流需求。

在设置"自定义运费模板"时,Flower girl dresses 女装店分析了不同物流服务商的运送范围、揽收范围、时效承诺、禁限售商品、优惠政策等,跟适合店铺的物流服务商签订了合约。尽量避免因物流运输而引起的不必要的纠纷。

"自定义运费模板"设置入口有两个,一是直接点击"新增运费模板"按钮;二是单击"编辑"按钮编辑新手运费模板(如图 5-19 所示)。

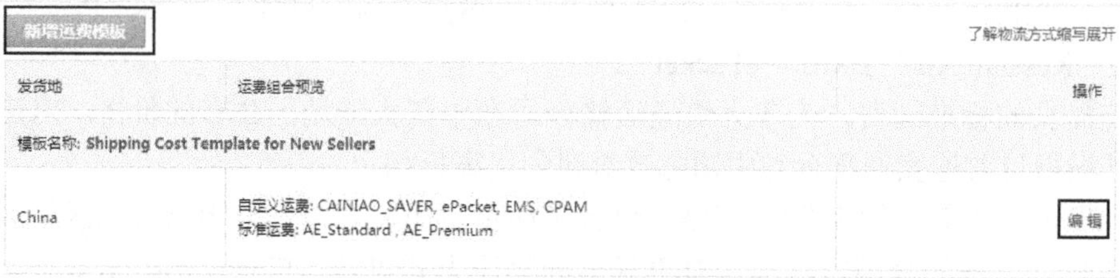

图 5-19 新增运费模板

这里的"新增运费模板"不可修改后直接保存。如果修改,先输入模板名称,保存生成新的自定义模板(如图 5-20 所示)。

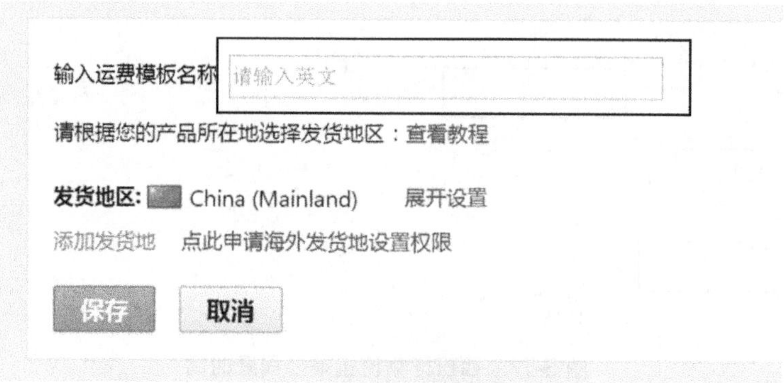

图 5-20 填写模板名称界面

两种设置入口,虽然点击后界面有所不同,但都包含了五个方面。一是选择发货地区;

二是选择物流类型；三是设置优惠折扣；四是自定义运达时间；五是承诺的运达时间（如图 5-21 和图 5-22 所示）。

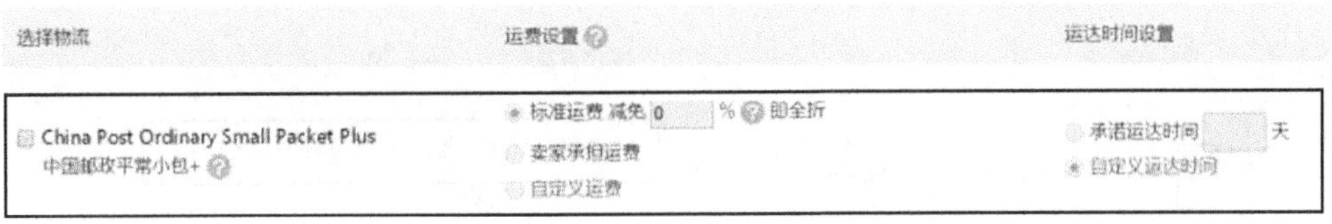

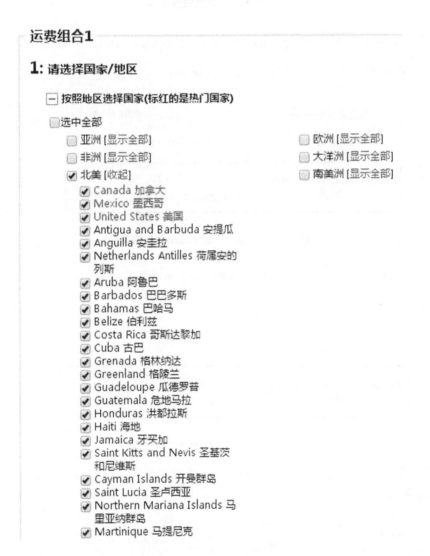

图 5-21　选择物流类型和设置达到时间

图 5-22　选择到达国家和地区

Flower girl dresses 女装店需要给"China Post Registered Air Mail"（中国邮政挂号小包）运输服务商设置运达天数和优惠折扣。先勾选物流方式，设置标准运费，填写优惠折扣（如图 5-23 所示）。"标准运费"意味着对所有的国家均执行此优惠标准（如图 5-24 和图 5-25 所示）。

图 5-23　设置运费标准

图 5-24　乌克兰中国邮政小包运费折扣

图 5-25　西班牙中国邮政小包运费折扣

如果所有国家均采取包邮（Free shipping）的优惠政策，则勾选"卖家承担运费"即可（如图 5-26 所示）。

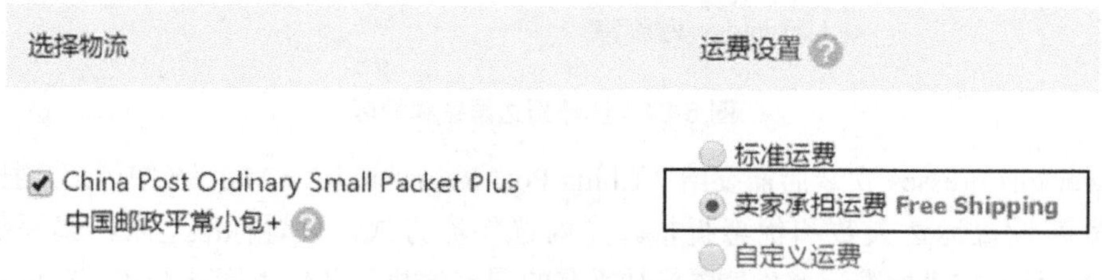

图 5-26　设置"卖家承担运费"

如果卖家希望对所有买家均承诺同样的运达时间，则需要勾选"承诺运达时间"并设置承诺天数（如图 5-27 所示）。

图 5-27　设置"承诺达到时间"

完成设置保存后，Flower girl dresses 女装店前台展示效果如图 5-28 所示。

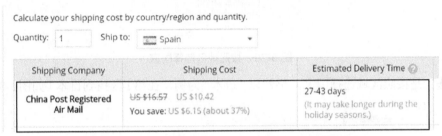

图 5-28　Flower girl dresses 女装店前台展示效果

Flower girl dresses 女装店经过一段时间的运营和客户反馈邮件发现，大部分的买家希望根据地域和物流服务商的不同，对达到天数有更多的了解。这样的情况下，卖家则可以通过自定义运费和自定义运达时间来实现。

"自定义运费"设置的第一步是选择国家/地区。具体有两种方法，一是按照地区选择国家；二是按照区域选择国家（如图 5-29 所示）。

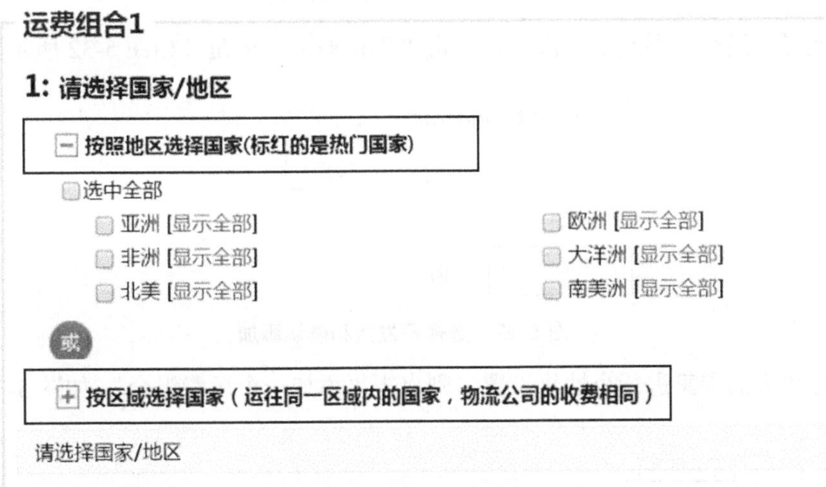

图 5-29　自定义运费设置

进入自定义运费设置界面后，先选择国家，具体有两种方法。方法一是按照地区选择国家，展开"亚洲"地区，找到"日本"并勾选（如图 5-30 所示）。

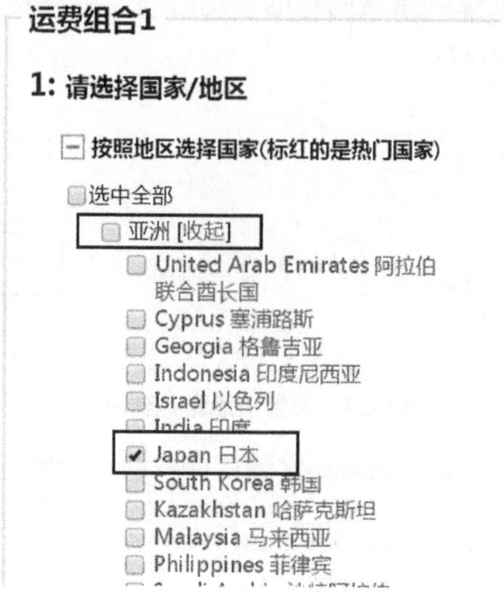

图 5-30　按照地区选择国家

方法二是按照区域选择国家，仍然以"日本"为例，在第1区找到日本（如图5-31所示）。

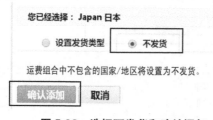

图 5-31　在第 1 区选择国家

对已选国家进行"不发货"操作。点击"确认添加"按钮（如图 5-32 所示）。

图 5-32　选择不发货和确认添加

如需对更多的国家进行个性化设置，则点击"添加一个运费组合"（如图 5-33 所示）。

图 5-33　添加一个运费组合

Flower girl dresses 女装店合作的物流服务商，根据地域的不同，还提供了不同的优惠政策。国际物流运输相对国内物流而言价格就高出很多，运费减免无疑是对买家最大的优惠。"自定义运费模板"还可以针对不同国家、不同物流运输设置"运费减免率"。国际运输费用优惠在一定程度上加大刺激消费者在该店铺的购买欲望，也提高了店铺的转化率和营业额。

"运费减免率"操作如下，先选择国家，填写减免折扣，点击"确认添加"按钮，最后保存（如图 5-34 和图 5-35 所示）。

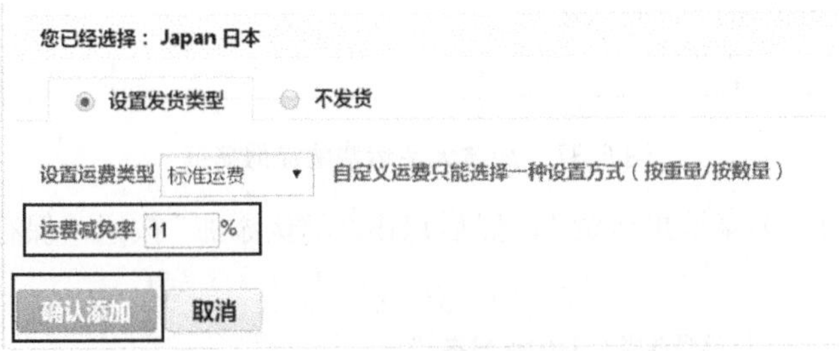

图 5-34 "运费减免率"设置

图 5-35 "运费减免率"前台显示效果

Flower girl dresses 女装店在设置运费的时候，还采取了不同地域"全场免运费"的营销手段，刺激用户消费，加大对店铺认知度，同时对物流运输服务商也起到了宣传作用（如图 5-36 和图 5-37 所示）。

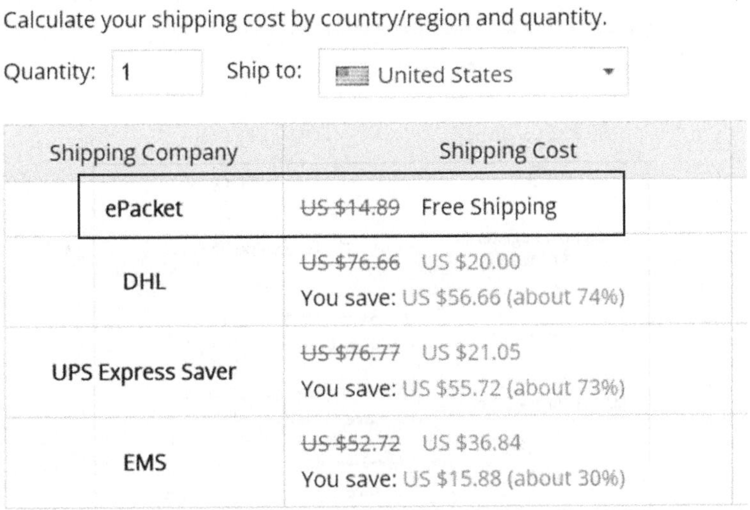

图 5-36 美国免运费物流服务商

Calculate your shipping cost by country/region and quantity.

Shipping Company	Shipping Cost
ePacket	~~US $15.40~~ Free Shipping
China Post Registered Air Mail	~~US $16.57~~ Free Shipping

图 5-37　加拿大免运费物流服务商

设置步骤，选择"卖家承担运费"，然后点击"确认添加"按钮，保存（如图 5-38 所示）。

图 5-38　"卖家承担运费"设置

设置物流模板时，Flower girl dresses 女装店考虑到国际物流服务商针对商品数量和重量的不同，收取的费用也不同。即使是"包邮产品"，数量也是有所限制的。例如，加拿大的买家选择一件商品时，有"China Post Registered Air Mail""ePacket""DHL""UPS Express Saver""EMS"五种物流方式，价格比较优惠；选择两件商品时，只有"ePacket"一种物流方式（如图 5-39 和图 5-40 所示）。

Calculate your shipping cost by country/region and quantity.

Shipping Company	Shipping Cost
ePacket	~~US $15.40~~ Free Shipping
China Post Registered Air Mail	~~US $16.57~~ Free Shipping
DHL	~~US $76.66~~ US $20.00 You save: US $56.66 (about 74%)
UPS Express Saver	~~US $76.77~~ US $21.05 You save: US $55.72 (about 73%)
EMS	~~US $59.41~~ US $36.84 You save: US $22.57 (about 38%)

图 5-39　一件商品的运费展示

图 5-40　两件商品的运费展示

速卖通在产品的"自定义运费模板"中，可以对产品重量或数量进行自定义运费设置。选择"按重量设置运费"或"按数量设置运费"，填写相对应的价格，确认添加，保存完成设置（如图 5-41 和图 5-42 所示）。

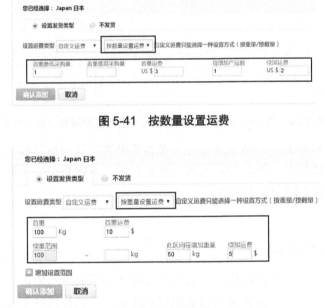

图 5-41　按数量设置运费

图 5-42　按重量设置运费

商品在运输过程中，有的卖家为了提高营业额，故意把运达时间提前，或者不按实际情况随意自定义时间，结果产生了不必要纠纷。买家会因为商品没有按时到达而提起纠纷。速卖通的其中有条规则就是，因物流引起的纠纷，归卖家承担。这对于卖家和买家来说，都是得不偿失。

"承诺运达时间"实际上不是包裹从出发到买家签收的时间。为了更好地保障买家和卖家的权益，卖家应该在以下三个因素上寻求一个平衡点，第一是买家的购买感受；第二是邮路的实际情况；第三是卖家的自身利益。因此卖家需要根据实际情况适当地修改承诺运达时间。

Flower girl dresses 女装店需要针对不同国家、不同物流服务商，修改"承诺的运达时间"。要设置中邮小包"韩国 20 天"（此操作说明仅供学习操作参考使用，各卖家请根据自身的商品货源和发货地实际情况进行设置）。

选择所需的物流方式"China Post Registered Air Mail"后，设置"自定义运达时间"，选择国家，填写运达时间，点击"确认添加"按钮，最后保存（如图 5-43 和图 5-44 所示）。

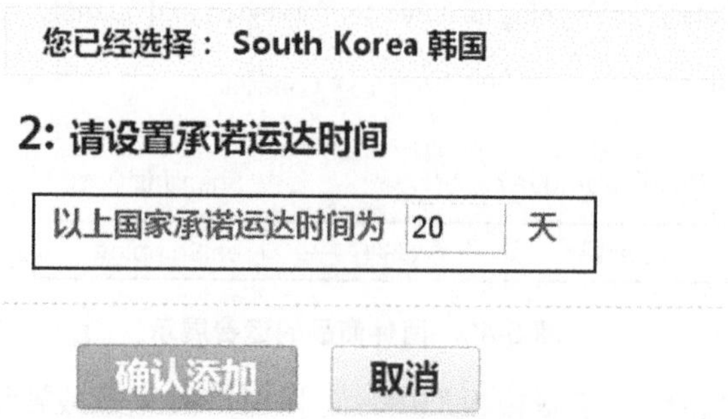

图 5-43　自定义运达时间

图 5-44　Flower girl dresses 女装店韩国运达时间前台显示界面

卖家必须根据自身的实际情况进行自定义运费设置，切忌盲目模仿他人。因为国际物流受国家政策、物流资费调整、极端天气、政治原因、邮路状况等多种因素影响，不同的时期，卖家应该设置不同的运费模版。

【知识巩固】

一、其他物流方式介绍

使用其他物流方式多为两种情况。第一种情况是卖家使用的物流方式不能在运费模版内进行选择并设置，因此卖家需要手动增加物流方式；第二种情况是部分物流公司是使用转运单号的，该单号在卖家发货后即在物流公司网站上自动生成，或由物流公司相关人员提供，卖家可以在物流公司的网站跟踪到包裹信息。

这里要注意的是，从保护买家的购物体验方面考虑，平台建议卖家选择正规的、风险可控的物流渠道，对于卖家自行选择的专线物流，需要确保该物流有资质及能力提供相应的物流服务并在提供服务的过程中保障买家的体验；否则将承担对应的风险。对于无法核实真伪的物流跟踪信息，速卖通有权不予认可。

二、海外仓费用

（一）海外仓费用结构概况

海外仓费用结构是指把仓库设立在海外（除中国大陆以外）而产生的一系列费用，包括自建仓库和使用第三方物流服务商公司的仓库。第三方物流服务商的海外仓费用结构，由头程费用、税金、当地派送费用、仓储费、订单处理费用构成。

海外仓的仓储成本费用，不同的国家费用也不同，卖家在选择海外仓的时候一定要计算清楚成本费用与自己目前发货方式所需要的成本，两者对比进行选择。建议卖家可以在旺季的时候选择使用海外仓储服务。

头程费用。指从中国把货运送至海外仓库地址这段过程中所产生的运费（如表 5-4 所示）。

表 5-4 海外仓费用结构

头程费用	费用结构
空运方式	运费＋清关费＋报关费＋其他费（文档费、拖车费、送货费）
海运方式	集装箱拼箱：以实际体积计算费用，体积会分层计算，1CBM 起运； 集装箱整箱：以集装箱数量计算运费

税金。指货物出口到某国，需按照该国进口货物政策而征收的一系列费用。征收进口关税会增加进口货物的成本，提高进口货物的市场价格，影响外国货物进口数量。

当地派送费用。指买家对其产品下单后，有仓库完成打包配送至买家地址所产生的费用。参考各国物流服务商公司费用进行收费。

仓储费。指储存商品在仓库中保管而产生的费用，一般第三方公司为了提高产品的动销率，会按周收取费用。

订单处理费。指买家对其产品下单后，由第三方人员对其订单现货打包产生的费用。

（二）海外仓商品涉及的增值税

VAT（Value Added Tax），是欧盟的一种税制，即售后增值税。是指货物售价的利润税。它适用于在欧盟国家境内产生的进口、商业交易以及服务行为。VAT 销售增值税和进口税是两个独立缴纳的税项。在商品进口到欧盟国家的海外仓会产生商品的进口税，而商品在其境内销售时会产生销售增值税 VAT。

如果卖家使用欧盟国家本地仓储进行发货，就属于 VAT 增值税应缴范畴，即便卖家所选的海外仓储服务是由第三方物流公司提供，也从未在当地开设办公室或者聘用当地员工，也需要缴纳 VAT。

为了能依法缴纳增值税，卖家们需要向海外仓本地的税务局申请 VAT 税号。VAT 税号具有唯一性，只适用于注册当事人。当然卖家也可以授权给代理公司或者中介协助注册 VAT 税号。

三、速卖通线上发货

（一）速卖通线上发货

"线上发货"是由阿里巴巴全球速卖通、菜鸟网络联合多家优质的第三方物流商打造的物流服务体系。卖家出单后，可直接在速卖通后台的交易订单中点击"线上发货"选择合适的在线物流方案，通过线上发货。卖家使用"线上发货"需要在速卖通后台在线下物流订单，物流商上门揽收后（或卖家自寄至物流商仓库），卖家可在线支付运费并在线发起物流维权。阿里巴巴作为第三方将全程监督物流商服务质量，保障卖家权益。

（二）速卖通线上发货优势

1. 卖家保护政策

（1）平台网规认可 使用线上发货且成功入库的包裹，买卖双方均可在速卖通后台（订单详情页面）查看物流追踪信息，且平台网规认可。后续卖家遇到投诉，无需再提交发货订单等相关物流追踪信息证明。

（2）规避物流低分，提高账号表现　每个月进行卖家服务等级评定时，使用线上发货的订单，因物流原因导致的低分可抹除（物流问题导致的 DSR 物流服务 1 分、仲裁提起、卖家责任裁决率都不计入考评）。

（3）物流问题赔偿保障　阿里巴巴作为第三方将全程监督物流商服务质量，保障卖家权益。卖家可针对丢包、货物破损、运费争议等物流问题在线发起投诉，获得赔偿（仅国际小包物流方案支持）。

2. 运费低于市场价、支付更方便

（1）可享受速卖通专属合约运费　低于市场价，只发一件也可享受折扣。

（2）在线用支付宝支付运费　国际支付宝账户中未结汇美金也能付运费，还能下载运费电子账单对账。

3. 稳定，时效快

（1）渠道稳定　直接和中国邮政等物流商对接，安全可靠。

（2）时效快　平台数据显示，线上发货上网时效快，妥投时效也高于线下。

（3）物流商承诺运达时间　因物流商原因在承诺时间内未妥投而引起的限时达纠纷赔款，由物流商承担。

（三）发货方式及操作流程

1. 发货方式

（1）在速卖通后台进行线上发货；

（2）通过第三方软件全球交易助手、速脉打单宝、速脉 ERP 进行线上发货；

（3）对接线上发货 API 接口，通过自有 ERP 进行线上发货。

2. 发货操作流程

（1）代发货订单选择线上发货；

（2）选择物流方案；

（3）创建物流订单（单条创建物流订单，批量创建物流订单）；

（4）货物打包；

（5）交货给物流商；

（6）填写发货通知；

（7）支付运费。

四、国际物流网规认识

卖家除了对各种常用的国际物流知识有一定的了解，能够设置适合自己的运费模板外，也需要对国际物流网规有一定的认识，避免因触犯规定而受到处罚。国际物流网规主要包括以下几个方面。

（1）全球速卖通只支持卖家使用航空物流方式，支持的物流方式包括：UPS、DHL、FedEx、TNT、EMS、顺丰、中国邮政、香港邮政航空包裹服务及其他全球速卖通日后指定的其他物流方式。

（2）卖家发货所用的物流方式必须是买家所选择的物流方式，未经买家同意，不得无故更改物流方式。虽然卖家出于好意更改了更快的物流方式，但仍需获得买家同意以免后续产生纠纷风险。

（3）卖家填写发货通知时，所填写的运单号必须真实并可查询。

（4）过去30天内的小包"未收到货"纠纷≥2笔且小包"未收到货"纠纷率＞15%的卖家会员，速卖通有权限制卖家使用航空大、小包。

（5）卖家需要谨慎选择物流发货渠道，平台鼓励卖家选择速卖通提供的线上发货物流渠道。全球速卖通只认可以下物流跟踪信息：线上发货物流跟踪信息、各国邮政官网、UPS官网、DHL官网、FedEx官网、TNT官网、Toll官网、EMS官网、顺丰官网提供的物流跟踪信息。对于无法核实真伪的物流跟踪信息，速卖通有权不予认可。

网规内容以速卖通公布的最新内容为准。

【本项目实训】

一、实训概述

通过以上内容的学习使学生对跨境电商平台物流有基础的认知，本次实训将在所学知识的基础上完成新手运费模板、自定义运费模板的设置，掌握速卖通物流模板设置方法和技巧。学生通过多种物流快递选择注意事项的分析，对物流快递有全面的认识。

二、实训素材

（1）教学设备：计算机若干（可连接互联网）。
（2）实训场地：实训室。

三、实训内容

本实训为跨境电子商务平台物流模板设置综合实训，学生以小组为单位，分别在教师处领取速卖通平台账号，完成以下实训任务。

任务一　跨境电商平台物流分析

学生根据所学知识对不同平台的特点、物流运达时间、物流注意事项等进行分析，完成其不同点的对比。

跨境电商平台	物流特点	物流运达时间（美、英、日）	物流注意事项	禁止物流物品
EMS				
ePacket				
中国邮政大、小包				
TNT				
UPS				
FedEx				
DHL				
Toll				
SF Experss				
燕文专线				
中俄航空专线				
中东专线				
芬兰邮政				

任务二　速卖通物流模板设置

学生以小组为单位，通过账号登录速卖通平台，完成以下模板的设置。

任务	任务说明
新建一个运费模板"weight"	至少满足条件：将任意一种物流的"亚洲地区"&"5区"进行自定义运费——按重量设置运费
新建一个运费模板"Quantity"	至少满足条件：将任意一种物流的"非洲地区"&"9区"进行自定义运费——按数量设置运费
新建一个运费模板"Not shipped"	至少满足条件：设置任意一个物流公司发往美国，折扣按照15%设置的运费模板，要求其他未选择的国家设置为不发货
新建一个运费模板"Free shipping"	至少满足条件：设置任意一个物流公司发往美国，折扣按照15%设置的运费模板，要求其他未选择的国家设置为不发货
新建一个运费模板"Arrival time 40"	至少满足条件：自定义任意一种物流的"亚洲地区"&"5区"的承诺运达时间为40天的任务

项目六

跨境电商营销

速卖通于2010年4月上线,目前已经覆盖220多个国家和地区,每天海外买家的流量已经超过5 000万,最高峰值达到1亿,已经成为全球最大的跨境交易平台,对于我国中小商家来说,速卖通是踏入跨境电子商务领域的首选。营销是给店铺带来流量及订单的重要因素之一,如何做好店铺的营销工作也成为了店铺成功运营的重中之重。

【学习目标】

知识目标

(1)了解社交媒体营销;

(2)了解速卖通店铺自主营销、直通车平台活动等相关知识;

(3)了解搜索引擎营销。

能力目标

(1)掌握速卖通平台内,包括店铺自主营销、平台活动、直通车等营销活动的设置方法;

(2)掌握社交媒体营销的方法;

(3)掌握搜索引擎营销技巧;

(4)掌握邮件营销和挖掘新客户的方法。

【任务概述】

营销是企业经营至关重要的一步,对跨境电商来说更是。时下正兴的速卖通作为跨境电子商务的龙头平台,是国内企业进入跨境电商的首选。速卖通平台自身有店铺自主营销和平台活动及直通车等;平台外,搜索引擎营销、社交媒体营销等方式也是很好的辅助工具。

【任务分解】

该任务下需建立初级卖家对跨境电商营销的充分认识,其包括平台内、平台外及其他方式。结合速卖通店铺初期的实际情况,卖家能够选择适合的营销方式,了解其注意事项,并能够进行相关的推广操作,监测推广效果(图6-1)。

任务一 店铺自主营销

店铺自主营销是店铺流量主要来源之一,在店铺具体情况下创建促销活动,是引流量、提高客单价、促进转化的重要方法。现就店铺自主营销的4种主要方式做详细讲解和步骤拆分。

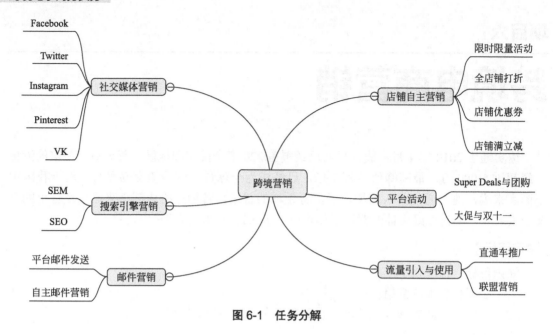

图 6-1 任务分解

一、限时限量折扣

（一）限时限量的折扣位置

打开速卖通后台，单击"营销活动"——"店铺活动"——"限时限量折扣"——"创建活动"，如图 6-2 所示。

图 6-2 活动设置位置

（二）限时限量的构成

限时限量折扣由 3 个板块构成：活动名称、开始时间和结束时间，这 3 个板块需要我们填写。活动名称需简单明了，比如这个营销工具是推新款的，活动名称可以直接写推新款；是打造活动款的，活动名称可以直接写打造活动款，以此类推。需要注意的是，时间为美国太平洋时间，开始和结束时间设置可以根据活动目的来设置，在正常情况下，设置一个星期左右为宜，能给客户紧迫感。另外，可以方便下个星期的编辑和营销。如是清库存的产品，市场可以稍微设置长一些。具体设置如图6-3、图6-4所示。

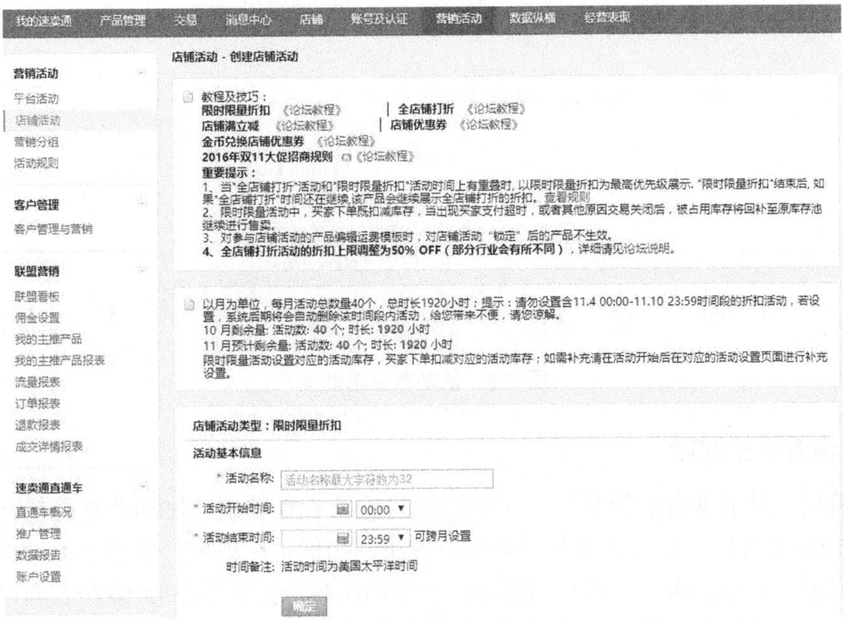

图6-3 基本信息设置

图6-4 活动款时间设置

（三）前期产品准备

在做限时限量折扣前，一定要做好准备。比如某个产品要打5折，可以在上传产品时把价格定位好，先把价格做适度提升；某个产品想打6折，一样需要在上传产品时把价格升高一定幅度。需要注意的是，打完折后要的确给客户优惠，不能是虚假折扣。然后可以把所有做好的产品放进同一个组里面，以便后续营销活动寻找，如图6-5所示。

图 6-5　活动款分组设置

（四）设置折扣数量

根据前期产品的准备设置折扣，根据活动目的来设置数量。比如所选择的产品前期已经提高了 50% 的价格，那么折扣最高可以打 5 折。当然，在前期，新款和活动款可以让更多利润给买家。实践证明，折扣时间持续一个星期左右，促销数量为 10 个左右刚合适。如过少，产品很快就被抢光了，达不到活动目的；如过多，给不了客户紧迫感（图 6-6）。

图 6-6　活动款选择页面

在设置限时限量折扣时，有以下四点需要注意。

（1）如果产品存在多个 SKU，则此产品下所有 SKU 的产品普通库存量非 0 且产品为"正在销售"状态下的均会参加到活动中。

（2）目前全站活动和手机专享活动不支持独立库存，请卖家设置恰当的活动折扣率以避免预期外的损失。

（3）同一产品必须先设置全站折扣后才能设置手机专享折扣。此手机折扣率可不设置，若设置，则设置的手机专享折扣需要低于全站折扣；若不设置，则手机端价格根据"全站折扣率"来售卖。

（4）促销价必须要低于 90 天均价。这里要注意的是，90 天均价是指根据产品当天往前推的 90 天内，按照现售价规则（现售价是指目前展示在网站上买家可直接下单购买的价格）计算的平均值。所以，在这里要提醒大家的是，平时的促销价格不要过低，要不然该产品的 90 天均价会越来越低，不利于以后的促销活动和利润控制。

（五）联合营销

速卖通后台每一个营销工具不是单独的，而是紧密关联的，只有把所有的营销工具联合起来，才能把限时限量折扣的效果发挥得最好。

1. 联合全店铺打折

限时限量折扣可以和全店铺打折进行联合营销，全店铺打折的功效是非常明显的，特别是对新店铺，效果立竿见影，所以做限时限量折扣时，记得要和全店铺打折联合在一起。当然，也不是每一次限时限量折扣活动都必须要全店铺打折，尽可能将有竞争优势的限时限量折扣产品和全店铺结合。在限时限量折扣不是很有优势时，可以暂时忽略。如图 6-7 所示。

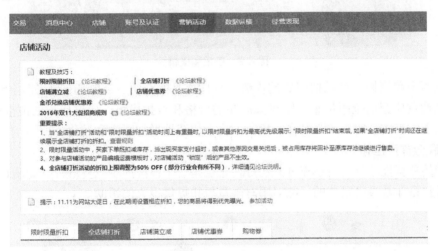

图 6-7　全店铺打折

2. 联合直通车推广

直通车给卖家带来的曝光率是非常可观的，所以一定要运用好直通车这个工具。用直通车单独为限时限量折扣产品建一个计划。一个直通车只需有一个产品，如果一个计划里面涵盖多个产品，那么目标产品的曝光会被分割，从而减少，对目标产品的推广是非常不利的。如图 6-8 所示，通过限时限量折扣＋直通车推广，让该产品的曝光发挥最大值。

图 6-8　直通车

3. 联合店招和横幅

除了直通车,卖家还应该充分利用好店铺装修的工具。店招和滚动横幅也是一个很好的广告位,当卖家做某个产品限时限量折扣的推广时,可以充分利用好店招和横幅的宣传作用。实践证明,这两个广告位能让限时限量折扣效果事半功倍。如图6-9所示。

图6-9 店招和横幅

通过店招和横幅,可以把网店的优势、目标产品的介绍、店铺通知等推送给客户。例如,可以通过店招的抢眼位置,阐述某产品的价格和折扣优势,通过店招的链接直接连接到该产品上。事实证明,该产品在一段时间内会快速地增加曝光和转化。

4. 联合首页推荐

店铺的首页推荐位也应该充分利用好,这也是一个很好的曝光资源位。如图6-10所示,显眼的折扣是非常吸引眼球的,能对限时限量折扣提供很大的帮助。

图6-10 店铺首页推荐位

特别是左上角的产品位置,称之为"黄金位置"。是店铺流量最大的位置。我们要充分利用好店铺的"黄金位置",把想推的产品放到这个位置上去。当然这个位置的产品并不是固定不变的,这个"黄金位置"上的产品会随着营销计划而随时改变。

5. 联合联盟营销

结合限时限量折扣的另外一个营销利器就是联盟营销的主推产品,很多人可能会忽略这个营销工具。如图6-11所示是一个联盟营销的主推产品的设置,只要用好了这个工具,我们的店铺自主营销效果会发生质的飞越。如果想让某个产品成为联盟营销的主推产品,我们最好提前一个月进行预热设置。主推产品的佣金比平常的产品佣金要高一点，这样的效果将会更明显。在正常情况下，主推产品的佣金设为 5% 以上，效果会比较明显。当然，也要根据自己店铺产品的利润率来设置。

图 6-11　我的主推产品

6. 结合客户管理

如图 6-12 所示，客户是店铺所有营销的根本，我们做的所有活动和所有营销的根本目的就是能发展新客户，既然新客户已经有了，那么就要充分利用好这个客户营销工具。

首先，我们要把客户所有的资料做一个整理，然后将其归类。A 类客户下单金额一般比较大，而且成交干脆；B 类客户就是稍微挑剔和锚铢必较的客户，当店铺有优惠的时候，他们总会很快出现。当我们的产品折扣真的非常吸引人的时候，首先要推送的客户就是 B 类客户，如此，他们很容易成为店铺的忠实买家，但要注意的是，并不是每次都通知。通过客户分析，我们很容易知道每个客户购买周期的大概值，所以营销邮件首先推送给刚好到购买周期的 B 类客户。

图 6-12　客户管理

7. 分享店铺活动

最后要注意的是，记得分享店铺活动。如图 6-13 所示，它展示在俄罗斯 VK 社交网站上，由于速卖通上很多客户都来自俄罗斯，所以这个站外营销是必不可少的。

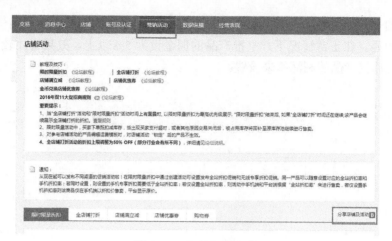

图 6-13　分享店铺活动

二、全店铺打折

全店铺打折是店铺自主营销的"四大利器"之首，尤其对于新店铺来说，作用更为明显，能快速提高店铺的销量和信用，提高店铺的综合曝光率。但是在做全店铺打折前，有三点是需要注意的：第一，全店铺打折的时间为美国太平洋时间，创建活动需 24 小时后开始；第二，在做全店铺打折前，必须对所有的产品有一个整体的利润把控，也就是说，每个产品能打多少折，利润有多少，必须要清清楚楚，这样才能用好全店铺打折；第三，要注意设置时间，当活动处于等待展示阶段时，是不能再修改的，所以要做好计划再去操作全店铺打折。

（一）营销分组设置

上面说到要对产品的整体利润进行把控，那么到底应该怎么做才能把控好店铺利润呢？最直接的方法就是设置营销分组，根据每个产品最高能打多少折统一划分组，以后设置每个产品的折扣就比较容易操作了。现在开始进行营销分组的设置，首先打开"营销活动"——"店铺活动"——"全店铺打折"页面，单击"营销分组设置"按钮，如图 6-14 所示。

图 6-14　营销分组设置

进入"营销分组设置"之后，首先要进行产品分组，对每个产品的利润度进行整体核算，弄清楚每个产品最高能打多少折、利润是多少等，方便后续进行全店铺打折。

如图 6-15 所示，这是一个已经做好了营销分组的店铺，大家可以看到，最高折扣相同的产品统一放在一个组里面。例如，"10% discount"组里面的产品，只有 10% 的利润度，做全店铺打折时，这个组里面的产品最高只能打 9 折，如果打 9.5 折，那么就有 0.5 折的利润。这样全店铺的利润就可以完全把控了，也不至于亏本打折。

对于"营销"分组内产品管理，"添加产品""移出分组"和"调整分组"功能大家需要熟悉。如图 6-16 所示。

图 6-15　编辑分组

图 6-16　组内编辑

添加产品：如果想将更多相同折扣的产品添加到同一个组中，就可以使用这个按钮。

移出分组：把某个组里面的产品移出后，系统会默认放到"Other"组中，把产品移出分组后，做全店铺打折时，要特别注意"Other"组的折扣。

调整分组：若想把某个组里面的产品调整到其他组中，可以用到此按钮。

（二）店铺打折设置

做好营销分组后，操作店铺打折就轻而易举了。首先打开"营销活动"——"店铺活动"——"全店铺打折"页面，单击"创建活动"按钮。如图 6-17 所示。

创建活动之后，进入全店铺打折活动页面，如图 6-18 所示。

图 6-17 创建活动

图 6-18 活动基本信息

此活动页面主要由两个板块组成:活动基本信息和活动商品及促销规则。四大店铺营销的活动基本信息都一样,都由活动名称、活动开始时间、活动结束时间组成,要注意的是活动商品及促销规则的设置。

首先我们针对活动基本信息进行讲解。要起一个一目了然的活动名称,假如是月底大促销,则可以直接在活动名称中写"月底大促销",这样方便后续观察,对于开始时间和结束时间,由于全店铺打折的力度比较大,全店铺打折时间不宜设置过长,持续时间最好为3天以内。否则,店铺每天都在打折,给客户的印象就是该店铺就是打折店铺,客户每天都在等你打折,没打折就不下单,不利于店铺的长期发展。

对于活动商品及促销规则的设置,我们初期做的营销分组作用就在此,每个组能打多少折,在这里可以很轻松地操作。在这里要提醒大家的是"other"组,不在以上任何一个分组中的产品都会放进这个组里面，所以在"Other"组里设置打折时，一定要谨慎，仔细观察这个组里面的产品再打折。

（三）结合其他营销工具

前面说到做限时限置折扣时，要结合客户管理进行营销。其实全店铺打折最好也能结合客户管理进行营销。首先进行客户管理分析，有针对性地通知目标客户，给客户发营销邮件，如果营销邮件不够用，可以借用第三方工具，向目标客户发出通知，客户会非常感激你的细心。除了客户营销，在全店铺打折期间，大家最好能 24 小时不间断地进行直通车推广，通过直通车引进新客户，本来客户只想买你用直通车推广的产品，但是进入店铺之后，发现店铺中所有的产品都在打折，很多客户都会顺带买一些其他产品，这样就提高了店铺的客单价了。

（四）活动总结

店铺后台的每种营销手段都不是孤立的，只有把它们都紧密地联系起来，才能把店铺自主营销做得最好。在做店铺自主营销的过程中，也只有不断地去总结，才能做出最适合我们店铺的自主营销。

三、店铺满立减

（一）设置目的

我们做满立减活动，首先应知道为什么做。例如，你在淘宝买一件衣服，它的售价是 100 元，但是它的卖家告诉你，如果买两件，也就是满 200 元，就可以优惠 50 元，你会不会多买一件？很多人的答案都是肯定的，那卖家也达到了他的目的——提高客单价。我们做活动的目的也是要提高客单价，这样才能充分利用好营销这个工具。在做满立减活动之前，首先要知道店铺的客单价是多少。如图 6-19 所示，打开"数据纵横"——"成交分析"——"成交概况"，我们可以看到固定时间段内店铺的平均客单价。

图 6-19　成交概况

店铺后台给予我们的客单价可以作为参考值的同时，还有一个最直接的判断客单价的方法是，找出近一个月时间内，经常出单的产品中销售额最大的产品价格进行判断，当然，这个方法只适用于店铺的整体客单价相差不大的情况。要注意的是，满立减活动都有数量和时间的限制，如图 6-20 所示，满立减活动每个月有 10 个，持续时长为 720 小时。

图 6-20 满立减数量限制

（二）如何设置满立减

如图 6-21 所示，打开"营销活动"——"店铺活动"——"全店满立减"页面，单击"创建活动"按钮即可以进行全店铺满立减的设置了。

图 6-21 创建活动

满立减有两部分需要我们填写，即"活动基本信息"和"活动商品及促销规则"，如图 6-22 所示。

首先，活动名称和限时限量折扣一样，要起一个让人一目了然的名字，这个名称是不展示给客户看的。对于活动开始时间和结束时间的设置，有三点要注意：第一，满立减活动的开始时间和结束时间只能在同一个月内；第二，由于系统同步原因，得至少提前 24 小时创建活动；第三，满立减活动最好整个月都要存在，由于它只可以设置 10 个，总时长 720 小时，所以月初就要规划好整个月的满立减活动。

其次是优惠条件和优惠内容的设置。我们已经提到过，设置满立减的目的是提高客单价，所以设置的优惠条件也要以提高客单价为目的。假设，店铺的客单价为 15.41 美元，如果想让客户多买一件，那么就可以告诉客户，买满 30 美元，优惠 3 美元，这样对于客户来

图 6-22 活动基本信息

说比较有吸引力。所以订单金额可以写30美元,优惠内容可以写3美元。

最后,我们要借助满立减这个工具,服务好客户。打个比方,客户下了一个29美元的订单,而你的满立减是满30美元减去3美元,这时若对客户来个温馨提醒,客户会感觉到更加人性化。

四、店铺优惠券

(一)设置目的

设置优惠券和满立减一样,也是为了提高店铺的客单价。但是它又和满立减不一样,满立减50美元以上的,最少要优惠50美元,而优惠券不一样,它可以设置小金额的,比如2美元、3美元、4美元等,对于卖家朋友来说,是比较灵活的。第二个目的是,增加二次营销的机会。其实优惠券在国外是比较流行的,对国外的客户很受用,我们把优惠券发放给客户了,他们就会想办法把这个优惠使用掉,这就达到了二次营销的目的。具体的总结和注意事项如图6-23所示。

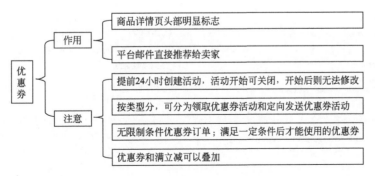

图 6-23 优惠券的作用和注意事项

（二）优惠券的具体设置

店铺优惠券可以分为两种：领取型优惠券和定向发放型优惠券。优惠券和满立减一样，也有个数限制，领取型优惠券每月只有 10 个活动，定向发放型优惠券每月只可创建 20 个活动，那就需要我们在月初的时候仔细规划，合理利用平台资源。

选择"营销活动"——"店铺活动"——"店铺优惠券"——"领取型优惠券活动"/"定向发送型优惠券活动"，单击"添加优惠券"按钮，进入创建优惠券的活动页面，如图 6-24 所示。

图 6-24　添加优惠券

领取优惠券活动和定向发送优惠券活动页面对比如图 6-25 和图 6-26 所示，同时由三个板块构成：活动基本信息、优惠券规则设置、优惠券使用规则说明。

图 6-25　领取优惠券活动　　　　　　　图 6-26　定向发放型优惠券活动

在领取优惠券活动的基本信息中，活动名称要一目了然。假如这个店铺的客单价为20美元，为了提高客单价，可以设置满30美元就能使用2美元的优惠券。当然，如果店铺利润度可以承受的话，也可以设置一个2美元不限条件的优惠券，不限条件的优惠券对买家的吸引力非常大，建议多做一些不限条件的优惠券，促进二次营销。对于活动开始时间和结束时间的设置，如果时间充足，建议设置优惠券的周期为7～10天。

定向发送优惠券活动的开始时间和结束时间可以根据具体情况来设置，这里的开始时间和结束时间是指卖家向买家发放优惠券的时间范围。但是要注意的一点是，它是即时生效的。在优惠券发放规则设置中有两部分需要我们填写，其中面额是指定向发放给客户的优惠券面值，只可以在2～200美元之间；发放总数量是指本次定向发送优惠券计划发放的数量，可以是1～500张，但是每次添加用户时，单次只能发放50张。在优惠券使用规则设置中有效期是指优惠券的有效期，与活动的结束时间不一样。例如，今天是9月19日，设置了活动结束时间为9月25日的活动，同时设置了有效期为9月25日至10月5日的优惠券，则可以在9月25日前发放使用时间为9月25日至10月5日的优惠券。这里的有效期和领取型优惠券一样，建议有效期为7～10天。当然，也可以根据自己店铺的具体情况来设置合理的定向发放型优惠券。单击"确认创建"按钮，进入优惠券定向发放客户页面，如图6-27所示。

图6-27 定向发放客户页面

定向发放型优惠券是速卖通在领取优惠券基础上增添的新功能。凡是与店铺有过交易、加过购物车或者Wish list的卖家都可以作为定向发放的对象。只需创建优惠券活动、选择发放对象、点击发放三步操作便可利用优惠券实现新老买家的主动激活维护。对于不同类型的客户，我们可以设置不同类型的定向发放优惠券，把累计交易金额从高到低进行排序，VIP客户发放大面值的有条件的优惠券；小客户发放小面值的有条件的优惠券；对于加入购物车和Wish list的客户，建议发放无条件的优惠券，促进购物车或者Wish list的订单转化，已达到二次营销的目的。

五、活动设置规则

（一）权限要求

（1）限时限量折扣、全店铺打折和全店铺满立减活动，只要有在线商品就可以参加。

（2）店铺优惠券活动，需要开通速卖通店铺才可以参加。

（二）设置和展示规则

（1）限时限量折扣活动必须提前 12 小时创建，全店铺打折、满立减和优惠券店铺活动都必须提前 24 小时创建。假如你要创建 2 月 1 日开始的活动，限时限量折扣需要在 1 月 31 日前创建，全店铺打折、满立减和优惠券需要在 1 月 30 日前创建。

（2）限时限量折扣、全店铺打折、店铺优惠券活动可以跨月创建，全店铺满立减开始和结束日期必须在同一个月内。例如，限时限量折扣的开始时间若在 1 月 1 日，结束时间在 2 月 28 日之前均有效；满立减店铺活动的开始时间若在 1 月 1 日，结束时间需要在 1 月 31 日之前。

（3）限时限量折扣活动一旦创建，活动商品即被锁定，无法编辑。如果想编辑该商品，需在活动开始前 6 小时退出活动。全店铺打折的商品在创建活动时不会立刻锁定，在活动正式开始前 12 小时才会锁定，无法编辑。

（4）限时限量折扣活动在开始前 6 小时、全店铺满立减活动在开始前 24 小时，即处于"等待展示"阶段，在此阶段之前都可以修改活动内容。若活动一旦处于"等待展示"和"展示中"状态，则无法再修改，请卖家创建活动后务必认真检查。

（5）店铺优惠券活动在活动开始前均可编辑和关闭，活动一旦处于"展示中"状态，则无法修改或关闭。

（三）优惠生效规则

（1）限时限量折扣活动与平台常规活动的优先级相同，正在进行其中任一个活动的商品不能参加另一个活动。

（2）限时限量折扣活动和平台活动的优先级高于全店铺打折活动，如果有商品同时参加了限时限量折扣活动（或平台活动）和全店铺打折活动，则该商品在买家页面展示时以限时限量折扣活动（或平台活动）的设置为准，两者的折扣不会叠加。

（3）全店铺满立减和店铺优惠券活动可同时进行，且跟任一折扣活动都可以同时进行，折扣商品以折后价（包括运费）计入满立减、店铺优惠券的订单中，产生叠加优惠，更易刺激买家下单。

任务二 平台活动

平台活动（AliExpress Promotion）是阿里巴巴速卖通面向卖家推出的免费推广服务，是速卖通效果最明显的营销利器之一，它能快速实现店铺的高曝光量、高点击率、高转化率等一系列目标。主要包括大促活动、团购活动以及针对特定行业和主体的专题活动。

一、平台活动综述

（一）平台活动简介

每一期的平台活动都会在 My AliExpress 的"营销中心"板块进行展示和招商。卖家朋友可以选取自己店铺内符合活动招商条件的产品自主申请报名参加，一旦入选，该申报产品就会出现在活动的推广页面，获得大量流量。如图 6-28 所示。

项目六　跨境电商营销

图 6-28　平台活动页

（二）平台活动分类

1. 平台常规性活动

Super Deal：全站唯一享有单品首页曝光，适用于推新品和打造爆款的活动，包括 Today's Deal、Weekend Deals 和 GaGa Deals 三种活动。

2. 行业、主题活动

团购活动：针对特定国家的营销活动。目前速卖通后台已开通俄罗斯、巴西、印度尼西亚和西班牙四个国家的团购活动报名入口。

行业活动：根据不同行业的特性，推出的专属于行业的主题营销活动。比如家具行业的行业活动 Transform your room。

主题活动：针对特定主题设定的专题营销活动。比如新年换新的主题活动、室内运动服饰大促、情人节大促活动等。如图 6-29 所示。

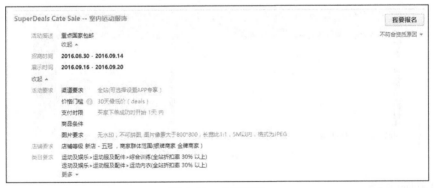

图 6-29　主题活动

3. 平台整体大型活动促销

一般来说，一年"平台大促"会有三次，根据不同的情况平台会进行适当的调整，平台大促的流量非常大，尤其是"速卖通双十一"大促活动的流量最大。

二、Super Deal 与团购

（一）Super Deal

Daily Deal 是 Super Deal 中最具代表性的活动，也是速卖通历史悠久、效果最显著的折扣频道。旨在打造速卖通平台独一无二的天天特价频道,是全球速卖通推出的推广品牌。它占据着全球速卖通平台的首页推广位。免费推广"高质量标准,超低出售价"的产品。目前活动主要针对有销量、高折扣的促销产品进行招商。这里将会是平台最具性价比产品的集合,也是推广自身品牌的最佳展台。

Daily Deal 要求价格折扣为 99%OFF ~ 35%OFF,店铺等级要求三勋至五冠,90 天好评率≥ 92.0% 且针对要求国家 30 天销售数量≥ 1,对活动要求国家免邮,发货期≤ 15 天。需要注意的是,每个买家每次只能报名一个产品,所以尽量报名折扣后价格有竞争优势且符合活动要求的产品。

GaGa Deal 活动是速卖通平台的限时秒杀活动。作为每次大促的引流噱头,GaGa Deal 页面几乎是所有外部新流量的着陆点,它的特点是:限时、限量、秒杀。

Daily Deals 的展示位置为首页(图 6-30)和 Super Deal 活动页面(图 6-31)。

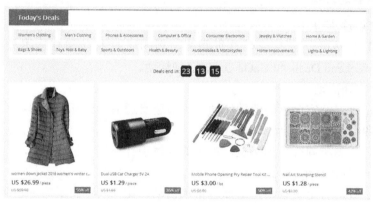

图 6-30　首页展示

图 6-31　Super Deal 活动页面展示

(二)团购活动

俄罗斯团购是速卖通国家团购项目中最具代表性的活动,也是目前整个速卖通平台流量最大的常规性活动,团购活动流量可以达到整个俄文站全部流量的 15% 以上。活动定位为最大流量、最快出货和卖家体验最优的营销渠道。俄文站首页和俄罗斯团购页面如图 6-32 和图 6-33 所示。

俄罗斯团购可以分为爆品团、秒购团和精品团三种活动,根据不同的活动定位有不同的招商活动要求。

爆品团招商:店铺要求好评率≥ 93%,DSR 如实描绘达到 4.6,其他达到 4.5;商品要求俄语系国家近 30 天销量 20 个,以及商品得分 4.6 以上;折扣要求在 90 天最低价的基础上实现 10% OFF，手机平板类目 5% OFF；物流要求 7 天内发货，俄罗斯、白俄罗斯、乌克兰三国包邮。

秒购团招商：店铺要求好评率≥93%，DSR 如实描述达到 4.6，其他达到 4.5；折扣要求 90% OFF 且销售价格在 2 美元以内；活动库存要求 100 以内；物流要求 3 天内发货，俄罗斯、白俄罗斯、乌克兰三国包邮。

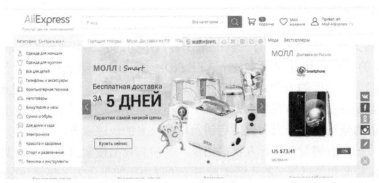

图 6-32　俄文站首页

图 6-33　俄罗斯团购页面

爆款团（包括秒购团）面向全平台招商，如图 6-34 所示。

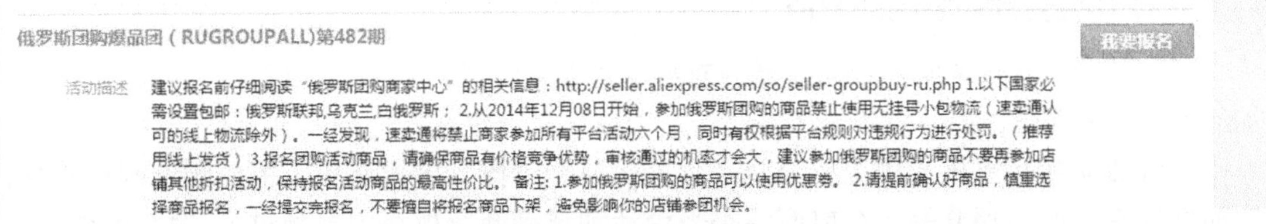

图 6-34　爆款团

俄罗斯团购精品团招商图如图 6-35 所示。

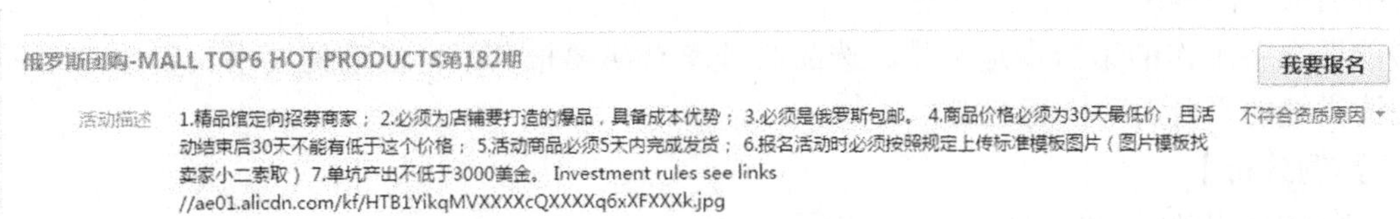

图 6-35　精品团

巴西团购目前已经更改为 Today's Deal（巴西场），具体招商要求可参考 Today's Deal 活动要求。

印度尼西亚和西班牙团购是新兴起的国家团购项目。团购招商要求较低，适合新店铺和中小卖家报名参加。具体招商要求是：产品符合印度尼西亚、西班牙市场；包邮；价格有竞争优势；销量高或者新款；折扣要求 3C 类目 ≥ 20% OFF，Fashion 类目 ≥ 40% OFF。

三、平台大促与双十一

目前速卖通大促的类型主要有三种：第一种，年初的 325 购物节（Shopping Festival）；第二种，年中的 819 金秋盛宴（Supernova Sale）；第三种，年底的双十一大促（Double Eleven Carnival）。从大促的力度来讲，双十一是促销力度最大，也是流量最大的大促。

每次大促都是速卖通平台花费大量资源引进巨额流量，所以活动效果超出其他所有的营销手段，大促的海量流量能带来大促后店铺及单品排名的快速攀升。与淘宝、天猫不同，速卖通大促中产生的所有销量都会计入物品销量，并参与物品搜索排名计分，实现大促后全店铺物品自然搜索排名和类目排名的飞跃式前进，所以历年的平台大促都是兵家必争之地。

平台大促主要包含这样几种类型活动：秒杀活动，主会场五折活动，分会场活动，主题馆、优质店铺推广活动，全店铺折扣活动和"海景房"。

"海景房"是双十一大促推出的新型大促活动类型，位于主会场的顶端，占据双十一流量的大部分。但是"海景房"的审核标准非常高，每个展位每个小时自动计算更新一次，根据物品的销量来确定"海景房"位置的哪个物品该在这个时段被展示。所以对于"海景房"的位置来讲，把物品的转化做到最优是最大的权重指标。适合大卖家去竞争，中小卖家难以符合条件。

其他类型的活动报名要求相对简单，其中以主会场五折活动流量最大，也是中小卖家重点竞争的展示位置。活动选取标准主要注重于物品的综合排名，通过活动前的优化，是可以达到平台五折活动物品的选择标准的。就算报名参加平台五折活动失败，我们自己设置的店铺五折活动也有机会出现在这个黄金位置。

四、平台活动的报名技巧、跟进和维护

（一）平台活动报名前的准备

平台活动一旦报名参加成功，就没有办法退出活动了，直至活动结束。所以在报名参加活动时需要谨慎选择。

平台活动商品审核流程主要分两个阶段：第一阶段，机器审核，主要删选硬性指标，比如好评率、商品评分等（在前面各类平台活动详细介绍板块中提到过）；第二阶段，人工审核，主要审核产品主图、产品报名重复情况，以及产品真实折扣情况等。机器审核后，卖家可以在后台看到相关的报名数据。机器审核成功后，则交由运营小二审核。所以平台活动报名前期的准备工作非常重要。

前期准备工作的第一步是选品。选品必须符合所要报名平台活动的要求，卖家需要仔细阅读详细的平台活动招商细则。

【案例分析】

平台活动招商活动细则如图 6-36 所示。

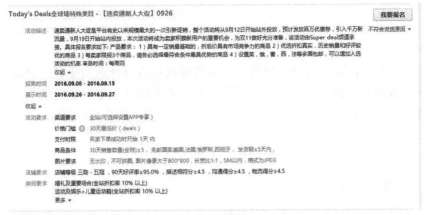

图 6-36　招商细则

综合来说，我们可以总结出选品时需要注意以下几点。

（1）一口价招商，即报名商品必须为单一价格。很多商品存在多个 SKU 属性，在选品时应注意，卖家需要选择多种 SKU 价格统一的商品进行报名，避免出现同一商品不同 SKU 不同报价的情况。

（2）禁止提价打折且价格折扣为 99% OFF～25% OFF。也就是说，在选品时，卖家需要选择的产品能够接受 25% OFF 以上的折扣减免，并且不存在提价之后再打折的情况。这一点尤其重要，是平台活动报名审核时最重要的考核要素之一。

（3）图片清晰，最好做到主图像素不低于 500×500，白底无边框，主要产品居中且占据图片 85% 以上。产品细节图信息完善，介绍充分。

（4）最基础的一点，即店铺等级要求二勋至五冠，90 天好评率≥95%，30 天销售数量（全球）≥2。

完全符合以上要求的产品就是本次活动合适的产品选择，但是仅仅选择合适的产品还是远远不够的，每期平台活动报名的产品多如牛毛，如何在众多产品中脱颖而出，我们还需要更多的前期准备工作。

产品选择好之后，要不断提升产品的信息质量。比如针对所选择的产品进行全面的产品属性优化和产品详情页再优化，进行中、差评营销进一步提高产品评分，以提升产品入选几率。

确认所选择产品的货源稳定，供应链完善，不会出现断货风险，同时确保所选择产品的质量是优质的。因为平台活动一旦报名成功，订单量巨大，如果产品质量存在问题，平台活动结束后卖家就很有可能面对的是庞大的纠纷订单数量和差评数；如果供应链出现问题，卖家将面对的是大量的成交不卖订单。所以，确保供应链没有问题和产品质量是非常重要的一环。

（二）平台活动进行时的跟进

报名平台活动时我们需要注意以下几点。

（1）报名平台活动时首先要注意的是活动价格的申报。报名活动时的价格根据不同的活动类型有不同的要求，可以具体参考活动细则。

（2）报名平台活动时还需要注意活动的库存设置。活动库存区别于产品发布时设置的产品库存，活动报名成功后，活动展示的 SKU 是全量展示，无论产品的普通库存是否为 0，活动都会继续进行展示，所以请谨慎设置活动的库存。活动库存目前只支持（除团购和秒杀以外）平台活动以及限时限量的活动库存补充功能。具体情况可以根据参加不同活动所要求的库存量进行设置。

（3）报名产品后，需要再仔细检查一下运费模板是否符合活动要求。比如，根据俄罗斯团购要求对俄语系国家包邮、巴西团购要求对葡语系国家包邮等不同情况，尽快调整运费模板以符合活动报名要求，产品一旦锁定，运费模板就不能再进行更改了。

（4）尽量第一时间报名平台活动。因为平台每期活动的运营资源有限，为了避免扎堆报名，应尽量提前报名，以提升入选几率。

（三）平台活动的维护

（1）产品报名成功后需要做好店铺装修、店招、海报、切片营销和关联营销，以实现平台活动最大化带动全店销售的效果。

（2）做好定向优惠券营销、收藏夹和购物车营销等，以配合平台活动的开展，提升店铺转化率。

（3）注意客服的及时性，提升客服的询盘回复速度，增加客服在线时长，以满足不同国家和地区的时差。

（4）活动结束后应及时发货，做好售后服务，提升好评率，提升客户购买体验和服务体验，留住老客户。

一次优秀的平台活动营销可以为店铺带来极大的流量和订单，也是速卖通平台最快捷有效的营销方式。

任务三 流量引入与使用

一、直通车推广

速卖通直通车，是阿里巴巴全球速卖通平台会员通过自主设置多维度关键词，免费展示产品信息，通过大量曝光产品来吸引潜在买家，并按照点击付费的全新网络推广方式。简单来说，速卖通直通车就是一种快速提升店铺流量的营销工具。直通车主页如图6-37所示。

图6-37 直通车主页

特色优势如下：

按点击付费：根据海外买家点击和查看后的结果，产生推广费用（中国大陆点击不收费）；

灵活可控：有效控制每日推广预算，淡旺季推广方案灵活可控；

海量选词：关键词海量选择，多维度曝光产品，全面覆盖潜在买家。

（一）直通车选词技巧

关键词是直通车推广的基石，直通车的运营效果在很大程度上依赖于选词的数量与质量。关键词的质量要求就是指关键词与商品的匹配情况，用词越精准越好；在数量方面，就是要求有尽量多的合适关键词形成推广合力来推广商品。那么，卖家的选词渠道有哪些呢？最实用、高效的选词方式就是用好直通车后台强大的关键词工具，根据不同的商品推广需要，关键词工具的使用可分为"自上而下法"和"自下而上法"。下面结合一个案例来介绍具体的选词步骤。

1. 关键词工具"自上而下法"

选定行业和具体类目之后，按"30天搜索热度"从上至下进行排序，然后逐一选择与商品匹配的关键词放入左边的"加词清单"中进行推广。在此过程中，需要注意应排除与商品根本不匹配或匹配度较低的词。如图 6-38、图 6-39 所示，在本案例中，搜索热度排序最前面 10 个都是关于 backpack 类，属于匹配度较高的。

图 6-38　推广产品

针对这个案例商品而言，按 30 天搜索热度排序的第一页一直往下查找，在第四页发现了与之匹配度较低或者不匹配的词，如图 6-40 所示。

在后续优化过程中，需要删除一些曝光量或者点击量不明显的词，并不断补充新词。有了当前这个记录，下次补充新词的时候就直接可以从第四页第五个词开始后续补词了。

运用关键词"自上而下"法，有以下几个要点。

关键词	曝光量	点击量	点击率	花费	平均点击花费
military backpack	1755	52	2.96%	¥45.81	¥0.88
travel bag	3663	49	1.34%	¥69.5	¥1.42
backpack	4408	46	1.04%	¥45.07	¥0.98
hiking backpacks	1357	38	2.8%	¥40.05	¥1.05
beach dress	1398	35	2.5%	¥45.88	¥1.31
tactical bag	2247	35	1.56%	¥36.45	¥1.04
travel backpack	799	33	4.13%	¥46.48	¥1.41
summer dress	3588	24	0.67%	¥34.69	¥1.45
military bag	1122	24	2.14%	¥17.99	¥0.75
school bags	2582	23	0.89%	¥22.81	¥0.99

图 6-39 热搜词（1）

关键词	曝光量	点击量	点击率	花费	平均点击花费
military tactical backpack	663	22	3.32%	¥15.93	¥0.72
sport bag	10180	20	0.2%	¥19.25	¥0.96
backpack military	979	19	1.94%	¥19.14	¥1.01
dress	6007	19	0.32%	¥18.89	¥0.99
pareo	733	18	2.46%	¥7.98	¥0.44
men backpack	951	18	1.89%	¥24.79	¥1.38
hunting backpack	667	18	2.7%	¥12.76	¥0.71
for backpack	298	18	6.04%	¥11.94	¥0.66
waterproof bag	1136	13	1.14%	¥18.51	¥1.42
bikini set	1965	13	0.66%	¥19.38	¥1.49

图 6-40 热搜词（2）

所选用的关键词都是行业内搜索度排前列的热词，在出价或推广评分有优势的情况下，能获得非常可观的曝光量及点击量。

在选词过程中，注重精选高匹配词，严格排除低匹配词，最大限度地减少了"非意向买家"的无效点击。这将大大提升直通车推广的点击率与转化率，一方面，能有助于提高直通车推广计划的盈利能力；另一方面，较高的转化率与销量能增加商品的排序权重，有助于打造爆款。

然而，这种关键词工具"自上而下法"也存在一定的局限性，主要表现在以下两个方面。

第一，根据直通车后台的推广规则，一个关键词一般只能用于一个推广计划的一个商品。所以，如果多个推广计划都用同一个关键词的话，卖家会发现只有其中一个推广计划的这个词的曝光量是正常的。因此，如果一个店铺有多款类目属性相同或相似的商品需要同时推广的话，这种"自上而下"的推广方法只适合其中一款商品的推广，而通过关键词工具"自上而下"的找词法，这一款商品已经用尽了搜索度最热的那些词。

第二，搜索度越高的词一般竞争度越大，平均出价偏高，特别是对于一些竞争严重白热化的词而言，没有比较高的出价就根本拿不到足够的曝光量，而关键词出价过高又很难守住盈利底线。

有鉴于此，就店铺整体推广而言，可采取关键词工具"自上而下法"和"自下而上法"相结合的推广方法。

2. 关键词工具"自下而上法"

卖家建立直通车推广计划时，一般都会选择搜索度较高的热词。搜索度较高的词一般竞争度也较大，但不排除有部分词处于"搜索热度适中、竞争度极低"的状态，因为竞争度极低，所需要的出价也非常低。因此，如果能够善用这些"搜索热度适中、竞争度极低"的词，就有助于直通车推广避开激烈的竞价竞争，从而大大地降低直通车推广成本。具体操作如下：

在关键词工具中选定行业之后，单击"竞争度"进行从低至高的排序，如图6-41所示。

市场平均价是关键词的底价水平，我们发现有部分词的竞争度不是很高，但热搜度和转化率是不错的。如图6-42所示，这些词就可以帮我们避开激烈的竞价竞争，从而降低直通车成本。

关键词	行业相关度	推荐理由	30天搜索热度	竞争度	市场平均价
entertainment		高转化	71541	243	￥0.20
sport bag		高流量	47755	2292	￥0.57
climbing bag		高流量 高订单	20830	461	￥0.40
nike bag		高流量 高订单	5027	613	￥0.18
adidas bag		高流量	4679	755	￥0.32
tactical bag		高流量 高订单	4650	1363	￥0.54
nike backpack		高流量	4039	262	￥0.26
eastpack		高流量	3654	99	￥0.50
climbing		高流量	3577	639	￥0.54
rucksack		高流量 高订单	3525	794	￥0.87
molle		高流量 高订单	3111	443	￥0.10

图 6-41　竞争度

关键词	行业相关度	推荐理由	30天搜索热度	竞争度	市场平均价
cycling hydration pack		高转化	24	14	￥0.11
3p backpack		高转化	10	86	￥0.10
camping bag army military		高订单	7	2	￥0.10
nh backpack			14	4	￥0.10
tactical medical backpacks		高转化	22	25	￥0.10
hiking bag 55l		高转化	2	7	￥0.10
military backpack 40l			36	19	￥0.10
foldable 15l hiking backpacks		高订单 高转化	4	5	￥0.10
outdoor backpack 80l		高转化	11	44	￥0.10
guanhua		高转化	20	9	￥0.10

图 6-42　低价词

3. 关键词联想法

关键词联想法是一种发散思维，具体的操作就是将某个或某组关键词作为"原词"，然后从这个"原词"经过发散思维联想到其他词，再对所联想到的其他词的热搜度进行检验，借此方法能够找出一些别人很少会想到的"好词"。在这种方法的使用过程中，如果能与关键词结合起来使用，将起到事半功倍的效果。

最常用的关键词联想方式就是相近词的替代。例如，通过关键词工具查询到 long dress 这个词"30天搜索热度、竞争度、市场平均价"三个指标分别是【57874，6354，0.48】（为方便说明，下面提到关键词"30天热搜度""竞争度""市场平均价"这三个指标时也采取这种表达方式）。首先，把两个词的顺序调转过来，得到 dress long，放在关键词工具中检验，得到【12261，4826，0.39】，表明也是个非常好用的词。然后，从 long 这个属性中我们可以分解出 ankle length 和 floor length 这两个具体属性的词，并检验这两个词各自的二个指标，得到 ankle length dress 是【174，152，0.14】，而 floor length dress 是【7679，1082，0.27】，可见 floor length dress 是一个符合"高搜索、低竞争"的非常有价值的词。但找词收获之旅还没有结束，当我们把 floor length dress 放置在关键词工具中去搜索时，在搜索页面的第一页发现了 floor-length dress【275，564，0.11】，第五页发现了 floor length evening dresses【455，584，0.29】，第七页发现了 dress length【5726，2500，0.24】……如果继续扩散思维，还可以联想出更多的词。

（二）直通车出价技巧

直通车推广所用的每一个词都是一把"双刃剑"，即能为商品带来流量，促进成交，但每次点击都有相应的成本。所以，关键词的出价就是把握盈利与亏损之间的"度"，如何把握好这个"度"，在整个直通车推广策略中是非常重要的环节。在探讨出价策略之前，我们先来掌握决定直通车排名的综合得分是如何计算的。

直通车推广排名综合得分 = 关键词出价 × 推广评分

如以上公式，某个关键词推广的直通车排序是由其推广综合得分决定的，而综合得分取决于关键词出价和推广评分这两个因素。这里的推广评分就相当于淘宝直通车的质量得分，在直通车后台只能看到推广评分有三个等级，分别是优、良、差，如果推广评分为差的话，系统就会显示出"—"，在差的情况下根本没有任何曝光的能力。推广评分可以理解为系统判断这个词是否适合于推广这个商品，推广评分的主要影响因素包括商品信息质量、关键间与商品之间的匹配程度、买家喜好度等，在推广计划刚刚建立的时候，系统会针对所有的推广词都评定出初始的推广评分，但这种推广评分是动态变化的，会根据推广情况反馈发生改变。一般来说，直通车的点击率、点击转化率都会影响到推广评分的变化。

直通车的出价管理是一个系统性工程，应该根据各个关键词的词性、商品不同的推广阶段、点击效果设置不同的出价，并进行动态管理，具体的出价管理方法如下。

1. 根据关键词的精准度与匹配度设置不同的出价

买家的搜索用词能表达出其购买需求，可以从买家的搜索用词与所推广商品的匹配度来判断买家点击转化的可能性，即转化率的研判，对于研判为高转化率的词可以提高出价，而低转化率的词就应该降低出价。如果对高转化率的词提高出价的话，必然会增加这些词的曝光度，进而增加这些高精准词的点击量占商品全部占击量的比例，这样一来，商品的整体点击转化率也提高了，这在另一方面有助于增加商品的搜索排序权重。

2. 根据不同的推广阶段确定整个出价水平

一般来说,新品刚用直通车进行推广时,因销量较少,没有客户好评记录,人气低迷,转化率理论上会比较低,所以在前期阶段,为了加强对直通车的亏损控制,建议适度调低整体出价。但随着销量的增长与好评的反馈,商品人气逐步旺盛起来,销售记录与好评的积累会促进客户成交,在转化率逐步上升的情况下,以最大化地获得优质流量。

3. 初期亏损比例控制法

根据转化率随着商品销量人气逐步积累而提高的一般性规律,在直通车推广的前期可以用亏损比例控制的方式来测试目前的直通车出价是否合理。比如可以把开始推广的第一周设为第一阶段,在第一阶段设置一个目标亏损比例,如20%。具体的公式如下:

直通车运营亏损比例 =(平均单件直通车推广成本 − 单品毛利润)/ 单价

单品毛利润 = 单品销售收入 − 单品销售成本(含运费)

举例,某个商品在第一周通过直通车销售了 10 件,直通车共花费 500 元,那么平均单件直通车推广成本是 50 元,这个商品的销售价格转换为人民币是 120 元,进货成本是 50 元,邮费是 30 元,单品毛利润是 40 元,则在前期通过直通车推广,每卖出一件商品亏损 50 元 − 40 元 =10 元,这 10 元占了商品总价值 120 元的 8.33%。所以在第一周时间里,直通车运营亏损比例是 8.33%,低于 20% 的控制目标,因此可以适当地增加关键词出价水平;如果第一周的亏损比例大于 20%,这就说明整个出价水平过高,不利于长期利润线的控制,所以应该调低出价。这里需要特别注意的是,直通车推广初期的短暂性亏损是正常的,但关键是要把这个亏损比例设在可控范围之内,随着销量的提升与商品人气的积累,转化率会逐渐上升,盈利能力也会大大增加。

(三)基础推广方案的制订

掌握了找词技巧和出价管理策略后,接下来就制订直通车的整体推广计划。

1. 建立直通车重点推广计划

打造重点计划的目的是引入精准流量,提高产品的转化率、最大限度地提升投入产出比,如图 6-43 所示。

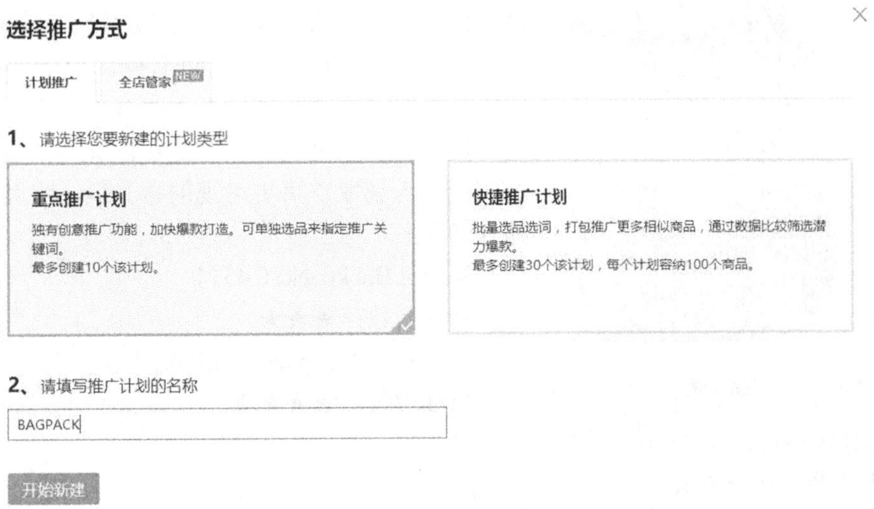

图 6-43 推广计划

2. 增加推荐词

在新建直通车推广计划的"新增关键词"操作界面上，按"7天搜索热度"进行从上往下的排序，选择7天热搜度较大的词加入推广计划，如图6-44所示。

关键词	推荐理由	30天搜索热度	竞争度	市场平均价
< backpack	高流量 高订单 小二推荐	779210	5266	¥0.81
< men backpack	高流量 高订单 小二推荐	6464	1908	¥1.30
< backpack school	高流量 高订单 小二推荐	5236	2064	¥1.22
< travel backpack	高流量 高订单 小二推荐	3627	2159	¥1.37
< minecraft backpack	高流量 高订单 小二推荐	1947	301	¥0.52
< laptop backpack	高流量 高订单 小二推荐	8742	1225	¥1.13
< plush backpack	高流量 高订单 小二推荐	4049	461	¥0.35

图6-44 推荐词

这批系统统一推荐的词一般是系统根据商品的标题及相关属性推荐的，相关性很强，精准度高。在采用了部分系统推荐词后，如果依旧出现关键词偏少的情况，则需要通过关键词工具增加其他的关键词。

3. 植入更多的词

按照前面所分析的方法，植入更多的词。充分利用后台的"关键词工具"，从"自上而下"或者"自下而上"的角度逐一将合适的词放置到右边的加词清单中启动推广。如果是采用自己采集关键词的方式，就把采集到的词放置到左边的加词清单里。

图6-45 产品示例

4. 调整出价

根据制定的出价策略为每个词调整出价。一般针对以下两类词需要适度提高出价：一是高精准词；二是当前基本出价距离"当前进入第一页右侧最低出价"的词。后者因为差距太小，所以不如适当调整出价，使该词的推广能出现在首页右侧。比如某个词（图6-45）的原出价是0.45元，点击其出价框显示"当前进入第一页右侧最低出价"是0.48元，因为差距只有0.03元，为获取首页更可观的曝光量，将其出价调整为0.48元。

School Backpack: 0.45+1
精准指数：★★★
Camping Backpack: 0.45+0.2
精准指数：★★★★
Travel Backpack: 0.45+0.3
精准指数：★★★★

经过上述两项出价调整，有部分词已经能占据首页右侧的位置。然而，直通车的推广计划并没有结束，直通车后台管理可以添加两组"创意图片＋创意标题"功能，借此功能可以明显地提高部分关键词的推广评分，一般只需要把选中的关键词放在创意标题中就可以实现。添加这两组创意推广的时机有两种选择，其中第一种是新建推广计划注入关键词，重点挑选一些热搜的词组合起来分别植入两组创意标题中，这样使得推广一开始这些热搜词就能提升推广评分了；第二种是暂时不添加任何创意标题，而是经过为期 1～2 天的"推广试行期"后，通过观察点击量与曝光量，再决定将那些"值得进一步提升推广评分"的词组合起来放在创意标题里，以进一步提高推广评分，获得更客观的点击量。具体操作如下。

第一步，点击推广计划进行查看，按"点击量"从高到低进行排序，如图 6-46 所示。

关键词	曝光量	点击量	点击率	花费	平均点击花费
military backpack	1613	49	3.04%	￥42.69	￥0.87
travel bag	3370	46	1.36%	￥65.36	￥1.42
backpack	4263	46	1.08%	￥45.07	￥0.98
hiking backpacks	1263	34	2.69%	￥36.15	￥1.06
travel backpack	737	32	4.34%	￥45.31	￥1.42
tactical bag	2093	30	1.43%	￥31.21	￥1.04
beach dress	1181	29	2.46%	￥37.29	￥1.29
school bags	2266	23	1.02%	￥22.81	￥0.99
military bag	1030	22	2.14%	￥16.2	￥0.74
summer dress	3026	21	0.69%	￥30.47	￥1.45

图 6-46　点击量

从图中我们可以看出，能给商品推广带来点击量和可观曝光量的并不一定全部是高热搜度的词，因为高热搜度的词一般都面临着激烈的竞争，而且高热搜度的词即使有一定的曝光量，其点击率和点击量也比不上一些本来并不起眼的"小词"。所以第二种选择的优势就在于让市场检验每个词在既定出价的前提下表现出不同的曝光量，这就很自然地反映出这些词不同的供需状况，也让那些很适合这件商品的词能"脱颖而出"。毫无疑问，这些点击量和曝光量较高的词，就是值得进一步通过设置创意标题来提升推广评分的词（除非该词目已经出现在第一页右侧）。

第二步，点击"创意"—"创意标题"，把点击量和曝光量较高的词拼凑成创意标题，注意尽量不要出现关键词堆砌现象。

在直通车后台并没有直接显示每一个关键词的推广评分是多少，但可以通过测试来检测推广评分是否提高了。比如在加入创意标题后，某个词的推广评分等级从"良"升级为"优"，这说明其推广评分明显提高了。此外，如果原来的推广评分是"优"，那么可以点击其出价框查看目前能让该词进入"当前第一页右侧最低出价"是多少，比如是 0.8 元，把词放进创意标题中后，第一时间立即查看该词的"当前第一页右侧最低出价"，如果这时最低出价有所降低，比如从 0.80 降到了 0.70 元，则根据"直通车推广排名综合得分＝关键词出价×推广评分"共识，在短时间内综合得分不变的情况下，对关键词出价的要求降低，说明此时推广评分提高了。

需要注意的是，直通车后台的一个创意标题不能超过 256 个字符，所以在设立创意标题时，可以考虑把更多需要提升推广评分的词放进创意标题里，最多可以创建两个创意标题，一定要把这两个标题进行充分利用。

二、联盟营销

速卖通联盟是速卖通官方推出的一种"按效果付费"的推广模式，它是国内最大的海外网络联盟体系之一。加入速卖通联盟营销的卖家可以得到海量海外网站曝光机会并享有联盟专区定制化推广流量。速卖通联盟卖家只需为联盟网站带来的成交订单支付联盟佣金，不成交不付费，是性价比极高的推广方式。

速卖通联盟有以下三大特点。

（1）海量曝光：数十亿次网络曝光，PC 移动全覆盖；

（2）全球覆盖：覆盖全球上百个国家，数十亿海外买家覆盖；

（3）精准投放：精准地域匹配，精准购物习惯匹配。

速卖通联盟的价值：

（1）解决速卖通卖家在经营中遇到的多个问题（图 6-47）。

图 6-47 联盟营销功能

（2）抢占先机，扩展站外买家第一渠道（图 6-48）。

（3）精确将商品与人群匹配，锁定目标人群，提升转化（图 6-49）。

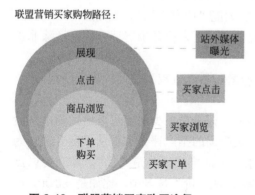

图 6-48 联盟营销买家购买途径

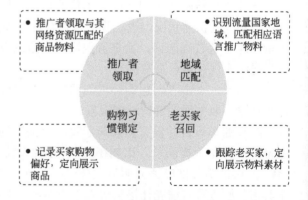

图 6-49 联盟营销目标人群锁定

（一）联盟营销的定义

联盟营销是一种按效果付费的网络营销模式，卖家通过联盟营销渠道收到了订单，按照事先预定的交易比例支付佣金。佣金由卖家决定，每个顶级类目都有平台限额，3%～50%不等。若有退款或订单折扣则按比例削减佣金，运费无需支付佣金。联盟营销和直通车的点击收费方式不同，联盟营销是按成交额收费，没有成交不收费的一种营销方式。

进入"我的速卖通"——"营销活动"——"联盟看板"页面，勾选"我已阅读并同意此协议"。单击"下一步"按钮，进入设置联盟佣金比例页面。设置好佣金比例后。单击"加入联盟计划"按钮，就可以正式加入联盟营销了。如图 6-50 所示，是已经加入联盟计划的详情页。

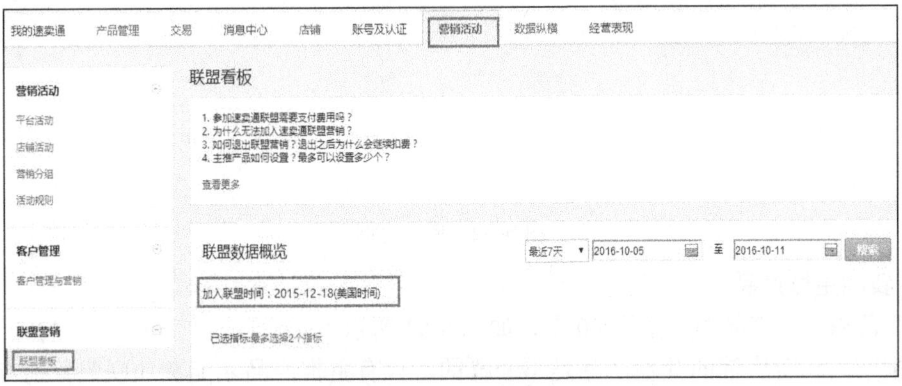

图 6-50　加入联盟计划

佣金比例要根据店铺利润度来合理设置，产品在定价时要把联盟佣金的成本考虑进去，买家点击过的推广链接对该用户在 30 天内持续有效。如果想退出联盟营销，可以访问 http://cn.ae.aliexpress.com/affiliate/exit.htm 申请退出联盟营销，退出后 15 天内不能再加入联盟营销。

联盟营销的站长来自全球 100 多个国家，客户群体非常庞大，对店铺的营销和订单的增长有非常大的帮助。

（二）联盟营销的组成

联盟营销由 8 个部分组成：联盟看板、佣金设置、我的主推产品、我的主推产品报表、流量报表、订单报表、退款报表、成交详情表。下面对主要板块进行讲解。

1. 联盟看板

首先打开"我的速卖通"——"营销活动"——"联盟看板"页面，如图 6-51 所示。

图 6-51　联盟看板

通过联盟看板我们能清楚地知道联盟制定时间内的营销情况。以图 6-51 为例，大家可以看到，近 7 天内，联盟营销带来的订单金额为 1242.57 美元，而我们支付给平台的佣金为 120.44 美元，投入产出比为 10.32。联盟投入产出比 = 联盟下单销售金额 / 预计佣金。通过这个数据可以看到，加入联盟营销，不论是点击量还是店铺销售额都有很大提升。所以要充分利用好联盟营销，让联盟营销发挥应有的作用。

2. 佣金设置

每个类目要求的最低佣金比例是不一样的，卖家可以根据类目的推广力度和利润比适当调整佣金，从而能得到更大力度的推广效果。如图 6-52 所示。

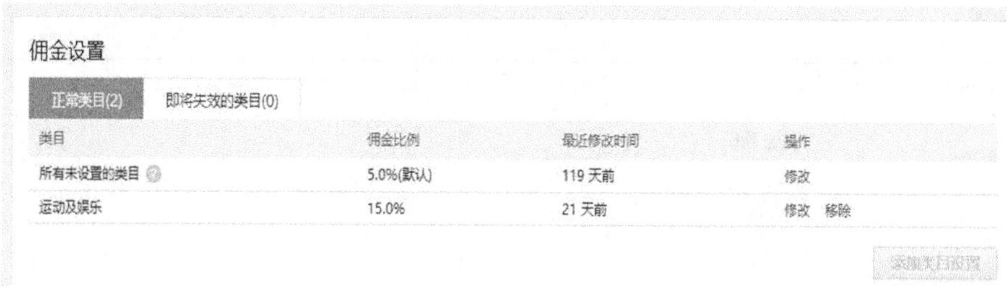

图 6-52　佣金比例

3. 我的主推产品

联盟营销主推产品的上限为 60 个，如图 6-53 所示。

主推产品和全店铺的其他产品是不一样的，只有主推产品才能参加联盟营销专属的推广活动，没有设置为主推的产品是没有这个权限的，因此最好能选出店铺比较热销的产品，设置佣金时比其他产品稍微高一些。加入全店铺联盟营销的佣金为 5%，那么就可以选出一些爆款进行主推，佣金比例可以设置为 7%、8%、10% 等。

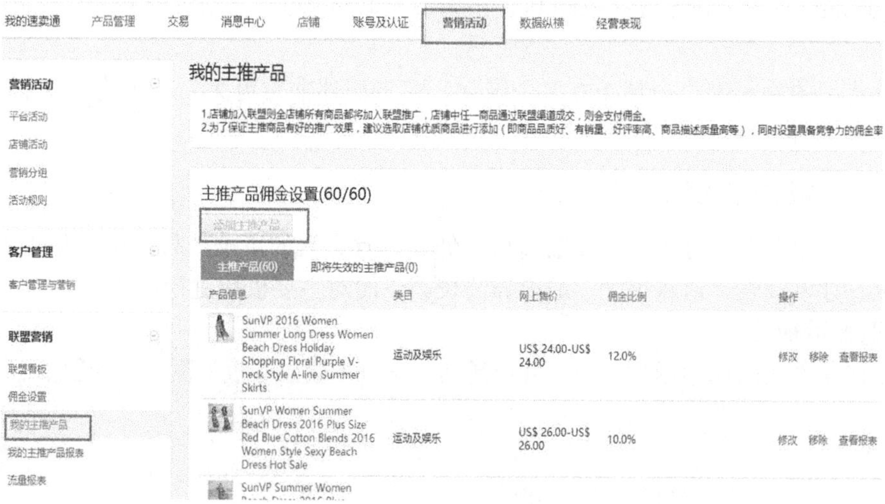

图 6-53　主推产品

设置好主推产品之后，正常情况下，可以以两个月为周期，进行主推产品检测。能为我们带来订单的主推产品就保留，不能带来订单的主推产品就删除。这样循环最终留下来的都是能带来订单的主推产品。我们再把能带来订单的主推产品从高到低进行排序，将订单量较小的替换，最终的目的是我们的主推产品都能为我们带来大量订单。需要注意的是，主推产品在每月的 1 日、10 日、20 日才会生效，在生效日之前，所有的设置都维持原样（时间均为太平洋时间 UTC-08:00）。

4. 流量报表

通过流量报表，我们可以知道联盟近 6 个月内每天的流量状况，包含联盟 PV、联盟访客数、总访客数、联盟访客占比、联盟买家数和总买家数。如图 6-54 所示。

项目六 跨境电商营销 173

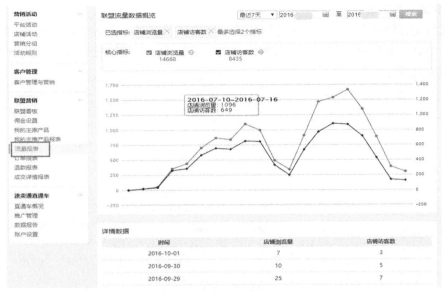

图 6-54 流量报表

5. 订单报表

如图 6-55 所示，通过订单报表可以知道近 6 个月内联盟每天带来的订单情况。订单报表主要包含联盟营销每天带来的支付订单数、支付金额、预付佣金、结算订单数、结算金额、实际佣金。在这里要注意的是，联盟营销带来的订单数不等于结算订单数，同样的，联盟营销带来的订单销售额的佣金也不等于实际佣金，因为发生退款的订单数和订单金额会被排除在外。

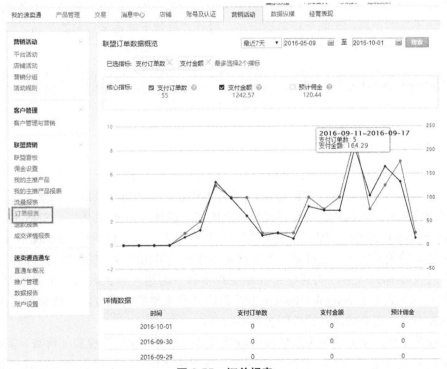

图 6-55 订单报表

6. 成交详情报表

通过成交详情报表，我们能清楚地知道联盟营销的效果、在某个时间段内联盟营销带来的每一笔订单和收取的佣金等。联盟营销的效果如何，都可以通过观察成交详情报表得到。如图 6-56 所示。

图 6-56　成交详情报表

7. 总结

做联盟营销需要一个过程，切不可急于求成。在做主推产品时，需要卖家不断去总结，不断去淘汰不良的产品，不断更换新的产品，最终才能留下能带来订单的产品。

任务四　社交媒体营销

一、社交媒体营销认识

SNS 全称为 Social Networking Services（社会服务型网络），国际上以 Facebook、Twitter、Instagram、Pinterest、VK 等 SNS 平台为代表，专指旨在帮助人们建立社会性网络的互联网应用服务。也指社会现有已成熟普及的信息载体，如 SMS 服务。SNS 的另一种解释是：Social Network Site，即"社交网络"或"社交网"。社会性网络（Social Networking）是指个人之间的关系网络，这种基于社会网络关系系统思想的网站就是社会性网络。

进入社交媒体时代后，沟通渠道开始变得多样，沟通过程也融入了更多的个人情感。粉丝可能在你开设的 Facebook、twitter 中评论或者分享他们的观点。在信息时代企业不止是信息的发布者，更变成活动的聆听者和参与者。

社交媒体平台营销分为主页发帖吸引粉丝互动（免费）和广告投放（付费）两种。

发帖包括更新主页状态、发布照片视频、发布活动信息、发布大事记、建立和参与小组讨论等，吸引自然粉并与之互动，多以内容创意和活动吸引力以及与客户的互动为取胜点。

以 CPC、CPM 等方式付费营销是社交媒体营销中逐渐形成和强化的另一种快速见效的营销方式。其多以网站中的广告横幅、文本链接、多媒体等形式出现展示给互联网用户。伴随着受众的注意力从电视转移到其他网络媒体，互联网广告已经逐渐成为广告营销的重要发展方向。

以下为国际几大社交媒体概况：

（一）Facebook 市场流量分析与粉丝行为习惯分析

Facebook 是全球最大的社交网络服务网站，中文译名为"脸谱网"。它于 2004 年 2 月 4 日上线，据 2007 年 7 月数据显示，Facebook 在所有以服务于大学生为主要业务的网站中，拥有最多的用户：3400 万活跃用户，包括在非大学网络中的用户。从 2006 年 9 月到 2007 年 9 月，该网站在全美网站中的排名由第 60 位上升至第 7 位。同时 Facebook 是美国排名第一的照片分享站点，每天上载 850 万张照片。2010 年世界品牌 500 强，Facebook 击败微软居第一。

下面先通过图 6-57 来了解一下 Facebook 的流量情况。

图 6-57　Facebook 流量概况

2016 年 8 月，Facebook 仅仅一个月的流量就达到了 2.68 亿次，每个客户的平均停留时间为 16 分钟，客户访问深度为 14.41，客户跳出率低至 22.57%，由这些数据可见 Facebook 的客户群体黏度和忠诚度是极高的。

我们已经知道了 Facebook 的浏览量是惊人的，那么每天这么庞大的用户群体都是通过什么方式进入 Facebook 主页的呢？下面我们就来分析一下客户的访问来源。如图 6-58 所示。

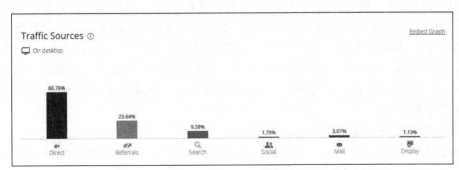

图 6-58　Facebook 流量来源

直接访问的人多达 60.78%。也就是说，大部分客户是通过直接键入域名进入 Facebook 官方网站的，可见客户忠诚度极高，大部分访客是经常浏览 Facebook 的。23.64% 的访客来源于其他网站的推荐，这是 Facebook 的口碑营销。9.59% 的人来源于搜索。也就是说，这部分群体是听说了 Facebook，然后直接通过搜索引擎搜索来进入网站。1.79% 的访客来源于社交网站，3.07% 的访客来源于 E-mail，1.13% 的访客来源于付费广告。

图 6-59 是 Facebook 的世界排名。

图 6-59　Facebook 排名

访问人群来源国家如图 6-60 所示。

图 6-60　Facebook 流量来源国家

从图 6-60 中可以看出，来自 Facebook 出生地美国的客户占比明显是最大的，其次是速卖通上的热销国家巴西。结合 8 月份的访客数据，2.68 亿人群中有 7.07% 来源于巴西，其次是土耳其、英国和法国。

（二）Twitter 市场流量与粉丝行为分析

Twitter（非官方中文译名为"推特"）是社交网络和微博客服务，它可以让用户更新不超过 140 个字符的信息，这些消息被称作"推文（Tweet）"。Twitter 在世界上非常流行，据 Twitter 前 CEO 迪克·科斯特洛（Dick Costolo）宣布，截至 2012 年 3 月，Twitter 共有 1.4 亿活跃用户，这些用户每天会发表约 3.4 亿条推文，同时，Twitter 每天还会处理约 1.6 亿的网络搜索请求。Twitter 被形容为"互联网的短信服务"。网站的非注册用户可以阅读公开的推文，而注册用户则可以通过 Twitter 网站、短信或者各种各样的应用软件来发布消息。Twitter 公司设立在旧金山，其部分办公室及服务器位于纽约城。Twitter 是互联网访问量最大的 10 个网站之一。

Twitter 的互联网上排名如图 6-61 所示。

Twitter 在全球排名第 13 位，在美国本土排名第 13 位，在 SNS 社交类网站排名第 4 位。这个排名随着每月的数据更新而不断变更。

图 6-61　Twitter 排名

Twitter 的流量情况如图 6-62 所示。

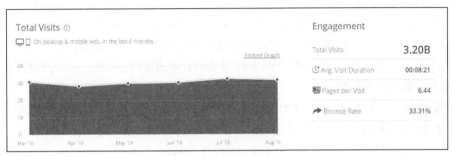

图 6-62　Twitter 流量概况

仅 8 月份一个月的时间，Twitter 的浏览量达到 3200 万，停留时间 8 分钟左右，访问深度为 6.44，跳出率 33.31%。

Twitter 的流量来源分布如图 6-63 所示。

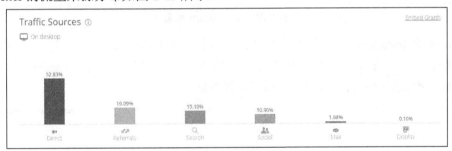

图 6-63　Twitter 流量来源方式

其直接流量来源达 52.83%，超过一半，19.09% 的流量来源于其他网站推荐，这是 Twitter 的口碑营销。15.1% 的人来源于搜索和 10.9% 的人来源于社交网络。

流量来源国家如图 6-64 所示。

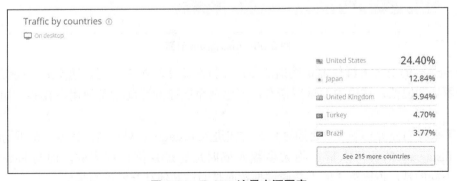

图 6-64　Twitter 流量来源国家

Twitter 的访问人群主要来源依旧是美国，位于亚洲的日本也有很高的占比，英国、土耳其和巴西这几年的流量也在逐渐增加。而土耳其和巴西都是速卖通上的热卖国家。

（三）Instagram 市场流量分析与粉丝行为习惯分析

Instagram 是一个免费提供在线图片及短视频分享的社交应用，于 2010 年 10 月发布。它可以让用户用智能手机拍下照片后再将不同滤镜效果添加到图片上，然后分享到 Facebook、Twitter、Tumblr 或者 Instagram 的服务器上。

Instagram 的名称取自"即时"（英语：instant）与"电报"（英语：telegram）两个单词的结合。因为创始人的灵感来自即时成像的相机，且认为人与人之间的照片分享"就像用电线传送电报信息"一样，因此将两个单词结合成软件名称。Instagram 的一个显著特点是，用它拍摄的照片为正方形，类似用宝丽来即时成像相机拍摄的效果，而通常使用的移动设备的相机的纵横比为 4:3 和 16:9。

如图 6-65 所示，Instagram 在全球排位第 6，美国国家排名第 8，在社交类网站排名第 5，比去年 8 月份全球排名上升 20 个名次。

图 6-65　Instagram 排名

图 6-66 是 Instagram 近半年的流量情况。我们可以看到在 8 月份达到了 1 800 万，平均访问时间近 6 分钟，访问深度页面高达 27.32，这个深度远超过 Facebook，说明在 Instagram 上所发的内容有趣程度和关联性是很好的。

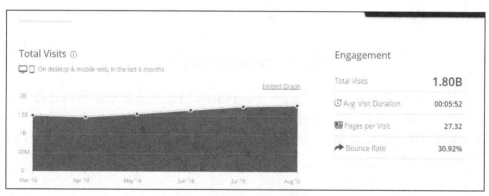

图 6-66　Instagram 流量

Instagram 的访客人群依旧是美国居多，而排名第 2 和第 3 的则是速卖通上超级热卖的国家俄罗斯和巴西，这也说明俄罗斯和巴西这两个国家的移动设备使用率较高。如图 6-67 所示。

接下来我们分析一下客户是通过什么方式进入 Instagram 网站的，如图 6-68 所示。

在 Instagram 的访问人群中绝大多数人依旧是通过直接访问来的，而与 Facebook 和 Twitter 不同的是，占比第 2 的不是通过推荐而是通过其他社交网站而来的。

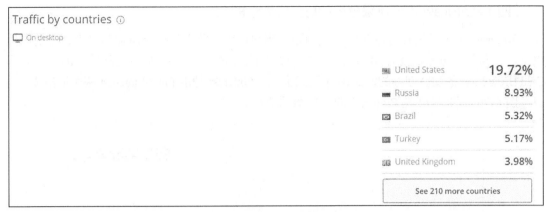

图 6-67　Instagram 流量来源国家

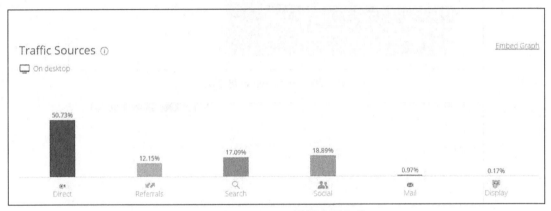

图 6-68　Instagram 流量来源方式

从图 6-69 的社交网站对 Instagram 的引流情况来看，占比较大的是 Twitter 和 Facebook，以及 Youtube。

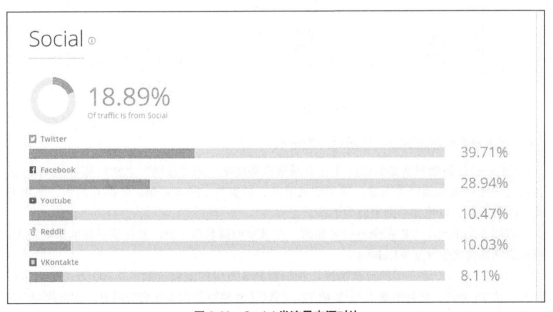

图 6-69　Social 类流量来源对比

（四）Pinterest 市场流量分析和粉丝行为分析

Pinterest 是一个图片分享类的社交网站，用户可以按照主体分类添加和管理自己的图片收藏，并与好友分享。其使用的网站布局为瀑布流布局。Pinterest 是由美国加州的一个名为 Cold Brew Labs 的团队创办的，2010 年正式上线。Pinterest 是由 Pin 和 interest 两个词组成。

图 6-70～图 6-72 是 Pinterest 的一些数据情况。

图 6-70　Pinterest 流量概况

图 6-71　Pinterest 排名

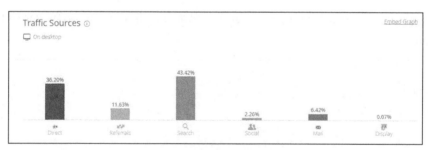

图 6-72　Pinterest 流量来源方式

（五）VK 市场流量分析与粉丝行为分析

VKontakte 是俄罗斯知名的在线社交网络服务网站，为"接触"之意，拥有 70 多种语言，用户主要来自俄语系国家，其中在俄罗斯、乌克兰、阿塞拜疆、哈萨克斯坦、摩尔多瓦、白俄罗斯、以色列等国家较为活跃。

如图 6-73 所示，VK 在全球排名靠前，在俄罗斯排名第 1 位，其在俄罗斯的影响极大，在社交网站排名仅次于 Facebook。

图 6-74 是 VK 近半年的流量情况，我们看到 8 月份的流量达到了 2 700 万，平均访问时间高达 25 分钟，访问页深度高达 40.72，超过了其他很多大型社交类网站。由此可见 VK 在全球的影响力也是极大的。

图 6-73　VK 排名情况

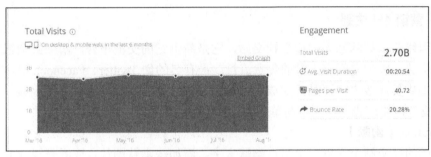

图 6-74　VK 流量概况

图 6-75 和图 6-76 是 VK 的流量来源和分布国家。

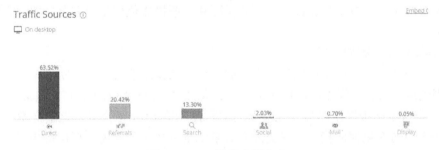

图 6-75　VK 流量来源方式

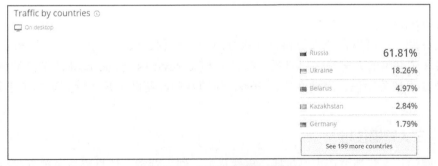

图 6-76　VK 流量来源国家

VK 的访客来源途径与 Facebook 一样，直接访问人数最高，其次是推荐、搜索等。流量来源国本土俄罗斯占比最大，其次是乌克兰、白俄罗斯等俄语系国家。

二、社交媒体营销策略

社交网站营销的核心是关系营销。社交的要点在于建立新客户关系，巩固老客户关系。任何创业者都需要建立新的强大关系网络，以支持其业务的发展，速卖通亦是。SNS 推广特点是：第一，直接面对消费人群，目标人群集中，宣传比较直接，可信度高，有利于口碑宣传；第二，氛围制造销售，投入少，见效快，利于资金迅速回笼；第三，可以作为普遍宣传手段使用，也可以针对特定目标，组织特殊人群进行重点宣传；第四，直接掌握消费者反馈信息，针对消费者需求及时对宣传战术和宣传方向进行调查调整。因为社交网络是真实性社交圈子，如果过于商业化，反而容易被客户屏蔽。因此，针对社交网站进行营销，需要掌握相应的营销策略。

社交网站三大核心营销策略总结为营销 4H 法则、三大营销技巧、社交五大误区。

（一）营销 4H 法则

社交网络营销型网站人们称之社交站，它是新世纪的交流平台，卖家必须把社交站当作自己的优势，因为它们有大量的免费流量。最有名的如 Twitter、Facebook 等，它们的作用不仅是提供要闻故事，而且开始成为把流量带到网络商在线网页的主要因素。但是，社交站并不喜欢网络广告商，采纳简单的 4H 法则是关键。

1. Humor（幽默）

在自己的社交站个人资料里写点幽默文字、添加些幽默图片，或者是写一段自己的简介，就可以吸引很多朋友，拓宽你的网络。

2. Honesty（诚实）

自始至终必须坚持诚实原则，上传明星照片、假扮成他们是没有意义的，人们想了解诚实的你。

3. Have fun（有趣）

社交站重要的一点就是能做许多有趣的事情，认识新朋友，学习新知识，与此同时可以从中得到流量赚钱。例如，在 Facebook 中分享世界各地有趣的故事帮助积累了很多粉丝。比如《15 个只能在中国沃尔玛才能够买到的东西，第 14 个最怪异》这篇文章，配上在中国沃尔玛超市司空见惯的猪头，在美国人看来就是奇闻（因为美国超市卖的肉，是永远看不到头的，即使是鱼头，更不要说猪头了）。这些奇闻让很多人在他们的 Facebook 分享了该则信息。

4. Help people（助人）

助人如助己，可以在个人资料里加些有用的链接和建议，给别人指出正确的方向，给留言或者和你联络的人解答任何问题。例如，Wine Reviews 是 Facebook 上的红酒分享网站，坚持普及红酒相关知识、产地文化、趣闻、促销互动，帮助客户了解到更多关于红酒的知识和口味。

（二）三大营销技巧

社交网站三大营销技巧主要包括：事件营销、红人营销、信息流与瀑布流营销。

事件营销：在速卖通重用 Facebook，主要指店铺自主营销后，通过分享和活动营销发送到 Facebook 页面，如图 6-77 和图 6-78 所示。

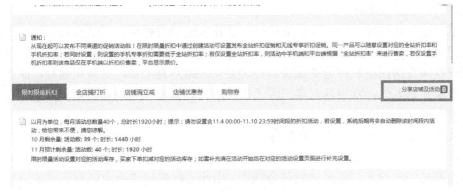

图 6-77 店铺活动分享

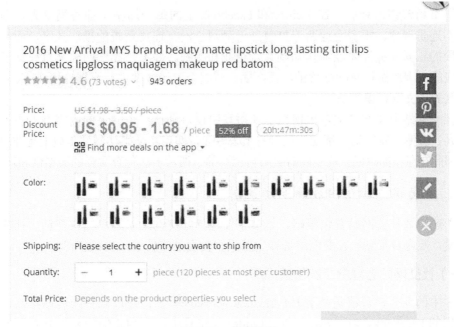

图 6-78 单品分享

红人营销：主要通过模特的使用和试穿效果来体现，比如在 Youtube 上利用红人模特展示假发效果等。

信息流与瀑布流营销：主要是指可以把速卖通上面的产品直接发布到 Pinterest 上面进行分享。

（三）社交五大误区

社交五大误区分别指：错失品牌推广机会、回复不及时、没有清晰的社交营销战略、信息流没有连续性、文章错误百出。

误区一：错失品牌推广机会

在大多数社交媒体网站（如 Facebook、VK、Pinterest 等）中有很多地方可以供速卖通卖家个性化设计自己的页面，但许多人白白地把这些地方留成空白，特别是简介页面，要求写明公司简介和发展历程，或者是以企业身份参与活动的。类似这样免费的品牌推广机会，一定要把握好。

误区二：回复不及时

在出现公关危机时，让人等待很长时间会使事情变得更糟。在速卖通中往往指的是卖家负面评价（Negative Feedback）。因此，应定期维护社区账号，查看消息和文章列表，特别是对一些网友的回帖和评论要积极响应、互动。用户是上帝，必须伺候好，服务好用户才能够不断积累人气；特别是老客户买了产品后，如果在你的粉丝页对产品进行攻击，你需要对攻击进行及时回应。

误区三：没有清晰的社交营销战略

作家 Pamela Springer 在文章中常常写到，"即使许多社会化媒体应用是免费的，但它们也仍然需要时间的投入，而时间就是金钱"。因此，我们建议企业要有正式的速卖通站外营销推广计划，在这个过程中每一步都要有一个清晰的目标。

误区四：信息流没有连续性

有了市场营销计划后，在 Twitter 和 Facebook 上的每一篇帖子都应当事先策划，以避免出现不连贯现象。很多企业两天打鱼三天晒网，没有连贯系统的推广社区，而用户需要一个阶段的积累和关注才能够认知到某一企业和品牌，并不是靠一两篇文章或帖子就能够大功告成的。因此做社交网络营销，需要团队对整个营销方案进行连续性操作。

误区五：文章错误百出

在社交网站上发布的文章出现语法和拼写错误，会让一个网页的内容看上去很糟。所有的博客、微博上发的帖子都应当做到看上去专业，即使社交媒体网站本质上是非正式也应如此。因此在写作的时候，应当随时查看自己写的东西，多次检查文章的流畅性和可读性。

三、社交媒体营销内容和互动策划

关于速卖通社交网站营销策略，本节主要包括社交网站老客户二次营销、社交网站新客户开发，及内容策划。社交网络选取主要以覆盖面最广的 Facebook 为例。

（一）社交网站老客户二次营销推广

SNS 中的老客户营销是基于 IM（Instant Message）的，通过邮件或者站内信让客户添加到我们的 Facebook、Pinterest、VK、Twitter 等账号中，成为我们的粉丝好友。然后，可以通过文字、图片、促销信息等形式进行 IM 老客户营销推广。

SNS 网络社区的结构和特点为外贸企业实行互动营销提供了一个热门的平台。企业利用互动营销，吸纳消费者的意见和建议，从而可以有针对地开发和设计产品，并进行指向性营销活动。而很多独立网站和速卖通大卖家们通过与消费者的良性互动，对当地市场以及文化做了进一步的了解，并在互动中实现企业品牌和产品信息的良好传播。SNS 的用户信息的真实性以及用户之间的互动性，不仅可以使企业更有效地推广品牌和提高产品销量，还可以为企业建立客户数据库，也就是本节涉及的老客户一次营销推广（CRM Promotion）。

1. 速卖通 SNS 老客户营销要点

社区用户身份信息真实，用户集中度高，为企业的互动营销活动提供了精准客户数据。

速卖通卖家可以根据产品的主要目标客户选择合适的 SNS 网络推广社区，制定恰当的互动营销活动，从而有效地推广产品品牌，提升产品销售和排名。

以 Pinterest 和 VK 为例，Pinterest 是美国团队创建的图片收集网站，用户可以将自己喜欢的图片从任何网站（包括 Pinterest）拼到自己建立的 boards 上；有鲜明主题的 boards 能够吸引具有相同爱好和审美的群众，这样会具有更精准的营销性质。特点：Pinterest 的主要用户为 25～44 岁女性（美国最多，欧洲其次），家庭妇女居多，而女人通过图片形式而产生的购物冲动是最明显的。这一点在 Pinterest 上体现得淋漓尽致，在 Pinterest 上用户带来的流量、转换率都比其他的社交网站高，也比科技男专用的 Google+ 高。因此，在 Pinterest 上分享的产品，没有地域限制，但是目标人群主要针对女性市场，并且需要选择优质的产品图片。VK 是俄罗斯和乌克兰的综合性社交分享网站，可以分享的品类更加多元化，但是目标客户会有一定的地域性。

SNS 推广应用功能的有效使用，以及 SNS 附件中的相册、游戏、应用和投票等，赋予互动营销内容的娱乐性。

速卖通老客户营销借用以上功能，能加强老客户黏度，使互动营销内容更加丰富、有趣，提高了用户参与的积极性。图 6-79 显示的是应用日历创建活动。

SNS 中的分享机制、订阅提醒和及时聊天，丰富了互动营销的互动方式和互动渠道，提高了信息传播速度和传播效率，如图 6-80 所示。

图 6-79　应用日历创建活动

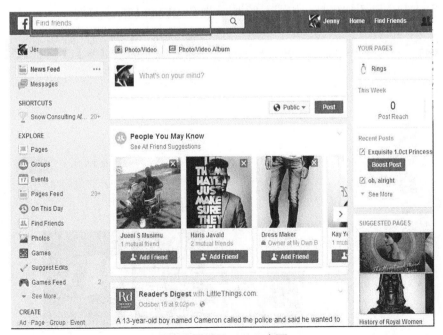

图 6-80　Facebook 主页

2. SNS 老客户营销的具体步骤

第一，我们需要在速卖通后台对老客户进行总结。按照客户的成交次数或者按照客户的成交金额进行筛选，从而确定优质客户加入我们的 Facebook、VK、Twitter 或者 Pinterest 账号成为粉丝好友。

以 Facebook 为例，如图 6-81 所示，为分析客户成交金额与成交次数的界面，从中可以得出优质客户信息，进而找到客户的名字，复制到 Facebook 搜索条中添加好友。每天添加好友数量控制在 15～20 以内，所以建议发邮件给客户，鼓励客户主动添加好友。

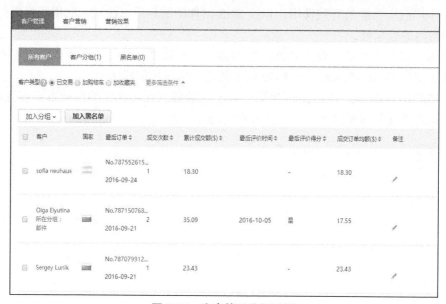

图 6-81　客户管理分析页面

第二，把搜索出来的客户名字加入 Facebook 或者 Twitter 等 SNS 账号中，或者给客户发邮件，让客户主动添加账号。如图 6-82 所示为 Facebook 加好友界面。

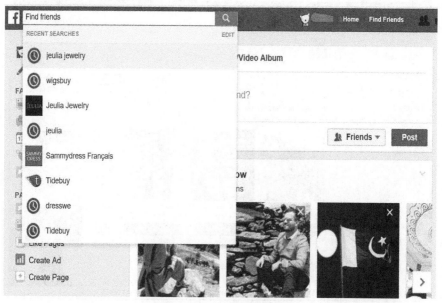

图 6-82　加好友页面

第三，把老客户加入 SNS 推广渠道，和老客户进行营销互动，如图 6-83 所示。

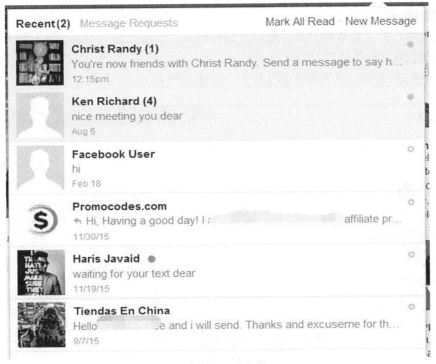

图 6-83 互动会话

第四，可以在 Facebook 中参考日历创建活动，从而实现定期举办促销活动，如图 6-84 所示。

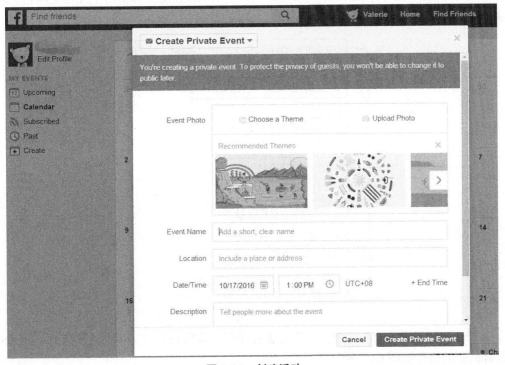

图 6-84 创建活动

（二）社交网站新客户开发策略

1. 增加粉丝

针对新客户开发最重要的操作就是增加粉丝量。下面介绍一下添加好友的方法，主要是通过添加已有过合作的客户为好友。

以 Facebook 为例，通过搜索添加好友，如图 6-85 所示。

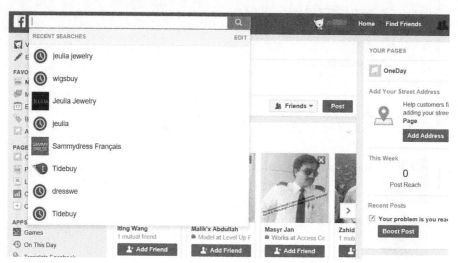

图 6-85 添加好友

2. 推广技巧

新客户 SNS 营销推广策略，主要体现在企业推广技巧上面。下面就以 Facebook 为例，讲解 SNS 营销推广技巧。Facebook 企业推广技巧（Facebook 是真实性个人社交网站）需要准备的材料如图 6-86 所示。

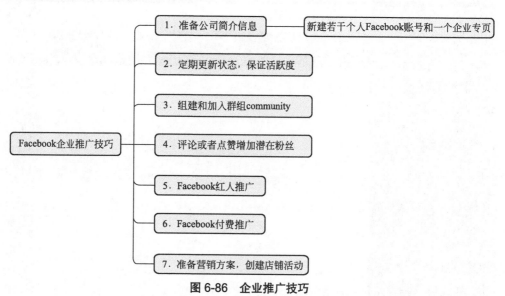

图 6-86 企业推广技巧

Facebook 进行企业推广，首先需要准备公司和个人简介信息，用于注册账号。Facebook 注册时需要的信息如图 6-87 所示。

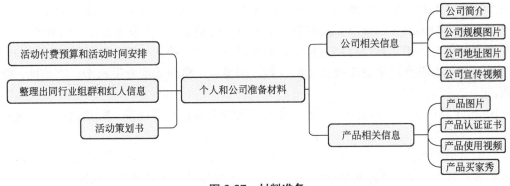

图 6-87　材料准备

（三）内容和互动策划

1. 互动策划

进行营销实施前，首先需要定位推广的产品所面向的国家和客户群体，从而根据他们的社交软件使用偏好去确定合适的社交平台。其次，根据客户群体的性别、年龄、群体喜好、国家文化去策划推广内容。总结为以下三点：

第一，我们要对客户有清晰的认识。

第二，多参考客户的问题、作为内容的话题点。

第三，分析老客户数据，建立社区服务的账号。

下面分享一个卖家的 SNS 营销案例，产品是可爱风格的裙子。

采用的活动方法如下：

（1）give away（转发抽奖免费送产品）。

（2）红人写评论文章，做评论视频。

（3）举办比赛。

（4）鼓励客户写分享文章和视频。

（5）让红人办 give away。

与时间成本较高的中高年龄层客户相比，时间成本较低的年轻客户更乐于分享，该卖家面向的用户群体恰好是乐于分享的年轻客户，因此可以鼓励用户多参与分享活动。

在开展活动前，需要选择参与活动的产品。通常会将想要推广的产品选为社交网站活动产品，而案例中卖家选择的是店铺中被收藏最多的那款产品。被收藏最多意味着喜欢这款裙子的用户很多，在做 SNS 营销活动时被传播的几率更大。

有一点建议：为了调动老客户的积极性，可以为老客户设置一个 special 的 winner 的奖项。

活动中的注意点：

（1）社交重在互动，不要一味地发产品资料。

（2）要把客户的真实 review 晒出来。

（3）如果社交平台有留言，一定要跟踪回复，不然客户会觉得自己不受重视。

（4）鼓励员工注册社交账号，尤其是市场部的员工，并积极参与互动。

2. 辅助社交工具介绍

Hootsuite：这是一款可以统一管理多个社交网站账号的工具，能够实现定时发布。

Google Shorter 工具：它可以将长链接缩短，还可以跟踪链接被点击的次数，可以通过这个工具了解站外推广的效果。举例：我想要推广自己的官网并了解推广效果，可以复制这个链接到 Google Shorter 生成短链接，再将这个链接加上文字发布到社交网站中。另外，如果发送邮件时不想让客户看到短链接，则可以使用图片插入外链。在短链接后添加一个"+"号，就可以看到这个链接被点击的次数、浏览器、移动端或者手机端、IP 地址、操作系统。

Bit.ly 工具：这个工具能实时跟踪我们分享的短链接的点击情况，如点击的用户来自哪里；用户在哪里点击了链接；用户点击了多少次等信息。

短链接的弊端在于，缩短之后的链接会变得很奇怪，降低了客户的信任感，但是如果不想让客户或者竞争对手跟踪到我们的数据，最好就是用短链接的形式做推广。

任务五 搜索引擎营销

一、搜索引擎营销认识

搜索引擎营销分为付费广告和自然搜索排名两种。

SEM 涵盖关键词排、竞价广告等，大多情况下以点击计费。它的基本思想是让用户发现信息，并通过（搜索引擎）搜索点击进入网站/网页进一步了解他所需要的信息。在介绍搜索引擎策略时，一般认为，搜索引擎优化设计主要目标有 2 个层次：被搜索引擎收录、在搜索结果中排名靠前。简单来说 SEM 所做的就是以最小的投入在搜索引擎中获最大的访问量并产生商业价值。

SEO 中文意思是搜索引擎优化。原意是指从自然搜索结果中获得网站流量的技术和过程，是在了解搜索引擎自然排名机制的基础上，对网站进行内部及外部的调整优化，改进网站在搜索引擎中的关键词自然排名，获得更多的流量，从而达成网站销售及品牌建设的目标。

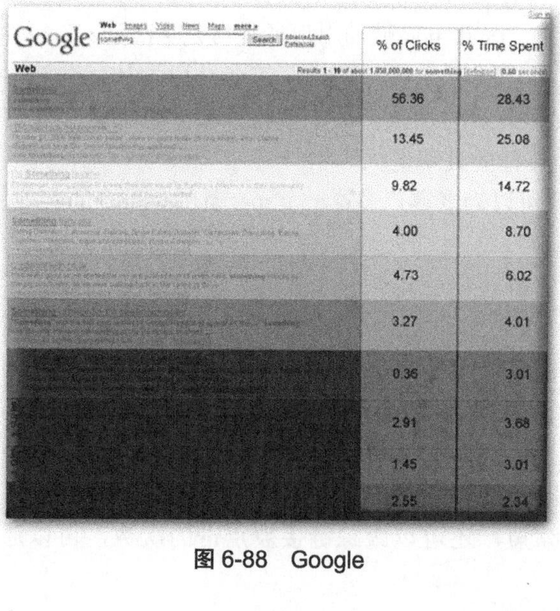

SEO 是通过控制各种 SEO 要素，使卖家店铺更加符合搜索引擎的排名规则，从而获得更好的自然搜索结果排名的方法。获得更好的排名意味着能获得更多的访问者，也就能获得更好的销售和利润。

一个关键词的排名和访问者流量之间存在着如图 6-88 所示的正比关系。

从图 6-88 中我们能看到第 1 位的排名能获得一个关键词 50% 的排名，我们假设某关键词每天有 10 000 的搜索量，那么排在第 1 位的搜索结果能获得每天 5 600 的浏览量。因此，不断地提高搜索结果在搜索引擎上的排名是 SEO 最主要的工作。

图 6-88 Google

从 SEO 整体的实施过程来说,SEO 可以按照先后顺序分为关键词研究、关键词策略制定及部署、站内优化、站外优化、效果追踪与分析这 5 个环节。

在速卖通中,SEO 引申为一个狭义的理解,即产品搜索排序优化,目的在于在既定的速卖通网站搜索规则下,让目标产品在其搜索关键词下能够被系统抓取,但是抓取不等同于曝光。如图 6-89 所示。

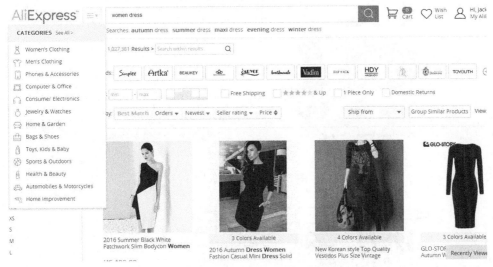

图 6-89　SEO 抓取

二、SEO 优化事项

(一)类目错放

为了给平台新老买家提供良好的购物环境和搜索体验,速卖通平台一直会对类目错放进行统一规范和处理,以确保产品放置在正确的类目下,促进产品转化。

在排查过程中发现,类目错放大致分为两类情况:

一是有意类目错放,这种有意将发布商品时选择的类目与商品实际类目不符以骗取曝光的行为我们把它叫做类目错放搜索作弊行为。为了保障卖家间公平竞争原则,速卖通平台将对这种恶意行为进行打击和处罚。

二是无意识类目错放,导致这种情况的原因大体是因为用户对速卖通平台和类目结构了解不够深入。简单举个例子便于了解类目错放的危害,假如用户实际商品是婚纱,却误发布在晚礼服类目下,那么买家在搜索婚纱的时候,产品是不会出现在搜索结果中的,影响转化。

1. 错放类目种类及示例

(1) 发布类目完全不符合商品品类,甚至出现跨行业错放　手机壳错放到化妆包"Cosmetic Bags&Cases",正确的类目应该为:"Luggage & Bags > Digital Gear Bags > Mobile Phone Bags & Cases"(图 6-90)。

(2) 配件错放在主机类目下　很多行业,主机和配件设有各自独立的类目,例如,"Mobile Phone Accessories"和"Mobile Phones""Telephone Accessories"和"Telephones"。

手机壳错放到"Mobile Phones",正确类目应为"Luggage & Bags > Digital Gear Bags

> Mobile Phone Bags & Cases"（图 6-91）。

（3）Other 类目错放　目前平台每个行业会设置一个 Other 类目，当用户商品在这个行业没有适合的发布类目时，可以将产品发布在 Other 类目下，但如果商品实际上有更适合的类目发布，仍将商品发布在 Other 类目，则属于类目错放。

图 6-90　类目不符（1）

图 6-91　类目不符（2）

例如，靴子错放在 Other Shoes 类目，正确的类目应为："Shoes > Women's Shoes > Boots"（图 6-92）。

图 6-92　类目不符（3）

（4）部分特殊类商品，如订单链接、运费补差价链接、赠品、定金、新品预告商品。如图 6-93 所示。

图 6-93　类目展示

特殊类商品必须发布在指定类目下，如图 6-94 所示。

2. 避免类目错放的方法

首先，要对平台的各个行业、各层类目有所了解，知道自己所售商品，从物理属性上来讲应该放到哪个大类目下，如准备销售手机壳，应知道是属于手机大类下的。

其次，可在线上通过商品关键词查看此类商品的展示类目，作为参考。

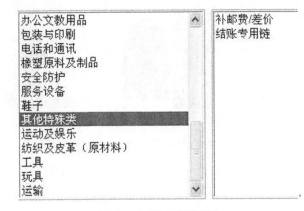

图 6-94　指定类目展示

最后，根据自己所要发布的商品逐层查看推荐类目层级，也可以参考使用商品关键词搜索推荐类目，从而在类目推荐列表中选择最准确的类目，发布同时要注意正确填写商品重要属性（发布表单中标星号＊或绿色感叹号）。

如果商品被判为类目错放了，可以通过以下两种渠道查看商品应放置的正确类目。

第一，可以点击类目错放诊断界面上的"类目修改"，直接选择系统推荐的"正确类目"；

第二，可以回到发布商品界面，用比较宽泛的商品词进行搜索，查看发布系统自动推荐类目列表，并从列表中选择正确的商品发布类目。

注意：速卖通店铺为卖家个人所有，只有卖家方能对产品信息进行修改，平台不能直接修改类目错放产品信息；另外，系统后台提示"类目错放"，只要将产品修改为正确类目了，原受影响的产品将恢复曝光。

有时系统推荐的类目不完全准确，其实速卖通平台系统推荐类目准确性超过 95%，但可能会出现极小部分商品推荐类目不完全准确的情况，可能由以下因素造成：

第一，"准确类目推荐"是基于线上相同/相似商品标题，如果线上绝大部分相同/相似商品本身标题填写有问题，可能会使推荐不够准确；

第二，本身网站的类目架构不够完善，还在持续完善中，如果找不到合适的类目，可以及时向工作人员反馈；

第三，用户的标题描述本身与实物图和发布类目不符。如以下案例，标题描述为裙子，但实物图和发布类目是袜子。所以准确填写标题信息是非常重要的。

如果有些商品没有合适的类目，可以先将商品发布到类似产品类目中，并及时向工作人员反馈。

（二）标题撰写

逻辑清晰，无语法错误，不要乱加不相干的词汇。标题对于商品而言，是最重要的属性。

标题是最直观、最重要的商品展示内容。有人可能会说，对于买家而言，图片远比标题更直观。但是必须基于一个前提，那就是用户已经看到卖家商品，用户是怎样看到商品的呢？一个很重要的途径就是搜索。那么标题就显得尤为重要，如图 6-95 所示。

图 6-95　标题

标题是买家搜索的对象的首选数据源。所有的网站，不管是如速卖通这样的电子商务还是如腾讯新闻一样的内容系统，搜索词的数据中有一个非常重要的数据源就是标题，做过网络推广的人都知道，在 SEO 中标题占的权重要远比关键词更重要。

标题是直通车关键词的最重要数据源，高质量的标题可以生成大量廉价、黄金位置的直通车关键词。众所周知，一个推广活动中关键词的数量和质量直接决定了直通车推广的效果和成本，也就是说如果卖家想使用直通车，终极目标就是用最少的成本带来最多的点击量。要想做到这一点，除了有效地设置推广计划、合理分配推广资金以外，关键词是最重要的因素。那么关键词从哪里来？尤其是既便宜位置又好的关键词从哪里来？

速卖通直通车的关键词系统中有一个概念叫做"关联度"，如果卖家的商品是一件红色连衣裙，那么这个商品是不能加上"头层牛皮"这个毫无关联的关键词的。

怎么解决这个问题？突破口就在标题上，如果卖家能充分利用标题的这 250 个字符，让标题中不出现一个垃圾词，全部都是"商品属性词""系统热搜词""本周飙升词"，尤其是飙升词，卖家就为自己设置海量便宜高质量的关键词提供了数据来源，同时也为高"商品匹配度"埋下了伏笔。

大部分卖家都知道标题的重要性，也都知道标题中应该包含属性词、热搜词、飙升词。但是绝大多数的商品标题质量差强人意的原因就是高质量的标题会浪费很多时间。

手动设置一个高质量的商品标题极其耗时，按照一般商品的上货时间来计，标题的设置至少占用了整个上货时间的 30%，甚至更多。

根据商品标题中文名自动翻译英文标题虽然速度很快，但是效果很差，国外买家根本无法理解。例如："Europe and the United States women's new high-end boutique 2014 autumn new major suit dress skirt and a generation of fat"。这个标题是从 1688 或者淘宝中的常见标题"欧美女装新款 高端精品 2014 秋装新品 大牌连衣裙 外贸原单 一件代发"使用翻译软件直译的。标题中除了 dress、skirt 两个词有用以外，其他的词语没有任何搜索和展示价值。dress 和 skirt 这两个词又是两个竞争白热化的关键词，也就是这个标题没有任何价值。

如何快速设计一个高质量的标题，可以按照下面的步骤来。

步骤一：尽量全面的选择商品的属性，如图 6-96 所示。

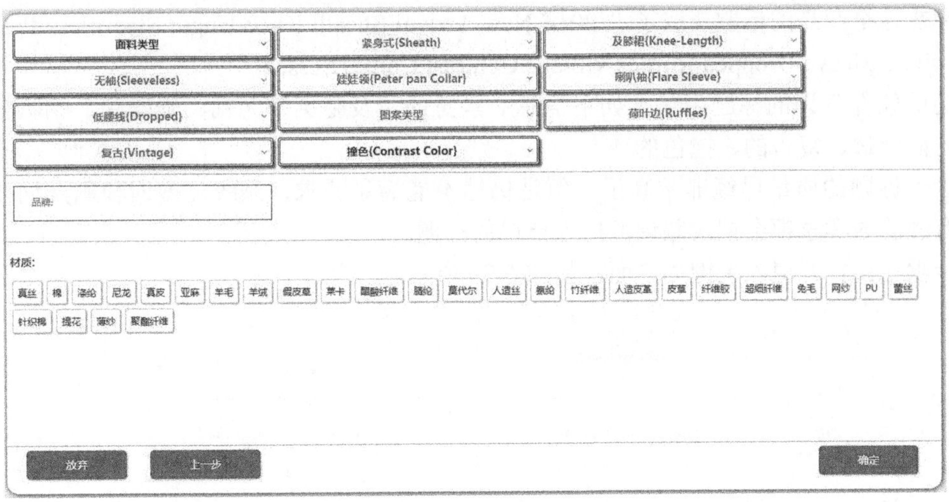

图 6-96　商品属性（1）

步骤二：将所有的商品属性用最专业的词汇植入标题中，如图 6-97、图 6-98 所示。

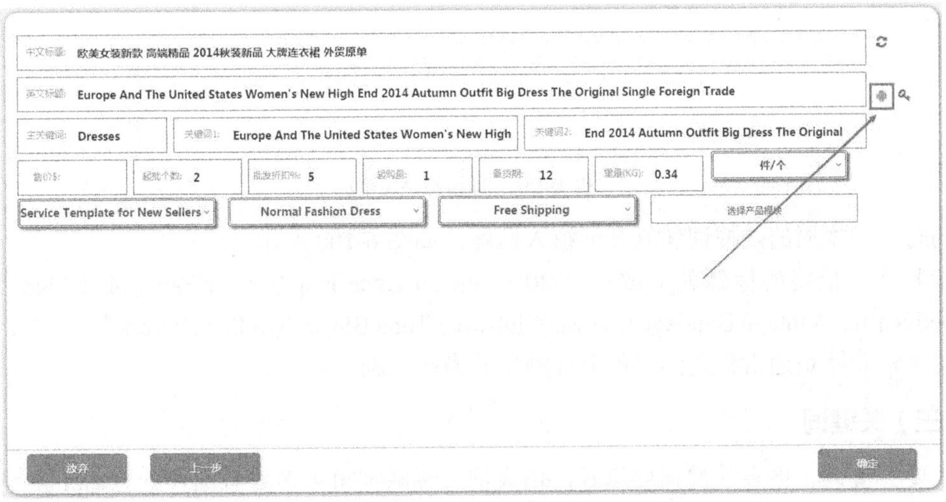

图 6-97　商品属性（2）

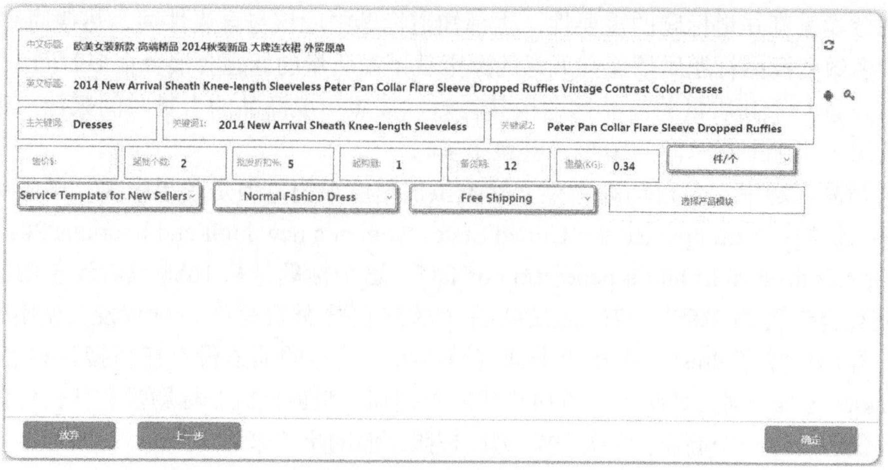

图 6-98 商品属性（3）

现在这个商品的标题变成了"2014 New Arrival Sheath Knee-length Sleeveless Peter Pan Collar Flare Sleeve Dropped Ruffles Vintage Contrast Color Dresses。"

翻译软件直译的标题中包含如下信息：紧身的、及膝裙、无袖、娃娃领、喇叭袖、低腰线、荷叶边、复古的、撞色的。

这个标题的质量已经非常高了，但是仍然不能满足要求，系统热搜词和飙升词非常重要，有经验的卖家都会把这些词汇植入自己的标题。

步骤三：打开植入关键词界面，如图 6-99 所示。

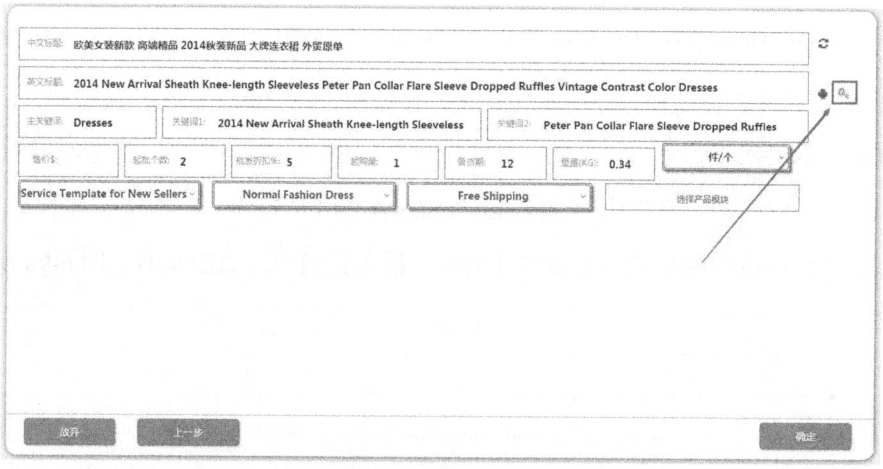

图 6-99 商品属性（4）

同时，把本周的热搜词和飙升词植入标题，如图 6-100 所示。

步骤四：最终的标题就变成了"2014 Sheath Knee-length Peter Pan Collar Flare Sleeve Dropped Ruffles Vintage Bandagem Dress Clubwear Tops Black Two Piece Dress"。

这个标题就是通常称之为"黄金标题"的商品标题。

（三）关键词

主要关键词、更多关键词要填好，填大词。稀缺词可以多看看国外杂志 Google 新品介绍，如《时代杂志》，发现介绍新品的关键词可以记下来，用到自己的产品上。

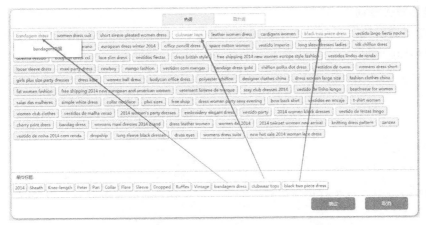

图 6-100　商品属性（5）

1. 速卖通搜索框

例如搜索 bracelet 后面会自动跳出 men、leather、shamballa 等词，这些是速卖通这个引擎自动推荐的，速卖通不是无缘无故让它出现在这里的，因为这些词是在速卖通里搜索 bracelet 后面搜的最多的词，如果卖家产品和这上面的词相关，这个词就必须带上，这个词又叫热搜词，如图 6-101 所示。

图 6-101　热搜词

如果卖家产品没销量和好评，相对同行卖家又没有价格优势，这时就得挑长尾词。挑选方法也是在搜索框中找，还是搜 bracelet，空格下会一直往下跳，直到跳到最后没办法跳了这个词就够长尾了，这样的词搜的人不多，但是对于刚起步的卖家，这种词的成交转化率相对较高，如图 6-102 所示。

图 6-102　热搜词选择

2. 类目找关键词

打开速卖通首页，找到卖家产品的所属类目，这些类目的词汇也是属于热搜词，如图 6-103、图 6-104 所示。

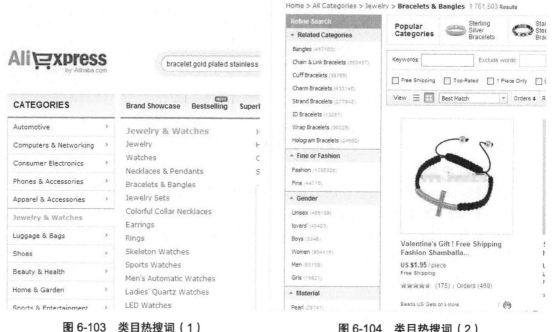

图 6-103　类目热搜词（1）　　　　　图 6-104　类目热搜词（2）

3. 同类产品借鉴

通过对手店铺找关键词，假如卖家的词是 bow bracelet，通过速卖通平台的搜索关键词功能查看其他竞争对手店铺的关键词设置，通过借鉴，也可以对本店的关键词进行设置，如图 6-105 所示。

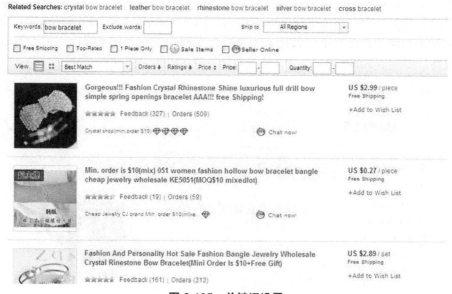

图 6-105　关键词设置

(四)属性填写

属性填写准确,自定义 10 个属性需要填满,且属性与标题、宝贝描述有关联。

速卖通编辑产品页面有很多必要的属性供大家选择,很多人因为不了解产品而放弃一些产品属性的填写,这样其实不利于产品的优化,所以第一点需要我们做到的是:必须将产品属性全部填充,否则会影响产品的曝光量,如图 6-106 所示。

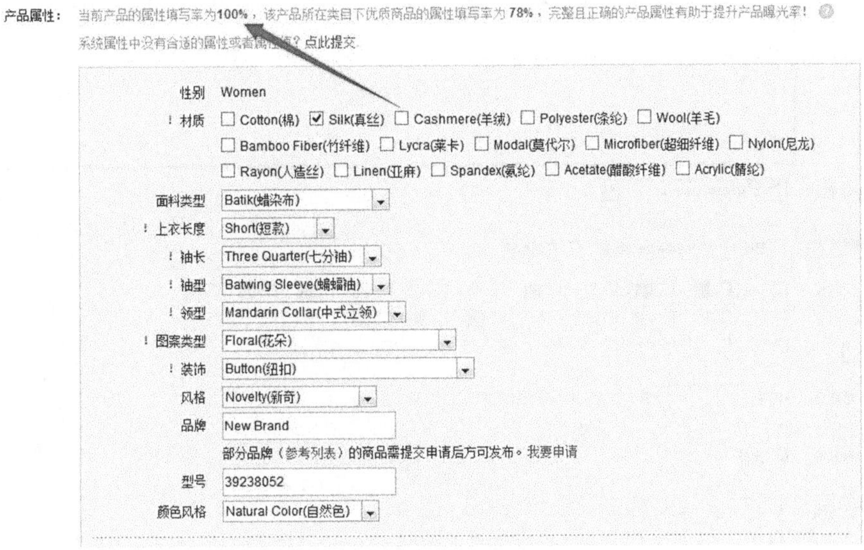

图 6-106 产品属性

关于自定义属性,这里虽然并没有强制卖家必须要填写,但是一个好的产品,往往会有更多的补充属性,所以这里也需要根据产品的情况来适当补写额外属性,比如颜色、尺寸等,如图 6-107 所示。

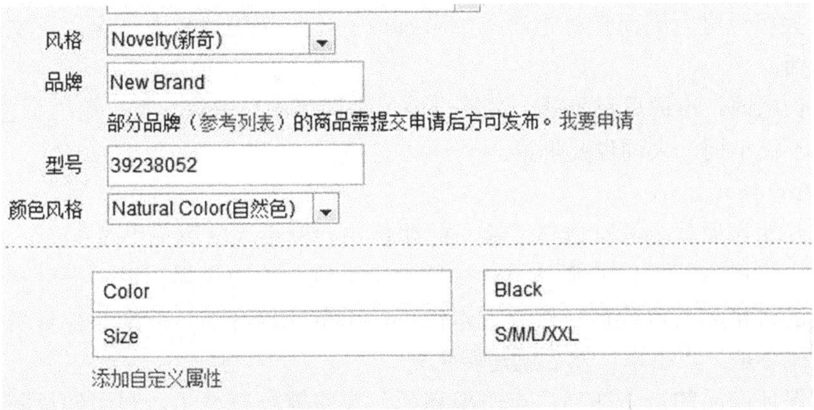

图 6-107 额外属性添加

(五)产品主图

产品主图一定要尽量上传满 6 张,且用 500×500 的尺寸,创意标题与图片要提前做好,放在最后一张主图上,建议做 2 张,创意标题与图片不止是良推优的重要方法之一,更是提高点击率的有效方式。如图 6-108 所示。

图 6-108 图片优化

（六）丰富描述

在很多销售量很高的店，产品描述就 1、2 张图片，都是出了好几千单的，就有样学样，结果却大相径庭。因而最好把产品细节都放上，文字描述也要齐全，英文、俄语、葡语等都要包括。

前期：长尾词，小词尽量争第一页第一个，大词可不必争第一页，第二页也可以的。

后期：不仅小词，大词也要争第一。

如图 6-109 所示。

在打折开始当天就要开直通车引流，前期折扣力度不大时就先小量引流，保持有 1、2 个销量即可，到最后超低价的那几天就得超大量引流，快速积累销量，提升产品排名。因为那个时候的价格相对比较低，接近成本价了，出单比较容易。前期的少量引流相当于在养词。养词核心是：点击率，然后就是转化率。

首先要保证商品的点击率高，点击率高了，花费就能减少了。利用创意图片与标题可以有效提高点击率。点击率多少合适呢？不同类目都不大相同，一般都大于 1%，才算比较过得去的。

其次是转化率，推广品起码要 3% 以上。转化率就跟所选自身词汇、售价、产品描述有关。

在速卖通上，曝光率差不多，点击率跟转化率可以相差极大，导致订单相差也极大。因而起码保证 1% 以上的点击率。如图 6-110 所示。

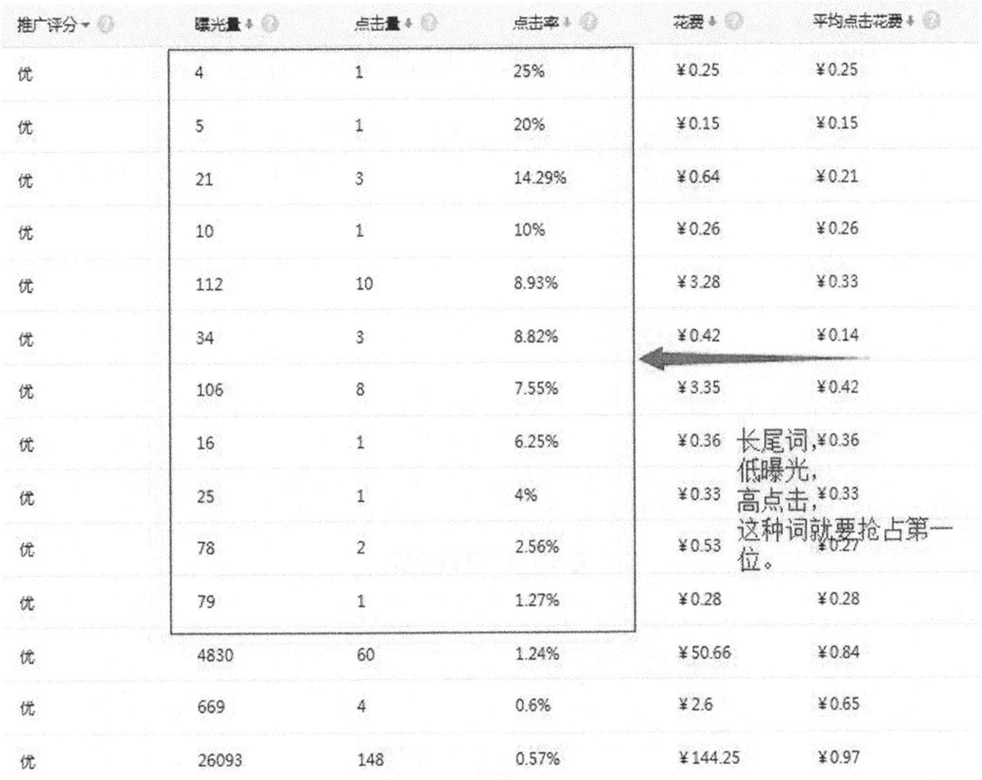

推广评分	曝光量	点击量	点击率	花费	平均点击花费
优	4	1	25%	￥0.25	￥0.25
优	5	1	20%	￥0.15	￥0.15
优	21	3	14.29%	￥0.64	￥0.21
优	10	1	10%	￥0.26	￥0.26
优	112	10	8.93%	￥3.28	￥0.33
优	34	3	8.82%	￥0.42	￥0.14
优	106	8	7.55%	￥3.35	￥0.42
优	16	1	6.25%	￥0.36	￥0.36
优	25	1	4%	￥0.33	￥0.33
优	78	2	2.56%	￥0.53	￥0.27
优	79	1	1.27%	￥0.28	￥0.28
优	4830	60	1.24%	￥50.66	￥0.84
优	669	4	0.6%	￥2.6	￥0.65
优	26093	148	0.57%	￥144.25	￥0.97

(手写批注：长尾词，低曝光，高点击，这种词就要抢占第一位。)

图 6-109 关键词竞价

七日曝光量	七日点击量	七日点击率	七日总花费	七日平均点击花费
29821	318	1.07%	￥164.09	￥0.51
100.00% ↑	100.00% ↑	100.00% ↑	100.00% ↑	100.00% ↑

图 6-110 近期数据监测

至于如何选词，可以通过三种方法：一是数据纵横；二是类目词；三是买家热搜词。

做速卖通竞价排名的思路其实就是"摆脱 90 天均价——直通车推产品——平台活动来反推活动品"，三者其实是互相关联，相辅相成。

（七）优化速卖通卖家后台设置

首先，在卖家后台，数据纵横中有 3 个模块可以寻找关键词：商品分析、选品专家、搜索词分析。

商品分析里卖家可以参看商品标题的搜索曝光量、平均停留时长等数据，如图 6-111 所示。

同样，卖家后台里的"选品专家"，卖家在平时平台活动时也可以参考这里的数据。选品专家项目中的搜索，首先要选自己对应的行业，国家就选择产品所对应的目标市场，如果不选择市场将默认全球，如图 6-112 所示。

当选择完毕之后点击产品所在圆圈，可以查看产品的成交指数、竞争指数，如图 6-113 所示。

图 6-111　商品分析

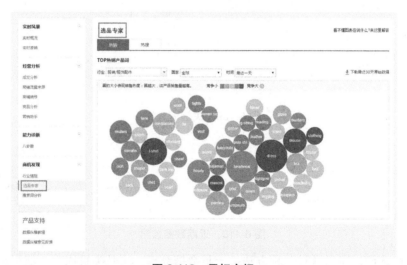

图 6-112　目标市场

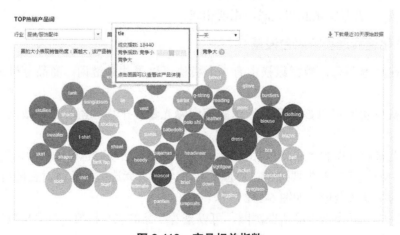

图 6-113　产品相关指数

在选品专家销售分析 TOP 关联产品中，圆圈面积越大表示产品的销售量越大；连线越粗，买家同时关注度越高，如图 6-114 所示。

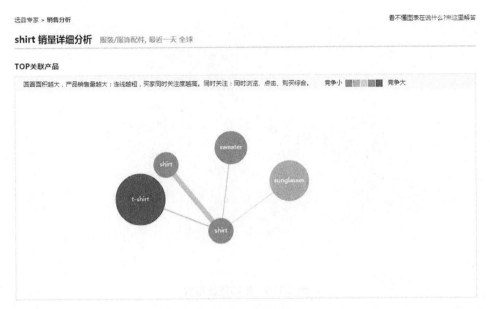

图 6-114　销量分析

TOP 热销属性也是同样的道理，圆圈面积越大，产品销售量越大。TOP 热销属性是可以由卖家自己选择的。如图 6-115 所示。

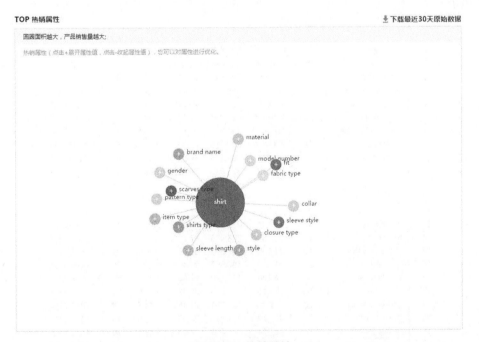

图 6-115　热销属性

在热销属性组合中，同一颜色代表一类属性组合，颜色占比越大表示销量越多，卖家可以根据属性组合提供情况进行选品方面的优化。如图 6-116 所示。

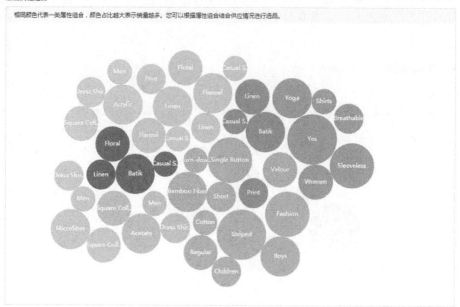

图 6-116　热销属性组合

接下来要说的是"搜索词分析"。在卖家后台，数据纵横里可以找到。搜索词分析分为三块，分别是热搜词、飙升词、零少词。这里要注意产品是否是品牌原词，如果销售"禁限售"商品将会被处罚，如果是衍生词，如 zara2016 也会有被判侵权 zara 的风险。如图 6-117 所示。

NO	搜索词	是否品牌原词	搜索人气	搜索指数	点击率	成交转化率	竞争指数	TOP3热搜国家
1	watch	N	509,176	3,236,444	22.97%	0.27%	24	RU,BY,UA
2	sterling silver jewelry	N	109,961	991,613	22.42%	0.27%	48	RU,BY,UA
3	925 sterling silver	N	91,561	899,362	21.32%	0.29%	58	RU,BY,UA
4	quartz watch	N	97,999	620,883	23.20%	0.24%	28	RU,BY,UA
5	часы	N	139,906	611,274	22.24%	0.44%	13	RU,BY,UA
6	pandora bracelet	Y	99,161	441,911	27.57%	0.38%	17	RU,UA,US
7	necklace	N	58,729	390,589	29.53%	1.21%	72	RU,BR,US
8	watches men	N	79,317	383,185	29.69%	0.79%	41	RU,US,BR
9	earrings	N	40,292	320,515	28.55%	1.49%	86	RU,US,BR
10	серьги	N	42,034	299,720	29.02%	0.97%	25	RU,BY,KZ
11	digital watch	N	59,488	269,423	24.66%	0.21%	22	RU,BY,UA
12	watch women	N	40,769	244,725	27.82%	1.16%	65	RU,US,CZ
13	diamond jewelry	N	76,967	233,422	14.82%	0.03%	13	RU,BY,KZ
14	relogio masculino	N	55,286	208,465	27.79%	0.95%	7	BR,US,ES
15	men's watch	N	31,530	197,692	30.06%	0.20%	31	RU,BY,UA
16	jewelry	N	31,422	197,597	25.46%	1.23%	78	US,RU,CA
17	bracelet	N	34,220	185,149	27.02%	1.56%	66	RU,US,BR
18	nng	N	30,815	174,266	29.82%	1.18%	68	RU,BR,US
19	pearl jewelry	N	27,023	163,571	21.45%	0.11%	38	RU,BY,UA
20	smart watch	Y	48,179	151,115	23.50%	0.15%	16	RU,ES,US
21	fine jewelry	N	40,614	147,568	15.40%	0.07%	26	RU,BY,KZ
22	часы женские	N	19,352	147,203	27.78%	0.47%	33	RU,BY,KZ
23	кольца	N	24,884	146,397	30.07%	0.67%	21	RU,BY,KZ
24	relogio	N	50,425	135,510	23.09%	0.55%	5	BR,US,RU

图 6-117　搜索词分析

要在速卖通平台上销售品牌商品,要有品牌商的授权或者拥有完整的正品进货渠道。以上条件均满足后,参加速卖通平台的品牌认证申请,审核通过,缴纳保证金,再开通品牌发布权限就能销售。

(八)速卖通卖家主页优化

除了卖家后台设置的优化,在速卖通买家主页也可以捕捉到优秀的关键词。

搜索框输入产品将会出现 smartbox 猜词,这些词也可以作为卖家优化关键词的参考。

搜索框下的关联搜索也是非常直观的买家热搜表现,如图 6-118 所示。

图 6-118 关联搜索

任务六 邮件营销

为了帮助速卖通卖家更好的管理自己的客户,识别其中诚信并有购买力的优质买家进行针对性营销,增加销量,速卖通平台推出了买家管理营销工具。本工具包含客户管理和邮件营销两个核心功能,具体介绍如下。

一、客户管理功能

登录"我的速卖通"——"营销活动"——"历史统计客户与营销",进入客户管理营销页面,选择历史客户信息统计页面(如图 6-119 所示)。在该页面可以管理所有有过交易的买家信息,如买家的购买次数、金额、最近一次购买时间、国家信息等。同时,建议卖家可以根据对买家情况的了解,填写备注,记录客户的购买需求、购买习惯、购买频率、购买类型等,方便客户再次来购买时可以更好地为客户服务,促成交易订单,留下好的店铺服务印象,这样对后续的邮件营销很有帮助。

除了基本的买家信息展示功能外，还可以通过客户管理营销工具查询最后一次订单成交时间和金额，便于卖家从多种维度识别和维护重点卖家。例如，一个顾客在我们店铺有过多次交易，并且交易额比较稳定，然而这段时间没有再在我们店铺购买了，那我们该多方去分析和了解流失的原因，从而有针对性的改善自己的产品或服务。

当然，对于一些国外的恶意客户，可以直接把他们加入黑名单，不再和他们交易，如图 6-120 所示。但一定谨慎选择，一旦被加入黑名单客户则无法在前台对店铺产品进行下单。

图 6-119　客户管理页面

图 6-120　加入黑名单

二、邮件营销

1. 邮件营销的步骤

卖家可以在客户管理页面勾选需要进行联系或者营销的客户，单机"发送邮件"按钮，即进入营销邮件的编辑页面，如图 6-121 所示。

进入邮件营销编辑页面之后，需要填写邮件标题和内容。向客户发送的内容可以是新产品上架情况、打折、促销信息，或者对售后满意度等进行调查，以此来吸引老买家回头下单。但不能在短时间内对同一客户发送多次邮件营销，以免造成过度骚扰引起买家的反感，影响交易的达成。建议每月对同一客户的邮件控制在 2 封以内，内容输入不得出现中文，邮件内容最多不得超过 5000 字符。

与此同时，可以单击"添加推荐产品"按钮，进入产品添加页面，如图 6-122 所示。

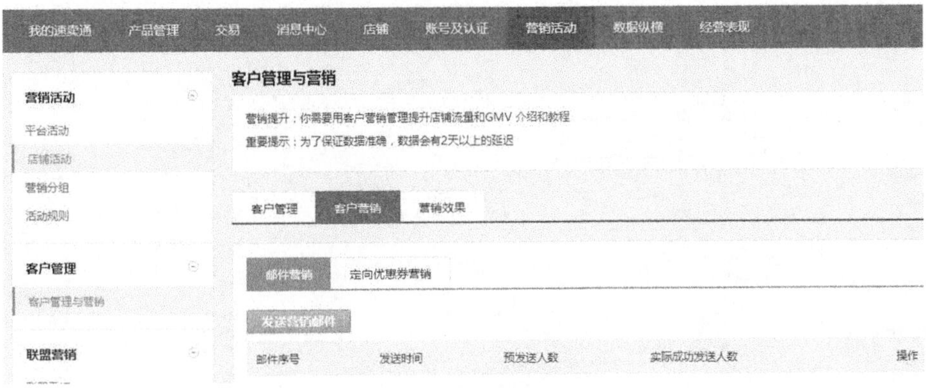

图 6-121 发送营销邮件

图 6-122 邮件编辑页面

勾选需要推荐的产品后，单击"插入产品"按钮，即可完成在邮件中插入推荐产品。但是对于所添加的推荐产品，要结合客户管理功能一起使用。如图 6-123 所示，我们可以把客户的名字放到交易页面进行查询，根据该客户的购买历史和购买类型，有针对地推荐相应的产品。假设该客户的购买记录中都是裙子，那么卖家推荐的最好就是和裙子有关的产品；如若客户的历史购买记录都是低价产品，那推荐的价格就不能过高。总结来说，推荐关联产品结合客户管理结果来进行，这样才能促进二次营销，增加店铺的交易额。

需要注意的是,关联营销推荐产品最多可以添加 8 个,因此大家在推荐产品的时候,要有计划地去添加,尽量每次添加的产品都不一样,通过数据观察来验证哪些产品比较适合客户需求,哪些产品可以带来订单。对于表现较好的产品,可以将它放到推荐产品关联中。

图 6-123　客户交易记录查询

同时,平台发送的营销邮件比我们平时通过个人邮箱发出的邮件更有效,更吸引人。因此建议大家尽量用平台营销邮件联系客户进行客户管理营销,只有在平台营销邮件用完的情况,才考虑第三方的邮箱进行营销。

2. 邮件营销的发送规则

为了控制买家接收邮件的频率,提高买家的感受,营销邮件对于发邮件的量级有一定控制。平台会根据"卖家星级",每个月给予一定的营销邮件发送量,卖家等级越高,拥有的邮件数就越多。

卖家服务等级详解

	不及格	及格	良好	优秀
定义描述	上月每日服务分均值小于60分	上月每日服务分均值大于等于60分且小于80分	上月每日服务分均值大于等于80分且小于90分	上月每日服务分均值大于等于90分
橱窗推荐数	无	无	1个	3个
特殊标识	无	无	无	有
平台活动权利	不允许参加	正常参加	正常参加	优先参加
营销邮件数量	0	500	1000	2000
直通车权利	无特权	无特权	开户金额返利15%,充值金额返利5%(需至直通车后台报名)	开户金额返利20%,充值金额返利10%(需至直通车后台报名)

不考核卖家享有的营销邮件数量为1000,其他权益及格卖家享受同等的平台资源。
每日服务分数越高,对搜索排序越有利(排序受多个维度影响,服务分为其中一个影响因素),同时关于影响搜索排序的其他因素点此查看

图 6-124　卖家等级与营销邮件数量

如图 6-124 所示，及格店铺是 500 封营销邮件，而优秀店铺可以达到 2000 封，对于卖家做客户管理营销或者平时通知客户是非常有利的。因此建议大家一定要做好店铺，减少不良体验订单，从而提高店铺等级，为店铺增加营销邮件的上线数量。

【知识巩固】

一、邮件营销相关知识

速卖通电子邮件营销是基于平台规则的面向新老客户的营销方式，如下介绍为广义的邮件营销。

（一）电子邮件营销的特点

电子邮件营销（EDM）是网络营销手法中最古老的一种，比绝大部分网站推广和网络营销手法都要久。关于 EDM 营销，必须有 EDM 软件对 EDM 内容进行发送，企业可以通过使用 EDM 软件向目标客户发送 EDM 邮件，建立同目标顾客的沟通渠道，向其直接传达相关信息，用来促进销售。EDM 软件有多种用途，可以发送电子广告、产品信息、销售信息、市场调查、市场推广活动信息等。

电子邮件营销的特点如下。

（1）精准直效。可以精确筛选发送对象，将特定的推广信息投递到特定的目标社群。

（2）个性化定制。根据社群的差异，制定个性化内容，让客户根据用户的需要提供最有价值的信息。

（3）信息丰富，全面。文本、图片、动画、音频、视频、超级链接都可以在 EDM 中体现。

（4）具备追踪分析能力。根据用户的行为，统计打开邮件、点击数并加以分析，获取销售线索。

（二）电子邮件营销的功能和流程

1. 打开率

打开率是指有多少人（以百分比的形式）打开了你发送的邮件。目前，这个参数变得越来越不重要了。这是因为电子邮件的打开率是通过在邮件中放置一个微型图片来追踪的，但是许多邮件服务商都会拦截图片，使图片无法显示。因此客户可能打开了你的邮件，但系统会记录他没有打开，除非他主动使邮件中的图片显示出来。有报告称，标准的打开率报告根据收件人列表质量的不同最多可能要降低 35%。

2. 点击率

点击率是指点击数除以邮件打开数（注意不是发信总数）得到的百分比。不同的公司以不同的方式来衡量点击率。那么，每打开一次邮件，是所有的点击都计算还是只计算一次呢？对于这个问题，还没有统一的答案。这个参数非常重要，因为邮件营销的全部目的就是吸引客户访问你的着陆页或网站。

3. 送达率

送达率是指到达客户收件箱（相对于进入垃圾邮件箱或是"收件人不详"的黑洞）的邮件数除以邮件发送总数得到的百分比。如何使邮件成功进入收件箱是一个相当复杂的过程。

4. 个性化

个性化是指在你发送的邮件中包含收件人的用户名、姓名、公司等个性化内容。为此，你的数据库需要捕获这些信息，你的邮件服务商需要接受和包括相应的数据字段。个性化邮件并不适用于每个行业，使用的时候要谨慎。不过，在适当的情况下，个性化可以大幅度提高邮件的转化率。

5. 列表清理／列表优化

列表清理／列表优化能使你的收件人列表保持"优质"，这非常重要。列表中无效的电子邮件地址（拼写错误、过期账户等）越多，被标记为潜在垃圾邮件的概率就越大。同时，你的数据报告也不能真实地反映出邮件发送的效果。

6. CAN-SPAM

CAN-SPAM 是美国于 2003 年通过的一部联邦法律。它规定了发送邮件时必须遵守的一系列条款，违反了这些条款，你就会被纳入垃圾邮件发送者的行列，并面临罚款的潜在处罚。

7. 许可／双重许可

收件人列表有三种："许可式"是指收件人选择加入你的列表并允许你给他们发信；"双重许可"是指收件人给了你两次许可（通常通过电子邮件中的确认链接）；除此以外所有的列表都被认为是潜在客户列表（通常通过购买和租借得到）。这三种列表中，每一种都有各自的价值。

8. 退订／反订阅

退订／反订阅是指收件人从你的收件人列表中自行退出的能力，其中有两种方式：完全退订和针对某一列表的退订。完全退订是指收件人要求退出你所有的收件人列表，不再收到由你发给这个列表的任何邮件；针对某一列表的退订是指收件人要求退出你的某一收件人列表，不再收到由你发给这个列表的任何邮件。比如说，他们不愿意收到特惠信息，但是又想收到每周新闻。

9. HTML 格式邮件／纯文本邮件

这是电子邮件的两种格式。HTML 格式的邮件可以包含色彩、表格和图片；而纯文本格式的邮件只能包含文字。事实上两种格式的邮件都需要发送，因为并不是所有邮件的客户端都支持 HTML 格式（尤其是手机端）。不过，要经过反复测试才能知道哪一种更适合你。

10. 退信数

退信数是指因"无法送达"而退还给你的邮件数。造成退信的原因有：邮件地址拼写错误、邮件收件箱已满，以及其他原因。如果你的收件人列表是通过购买、租借得到的，那么这个参数是非常重要的，因为它能告诉你，你购买的邮件地址中有多少个是无效的。

（三）电子邮件营销实用技巧

1. 设计 EDM 邮件

根据统计，文本邮件比带图邮件召回率高，预计和邮件服务器屏蔽图片有关。所使用的图片要加 Alt，并且尽量少用大图片。另外，使用 UTF8 编码可以避免乱码。

（1）邮件格式编码技巧

①页面宽度请设定在 600～800px 以内，长度在 1024px 以内。

② HTML 编码请使用 UTF8。在无法预知用户所使用的系统环境情况下，使用 UTF8 来避免乱码是非常重要的。各个邮箱的收件标准不一样，一般情况如果超出 15KB，您的邮件很有可能会进入垃圾邮件箱。

③所有的图片都要定义高和宽。同一段文字放在同一 <td> 里。如果需要邮件居中显示，请在 Table 里设定"align="center""。不可将 Word 类文件直接转换为 HTML 格式，否则会

造成编码不规范。

④不要使用外链的 CSS 样式定义文字和图片。外链的 CSS 样式在邮件里将不能被读取，所以发送出去的邮件因为没有链接到样式，将会使邮件内容样式丢失。

⑤不使用 Flash、Java、JavaScript、frames、i-frames、ActiveX 以及 DHTML，如果页面中的图片一定要是动态的，请将 Flash 文件转换成 GIF 动画使用，注意 Outlook 2007 限制 GIF 动画，转换时请选择其他版本。

⑥不要使用 <Table></Table> 以外的 body、meta 和 HTML 之类的标签，部分邮箱系统会把这些过滤掉。

⑦图片 Alt 属性：大多数邮件服务器都会屏蔽图片，然而能够让用户看到图片原本的意义是很重要的。将图片压缩处理，图片打开的时间越短，用户看到的越快，从服务器的压力来说，对于图片的压缩也是必要的。

⑧ font-family 属性不能为空，否则会被 QQ 屏蔽为垃圾邮件。

⑨绝对 URL：若是相对 URL，用户在打开页面时将看不到图片。

⑩ Table 布局与内联样式：90% 的服务对 Table 布局支持都很好，而 DIV 却无法得到很好的兼容，所以推荐使用 Table 来制作，同时 CSS 也推荐使用内联样式来进行制作。

（2）邮件文字写作技巧

① 邮件主题控制在 18 个字以内，避免使用 "——!……" 等符号，容易产生乱码。

② 邮件主题不要加入带有网站地址的信息，比如 "xxx.com 某公司祝您新年好"。如果品牌知名度比较高，主题上可加入公司的名称。

③文字内容、版面尽量简洁，突出主题，以达到更高的点击率。

④不使用类似如下敏感以及带促销类的文字：免费、优惠、特惠、特价、低价、便宜、廉价、视频、赚钱、群发、发财、致富、代开、薪水、交友、支付、商机、法宝、宝典、秘密、情报、机密、保密、绝密、神秘、秘诀等。如果一定需要，请把敏感字制作成图片。

⑤如果发送超过 20 万封，主题内容要更换；发送超过 200 万封，要考虑重新设计。

（3）图片设计技巧

①尽量使用图片，以避免文字在各个主流邮箱中的显示有所不同。例如 QQ 邮箱，如果未在代码中设置，邮件中的文字不能自动换行，Gmail 邮箱邮件内容的字体会自动放大，与原来设定的字符大小不一致。

②整页图片控制在 8 张以内，每张图片最大不能超过 15KB。

③图片地址请不要写成本地路径，例如：<img src="image/menu-5.gif" alt=""/>（这样发送出去的邮件，收件人将没法看到您的图片）。正确的写法应该是：<img src="http:// 放置图片的网络空间绝对地址 /menu-5.gif" alt=""/>。

④图片名称不能含有 ad 字符，否则图片上传后会显示成 "被过滤广告"。

⑤如果整个邮件模板只有一张图，一定要裁成 2～3 张小图，并适当保留一些文字。

（4）链接处理

①链接数量不能超过 10 个，如果所有图片的链接地址一样，请将所有的小图合并成一张大图。

②链接需要写成绝对地址，例如：<a href="http://www.seo9go.com"> 文字或图片 </a>，以确保收信人在单击链接时能够正常浏览内容。

③链接地址的长度不能超过 255 个字符，否则会导致无法追踪或链接错误。

④不要使用地图功能（map）链接图片，此功能会使邮件被多数邮箱划分为垃圾邮件。

⑤为避免用户收到的邮件图片无法浏览，需要制作一份和邮件内容一样的 Web 页面，然后在邮件顶部写一句话："如果您无法查看邮件内容，请点击这里"，链接到放有同样内容的 Web 页面。

（5）内容

邮件内容必须分区域划分如下。

①用户自己关注的内容。哪些用户在社区回复了你的留言、帖子之类的，或者分享、评论了帖子等。

②网站热卖商品或者电视节目播出商品等。

③节假日、季节类内容预告推送等。

④推送频率为每周 3 封（可以协商）。

（6）主题设计

对于很多小企业来说，因为资源有限，要使有限的资源实现最佳的优势是比较难的。邮件营销亦是如此，往往大家收到邮件，皆是邮件标题无亮点，主题混乱、不吸引人等情况。一个优秀的主题往往是收件人欣然打开邮件的关键。

① 问题类型

在邮件主题中使用问题是一个很好的方法，可以使更多的人点击链接查看邮件。而使用邮件的问题也有一定的技巧，例如：

旨在激发读者的问题："您需要买一个完美的礼物送给您的妻子／丈夫？"

旨在指出一个常见的问题："您是不是正困惑如何送一个完美的礼物给爸爸妈妈？"

旨在启发人们马上采取行动的问题："您是否想收到一个令人惊喜的节日／圣诞礼物？"

设置问题并不是直接地告诉别人你如何能帮助他，让用户自觉地被吸引到问题的内容上去，引发用户的关注。

②幽默戏剧类

人们很多时候会喜欢戏剧性的东西。而如果戏剧性的东西实际是真实的，这种策略会做得更好。

礼物戏弄法："咚咚咚，特色礼品来报到啦！"

树立一个新的内容："学习一下这个假期应该做点什么吧！"

以轻松的语调来表达："轻松休闲来××购物"

这个方式的前提是要考虑目标受众。他们是哪些人？对什么感兴趣？这个节日季节他们面临的挑战是什么？了解了这些，在邮件中嵌入戏剧性的内容，从而换种方式引导受众阅读内容。

③指令类型

设置问题不是唯一吸引用户注意的途径，有时候你要直接面对用户，让他们立即采取行动。

某些情况下，您可以利用报价做一个主题："不要再等，本周商品已优惠××%。"设置活动："××商品促销活动为您留好了位置。"

更新最新消息："本月即将来临的折扣清单。"

这样的促销主题邮件，是敢于直接面对消费者的，也更能吸引消费者去欣赏它。

④列表

邮件列表可以方便用户查看消息内容，在一定程度上更加引人注目。

列出礼物："在××元以下的礼物（主要是价钱）。"

列出活动项目，主题可多带数字："5个您参加××活动的绝佳理由。"

内容教育："10个节省假日购物时间的技巧。"

在这一方面，列表不应该太复杂化，主题的列表中不要带太多的电子邮件内容，而更应该找机会把列表的主题内容链接到网站上。

⑤公告类型

主题行不必太复杂，尤其是电子邮件的目的只是想要简单地宣布一些新的东西。

宣布新节假日时间："即将来临的××节日。"

让人们知道你参与了黑色星期五或双11："来庆祝双11购物狂欢。"

提醒人们不要错失："不要错过我们12月份的特价促销活动。"

不是每个邮件主题都会提供最新的消息，所以所展现的邮件公告主题要保存起来，以便之后参考和查找。

2. 发送 EDM 邮件

这是最简单又最困难的环节，因为关系到精心制作的 EDM 是否能准确地送到用户手中，还是白白地被扔到"垃圾邮件"文件夹中。还有，选择合适的发送时间也是一个吸引用户看 EDM 的好方法。

（1）好的邮件标题：在打开邮件前，最先入眼的就是邮件标题，标题的好坏可以决定用户是否会打开这封邮件。在定标题的时候，重点+简洁有力的文字会是个不错的选择。

（2）细分顾客：发送前，一定要做好客户定位，针对不同类型的客户发送的 EDM 要有所区别，不能不加分辨的群发。

（3）使用专用的邮箱发送邮件：邮箱要专业，假设用户看到了发件人是"tom02191@gmail.com"，绝对会降低第一印象，务必选择一个专业的邮箱。

（4）选择合适的发送时间：各大知名电子商务邮件，大部分集中在"11～13点"（京东、MasaMaso、Apple、Vand 等），和"7～9点"（新蛋、团购网站等）2个时间段，这2个时间段恰恰是用户打开电脑，或者疲倦想要休闲一下的时间，这样打开 EDM 的可能性就大大增加了。

3. 数据监测

邮件发送后，对邮件后续的数据监测也是至关重要的，我们要知道邮件的到达率、打开率、点击率等各方面的数据，从而判断这份 EDM 设计的好坏，同时可以给我们有力的参考做好下次的设计。

二、Google 搜索引擎

搜索引擎营销是近年来互联网内发展最为迅速的领域之一。互联网就好像一个巨型的图书馆，搜索引擎就在这个图书馆里存在着，并且时时刻刻都在产生大量的信息。

（一）搜索引擎工作原理及现状

之所以我们能够在百度、谷歌中很快地找到我们需要的信息，是因为在百度和谷歌这样的搜索引擎中，已经预先为我们收录了大量的信息。包括各个时间段、各种内容，都能够在搜索引擎中找到。

那么,既然搜索引擎需要预先收录这些大量的信息,那么它就必须到这个浩瀚的互联网世界抓取这些信息。据报道,全球网民已经达到十几亿的规模了,那么这十几亿网民中,每天能够产生多少信息?搜索引擎是如何把这么多的信息收录在自己的信息库中?它又如何做到以最快的速度取得这些信息的呢?

首先,了解什么是爬行器(crawler),或叫爬行蜘蛛(spider)。它的称谓很多,但指的都是同一种东西,都是描述搜索引擎派出的蜘蛛机器人在互联网上探测新信息。而各个搜索引擎对自己的爬行器都有不同的称谓:百度的叫 Baiduspider;Google 的叫 Googlebot;MSN 的叫 MSNbot;Yahoo 则称为 Slurp。这些爬行器其实是用计算机语言编制的程序,用以在互联网中不分昼夜地访问各个网站,将访问的每个网页信息以最快的速度带回自己的大本营。

要想这些爬行蜘蛛每次能够最大最多地带回信息,仅仅依靠一个爬行蜘蛛在互联网上不停地抓取网页肯定是不够的。所以,搜索引擎都会派出很多个爬行蜘蛛,让它们以浏览器上安装的搜索工具栏,或网站主从搜索引擎提交页面提交而来的网站为入口开始爬行,到达各个网页,然后通过每个网页的超级链接进入下一个页面,这样不断地继续下去。

搜索引擎并不会将整个网页的信息全部都取回来,有些网页信息量很大,搜索引擎只会取得每个网页最有价值的信息,一般如:标题、描述、关键词等。所以,只会取得一个页面的头部信息,而且也只会跟着少量的链接走。百度大概一次最多能抓走 120KB 的信息,谷歌大约能带走 100KB 左右的信息。因此,如果想让网站的大部分网页信息都被搜索引擎带走,就不要把网页设计得太长,内容太多。这样,对于搜索引擎来说,既能够快速阅读,又能够带走所有的信息。

所有蜘蛛的工作原理都是首先从网络中抓取各种信息回来,放置于数据仓库里。为什么称为数据仓库?因为此时的数据是杂乱无章、胡乱地堆放在一起的。因此,此时的信息也是不会出现在搜索结果中的,这就是为什么有些网页明明有蜘蛛来访问过,但是在网页中还不能找到搜索结果的原因。

搜索引擎将从网络中抓取回来的所有资料,通过关键字描述等相关信息分门别类进行整理、压缩后,再编辑到索引里,还有一部分抓取回来经过分析发现无效的信息则会被丢弃。只有编辑在索引下的信息,才能够在搜索结果中出现。再通过关联度由近及远地排列下来,呈现在最终用户眼前。

搜索引擎工作原理简单地说就是:搜索引擎蜘蛛发现链接→根据蜘蛛的抓取策略抓取网页→交到分析系统的手中→分析网页→建立索引库。

1. 发现链接

什么是搜索引擎蜘蛛,什么是爬虫程序?

搜索引擎蜘蛛程序,其实就是搜索引擎的一个自动应用程序,它的作用就是在互联网中浏览信息,然后把这些信息都抓取到搜索引擎的服务器上,建立索引库等。我们可以把搜索引擎蜘蛛当作一个用户,这个用户来访问我们的网站,然后再把我们网站的内容保存到自己的电脑上。首先搜索引擎的蜘蛛需要去发现链接,在发现了这个链接后会把这个网页下载下来并且存入到临时的库中,当然同时会提取这个页面所有的链接,之后循环、反复进行搜索。

2. 抓取网页

互联网上的网页,每天都在增加,蜘蛛怎么可以抓取得过来呢?所以说,蜘蛛抓取网页也是有一定规律的。

（1）深度优先

什么是深度优先？简单地说，就是搜索引擎蜘蛛在一个页面发现一个链接然后顺着这个链接爬下去，抓取该链接深度的所有信息。然后在下一个页面又发现一个链接，然后就又爬下去并且全部抓取，这就是深度优先抓取策略，如图6-125所示。

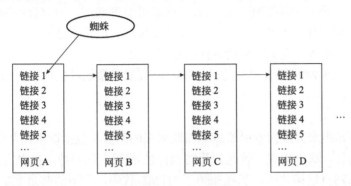

图6-125　深度抓取

图6-125就是深度优先抓取策略的示意图，假如网页A在搜索引擎中的权威度是最高的，假如D网页的权威是最低的，如果说搜索引擎蜘蛛按照深度优先的策略来抓取网页，那么就会反过来了，就是D网页的权威度变为最高，这就是深度优先。

（2）宽度优先

宽度优先比较好理解，就是搜索引擎蜘蛛先把整个页面的链接全部抓取一次，然后再抓取下一个页面的全部链接，如图6-126所示。

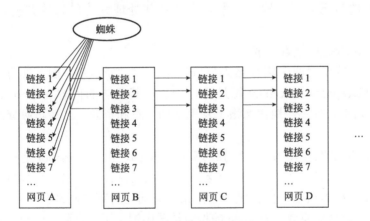

图6-126　宽度抓取

（3）权重优先

搜索引擎蜘蛛一般都是上述两种抓取策略一起用，也就是深度优先+宽度优先，并且在使用这两种策略抓取的时候，要参照这条链接的权重，如果说这条链接的权重还不错，那么就采用深度优先，如果说这条链接的权重较低，那么就采用宽度优先。

搜索引擎蜘蛛辨别链接的权重有两个因素，第一，层次的多与少；第二，这个链接的外链多少与质量。层级太多的链接是不是不会被抓取呢？这也不是绝对的，需要参考的因素还有很多。

（4）重访抓取

假设，昨天搜索引擎的蜘蛛来抓取了我们的网页，而今天我们在这个网页又加了新的内容，那么搜索引擎蜘蛛会再次来抓取新的内容，这就是重访抓取。重访抓取分为全部重访和单个重访。所谓全部重访指的是上次蜘蛛抓取的链接，然后在某个月的某一天，全部重新去访问再次抓取。单个重访一般是针对某个更新频率比较快比较稳定的页面，如果说我们有一个页面，一个月也不更新一次。那么搜索引擎蜘蛛第一天来做抓取，第二天，蜘蛛访问内容没有任何变化，那么第三天搜索引擎蜘蛛就会停止重访，之后会隔一段时间再来，比如隔一个月，或者等全部重访的时候再更新一次。

以上就是搜索引擎蜘蛛抓取网页的一些策略。搜索引擎蜘蛛把网页抓取回来后就可以开始进行数据分析。

3．数据分析

数据分析系统是用来处理搜索引擎蜘蛛抓取回来的网页，包括以下几个步骤。

（1）网页结构化。简单地说，就是把那些 HTML 代码全部删掉，提取出内容。

（2）消噪。在网页结构化中，已经删掉了 HTML 代码，剩下的都是文字信息，消噪指的就是留下网页的主题内容，删掉没用的文字内容。

（3）查重。查重比较好理解，就是搜索引擎查找重复的网页与内容，并且删除。

（4）分词。搜索引擎蜘蛛在进行了前面的步骤后，提取出正文的内容，把内容分成 N 个词语排列出来，存入索引库。同时，计算该词在这个页面出现了多少次。

（5）链接分析。搜索引擎会查询这个页面的反向链接有多少、导出链接有多少，以及内链，然后赋予该页面相应的权重。

4．建立索引库

进行了上面的步骤之后，搜索引擎就会把这些处理好的信息放到搜索引擎的索引库中。

下面重点介绍 Google 搜索引擎。

Google 搜索引擎使用两个爬行器来抓取网页内容，分别是：刷新爬行器（Freshbot）和深度爬行器（Deepbot），Deepbot 每月执行一次，其受访的内容在 Google 的主要索引中，而 Freshbot 则是昼夜不停地在网络上发现新的信息和资源，之后再频繁地进行访问和更新。

Freshbot 的结果是保存在另一个单独的数据库中的，由于 Freshbot 是不停地工作，不停地刷新访问内容，因此，被它发现或更新的网页在其执行的时候都会被重写。而且这些内容是和 Google 主要索引器一同提供搜索结果的。而之前某些网站在一开始被 Google 收录，但是没过几天这些信息就在 Google 的搜索结果中消失了，直到一两个月过去了，结果又重新出现在 Google 的主索引中。这就是由于 Freshbot 在不停地刷新内容，而 Deepbot 要每月才出击一次，所以这些在 Freshbot 里的结果还没有来得及更新到主索引中，又被新的内容代替掉了。直到 Deepbot 重新来访问这一页，进行收录，才真正进入 Google 的主索引数据库中。

（二）搜索引擎营销模式

搜索引擎营销即 SEM，是 Search Engine Marketing 的英文缩写。SEM 是一种新的网络营销形式。SEM 所做的就是全面而有效地利用搜索引擎来进行网络营销和推广。SEM 追求最高的性价比，以最小的投入，获得最大的访问量，并产生商业价值。

1. 竞价排名

顾名思义就是网站付费后才能被搜索引擎收录，付费越高者排名越靠前。竞价排名服务，是由客户为自己的网页购买关键字排名，按点击计费的一种服务。客户可以通过调整每次点击付费价格，控制自己在特定关键字搜索结果中的排名；并可以通过设定不同的关键词捕捉到不同类型的目标访问者。

国内最流行的点击付费搜索引擎有百度、雅虎和 Google。值得一提的是即使是做了 PPC（Pay Per Click，按照点击收费）付费广告和竞价排名，最好也应该对网站进行搜索引擎优化设计，并将网站登录到各大免费的搜索引擎中。

2. 购买关键词广告

即在搜索结果页面显示广告内容，实现高级定位投放，用户可以根据需要更换关键词，相当于在不同页面轮换投放广告。

3. 搜索引擎优化（SEO）

就是通过对网站优化设计，使得网站在搜索结果中靠前。搜索引擎优化（SEO）又包括网站内容优化、关键词优化、外部链接优化、内部链接优化、代码优化、图片优化、搜索引擎登录等。

（三）搜索引擎营销的目标层次原理

从搜索引擎营销的信息传递过程和实现搜索引擎营销的基本任务，可以进一步推论，在不同的发展阶段，搜索引擎营销具有不同的目标，最终的目标在于将浏览者转化为真正的顾客，从而实现销售收入的增加。图 6-127 描述了搜索引擎营销的目标层次结构，从下到上目标依次提高。

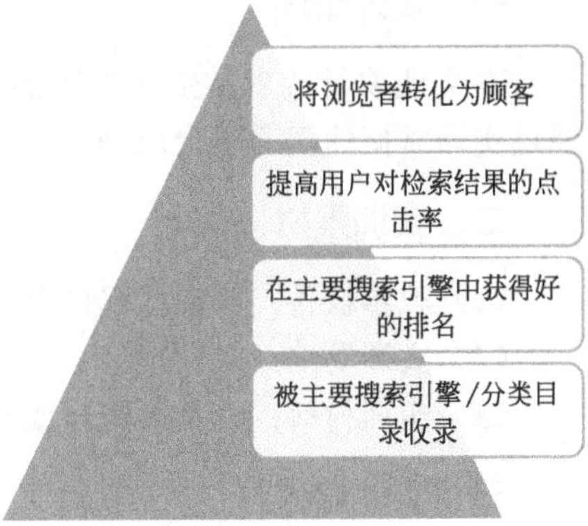

从图中可以看出，搜索引擎营销可分为四个层次，可分别简单描述为：存在层、表现层、关注层和转化层。

第一层是搜索引擎营销的存在层，其目标是在主要的搜索引擎/分类目录中获得被收录的机会，这是搜索引擎营销的基础，离开这个层次，搜索引擎营销的其他目标也就不可能实现。搜索引擎登录包括免费登录、付费登录、搜索引擎关键词广告等形式。存在层的含义就是让网站中尽可能多的网页被搜索引擎收录（而不仅仅是网站首页），也就是增加网页的搜索引擎可见性。

图 6-127 搜索引擎的目标层次

第二层的目标则是在被搜索引擎收录的基础上尽可能获得好的排名，即在搜索结果中有良好的表现，因而可称为表现层。因为用户关心的只是搜索结果中靠前的少量内容，如果利用主要的关键词检索时网站在搜索结果中的排名靠后，那么还有必要利用关键词广告、竞价广告等形式作为补充手段来实现这一目标。同样，如果在分类目录中的位置不理想，则需要同时考虑在分类目录中利用付费等方式获得排名靠前。

搜索引擎营销的第三个目标则直接表现为网站访问量指标方面，也就是通过搜索结果点击率的增加来达到提高网站访问量的目的。由于只有受到用户关注，经过用户选择后的信息才可能被点击，因此可称为关注层。从搜索引擎的实际情况来看，仅仅做到被搜索引擎收录并且在搜索结果中排名靠前是不够的，这样并不一定能增加用户的点击率，更不能保证将访问者转化为顾客。要通过搜索引擎营销实现访问量增加的目标，则需要从整体上进行网站优化设计,并充分利用关键词广告等有价值的搜索引擎营销专业服务。

搜索引擎营销的第四个目标,即通过访问量的增加转化为企业最终实现收益的提高,可称为转化层。转化层是前面三个目标层次的进一步提升,是各种搜索引擎方法所实现效果的集中体现,但并不是搜索引擎营销的直接效果。从各种搜索引擎策略到产生收益,期间的中间效果表现为网站访问量的增加,网站的收益是由访问量转化所形成的,从访问量转化为收益则是由网站的功能、服务、产品等多种因素共同作用而决定的。因此,第四个目标在搜索引擎营销中属于战略层次的目标。其他三个层次的目标则属于策略范畴,具有可操作性和可控制性的特征,实现这些基本目标是搜索引擎营销的主要任务。

相关研究表明,目前 Google、yahoo、Ask Jeeves、MSN 等主流搜索引擎可检索全球互联网 85% 的"可见网页"(大约 91 亿个网页),但仍然有大约 5000 亿个网页,由于被隐藏于数据库或受密码阻止等原因不被搜索引擎索引,成为海量的"不可见网页"。搜索引擎营销的核心思想告诉我们:搜索引擎营销是基于网页文字内容的营销方式,其前提是网页内容可以被搜索引擎检索,成为搜索引擎的可见网页,这是搜索营销策略中至关重要的一点。

【本项目实训】

一、实训概述

本实训项目要求学生作为店铺运营者进行店铺自主营销和邮件营销,目的在于让学生通过实训掌握速卖通平台店铺营销操作,掌握自主营销和邮件营销技巧。

二、实训素材

(1)教学设备:实训计算机若干。
(2)实训场地:实训室。
(3)实训材料:速卖通账号或相关实训软件。

三、实训内容

任务一 店铺活动创建

自主用速卖通账号/实训软件进行活动创建。

(一)限时限量折扣

操作事项:
(1)在生成活动前,要求自主操作建好产品组别,做好活动前准备;
(2)在后台创建限时限量折扣活动,命名活动名称,设置活动开始时间和结束时间;
(3)设置折扣数量,完成限时限量折扣设置。

(二)全店铺打折

操作事项:
(1)设置营销分组,对每个产品的利润度进行核算;
(2)进行不同分组内产品管理,调整分组内产品;
(3)创建全店铺打折活动,设置活动名称、活动开始时间、活动结束时间以及活动商品及促销规则。

任务二 邮件营销

依照平台规则,对已经分组的客户进行邮件营销。

操作事项：
（1）邮件内容能够体现任务一创建的店铺自主营销活动；
（2）根据客户的购买习惯和购买记录，在邮件里插入相应的产品链接；
（3）无拼写和语法错误。

任务三　平台活动
根据近期平台活动举行时间，进行活动申报。
操作事项：
（1）要求申报主题类活动；
（2）仔细阅读活动参与要求；
（3）选取三款该主题类产品申报；
（4）时间设置从活动生效日至结束日，不可提前结束。

任务四　直通车推广
自主用速卖通账号/实训软件进行活动创建直通车推广。
操作事项：
（1）建立直通车重点推广计划；
（2）依照关键词工具"自上而下法"增加推荐词；
（3）按照初期亏损比例控制法调整出价。

任务五　社交媒体营销
安装翻墙插件，完成 Facebook 社交营销。
操作事项：
（1）申请 Facebook 账号；
（2）创建企业 page；
（3）发帖，店铺主打产品推广，嵌入链接。

项目七

数据分析

伴随着大数据产品时代的到来，数据即资产，如何盘活数据资产，是企业运营的核心议题。数据分析给不同的商家带来了不同的内容，例如行业分析、选品开发、店铺监控、商品分析、蓝品开发、打造爆款、店铺优化等。对于跨境电商店铺来说，利用数据分析，分析行业、买家行为及需求对于提高店铺产品销量，显得尤为重要。数据分析有利于优化店铺多项指标，同时对店铺的流量以及转化都有所帮助。但数据分析对于许多新手商家来说都相当困难，要想了解数据对店铺的影响，需要认真研习。

【学习目标】

知识目标

（1）了解数据分析常用公式和名词；

（2）熟悉数据分析中的常用指标；

（3）了解行业数据分析主要内容；

（4）了解店铺经营分析要点；

（5）了解店铺流量主要来源；

（6）了解影响商品转化率的因素。

能力目标

（1）掌握行业数据分析过程；

（2）掌握店铺经营分析的实施步骤；

（3）能够根据数据分析结果提出优化策略；

（4）能够借助速卖通后台"数据纵横"进行店铺数据分析；

（5）掌握几个站外市场行情分析工具；

（6）掌握提高商品转化率的方法。

【任务概述】

数据分析是指运用了适当的统计方法对收集来的海量第一手资料进行分析，以求最大化地开发数据资料的功能，发挥数据的作用，并提取有用的信息，形成正确结论。数据分析能将整个店铺的运营建立在科学分析的基础上，通过各种指标定性定量地分析，为决策提供最准确的参考。

Sunshine 是一家起步不久的速卖通平台女装店铺，定位于潮流服饰，主营女装以及配件。由于店铺自开设以来销量一直处于低迷状态，店铺运营人员欲以速卖通平台自身提供的"数据纵横"为分析的基础开展数据分析，找出店铺面临的问题，并进一步做针对性优化，以求改变店铺运营现状。

【任务分解】

以速卖通平台为例，卖家后台提供了"数据纵横"工具，其中有庞大的行业数据和卖家自己店铺的所有数据，可运用图表直观分析，也可用 Excel 的公式及数据透视表功能进行统计运算，最后快速得到答案，为店铺的成长提供动力。

速卖通数据分析分为两大部分：行业数据分析和网店经营分析。第一部分根据不同指标对所在行业具体数据进行分析，确定产品及店铺的发展方向；第二部分通过网店成交分析、网店流量来源分析、网店商品分析、网店营销分析来确定网店整体经营情况，根据分析结果对网店和产品开展优化以及营销活动，为店铺的成长提供动力。

任务一　行业数据分析

通过"数据纵横"工具中的行业情报对店铺所在行业进行分析，从行业概况、蓝海行业、搜索词分析及选品专家 4 个方面出发，查看行业对比数据、行业趋势、行业国家分布，进一步寻找蓝海行业，并结合搜索词分析优化产品标题、产品属性，进行蓝海产品和长尾产品的开发，以下将以女装类产品为例，进行行业数据的具体分析。

一、获知行业概况

（一）行业对比

行业对比指跟相关行业进行数据趋势对比，可以分别从访客数占比、成交额占比、在售商品数占比、浏览量占比、成交订单数占比和供需指数等方面进行对比分析。通过分析结果，可以看出随着季节的变化，平台发展品类的方向在变化，从而可以加强对某个行业的投入或避开一些竞争过于激烈的红海市场。

1. 行业访客占比与上一级行业对比分析

以连衣裙为例进行分析，进入行业概况页面，选择行业为服装/服饰配饰＞女装＞连衣裙。如图 7-1 所示，该行业最近 90 天的流量数据、成交转化数据都处于下滑状态，而供需指数上涨 0.57%。从行业趋势图中的访客数占比数据波动可以看出，该行业的访客量随着季节的变化一直在下降，所以应该根据季节来调整店铺内商品，迎合访客购买需求。而在一周内的数据中访客数最低往往在周六、周日两天，因此店铺在周末可以做一些促销活动进行引流。

2. 同级行业对比分析

通过同级行业对比分析，可以获得访客数、成交额、客单价、供需指数这些指数，从而了解当下竞争小的行业，店铺可以选择供需指数小、竞争小的行业作为突破口进行选品，并对店铺内的产品进行调整。

选择三个同级行业进行对比分析，如图 7-2 所示是服装/服饰配件＞女装、珠宝饰品及配件＞流行饰品、箱包＞手提/单肩/斜挎包三个行业在 2016 年 6 月中旬到 2016 年 9 月中旬的访客数占比数据对比情况。

如图 7-3 所示是服装/服饰配件＞女装、珠宝饰品及配件＞流行饰品、箱包＞手提/单肩/斜挎包三个行业在 2016 年 6 月中旬到 2016 年 9 月中旬的支付金额占比数据对比情况。

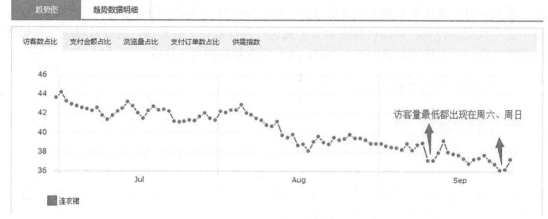

图 7-1 连衣裙行业概况

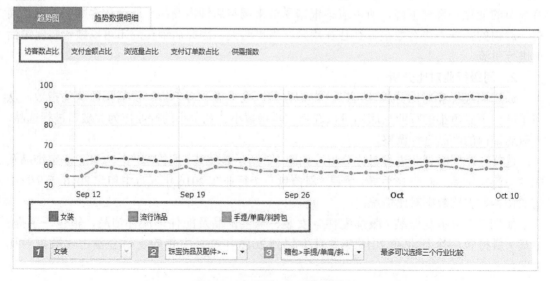

图 7-2 访客数占比数据对比图

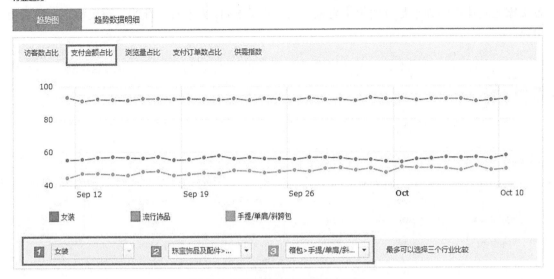

图 7-3 支付金额占比数据对比图

如图 7-4 所示是服装 / 服饰配件＞女装、珠宝饰品及配件＞流行饰品、箱包＞手提 / 单肩 / 斜挎包三个行业在 2016 年 6 月中旬到 2016 年 9 月中旬的供需指数对比情况。

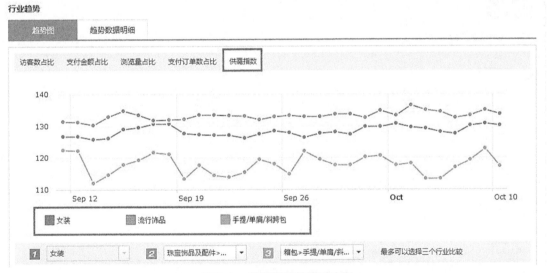

图 7-4 供需指数数据对比图

由三个同级行业对比分析，女装行业的访客数占比、支付金额数占比、供需指数都处在中间水平，还有很大的发展空间。结合行业背景，在速卖通平台不断调整代销产品规模下，服装行业竞争度在不断下降，在整体行业流量不断上升的前提下，减少了"僵尸产品"的数量，这对服装行业来说是利好政策。行业整体的供需指数下降了，当然这并没有改变服装行业的红海属性，要想在服装行业做出成绩也将面对巨大的竞争压力。

行业供需指数并不能作为竞争是否激烈的唯一标准，还应根据具体行业做具体的分析。如图 7-5 所示为电子元器件＞电子器件 / 有源元件行业概况，图中显示其供需指数高达

233.6%。由于电子元器件是长尾产品线,海量的SKU(库存量单位)是此行业的基本情况,各卖家之间比拼的并不是谁的价格更低,而是谁的SKU更丰富,谁的货源更稳定,质量更可靠。

图7-5 电子元器件＞电子器件/有源元件行业概况

3. 行业细分类分析

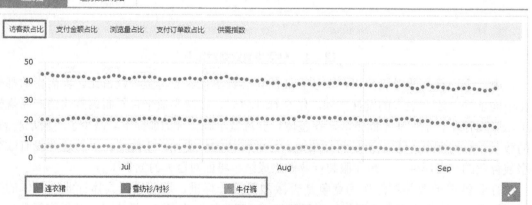

图7-6 行业细分类访客数对比图

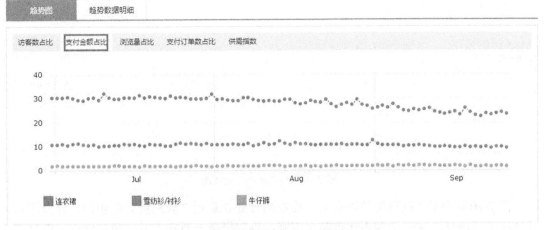

图 7-7　行业细分类支付金额占比对比图

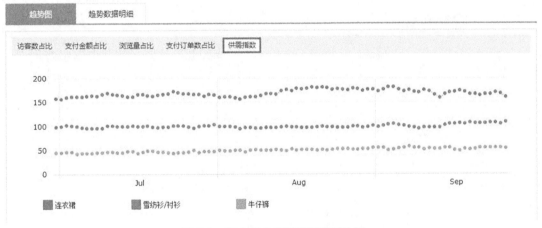

图 7-8　行业细分类供需指数对比图

　　分析了同级行业后，接下来对女装行业下的细分类进行分析，选择的三个产品类目是：连衣裙、雪纺衫/衬衫、牛仔裤，通过访客数占比、支付金额占比、供需指数占比三个维度进行行业趋势分析，结果分别如图 7-6～图 7-8 所示，由以上三张对比图的数据可以看出：女装连衣裙的访客数、供需指数、支付金额占比都比牛仔裤和雪纺衫/衬衫的要高，同时面临着高的访客数和巨大的竞争压力，因此，如果是女装新店开业为了避开竞争，可以选择牛仔裤或者雪纺衫作为突破口；店铺销售额发展需要突破瓶颈的时候，选择成交额占比高的女装连衣裙为好；而当店铺各项数据都遇到瓶颈的时候，选择访客数多的女装连衣裙为佳。

（二）行业趋势分析

　　在锁定了女装连衣裙后，接下来要进行连衣裙的行业趋势分析。首先选择行业，查看该行业最近 7 天、30 天或 90 天的流量，以及成交转化和市场规模数据，了解市场行情变化情况。如图 7-9 所示是服装/服饰配件＞女装＞连衣裙行业在最近 90 天环比上周数据变化情况。

	流量分析		成交转化分析		市场规模分析
	访客数占比	浏览量占比	支付金额占比	支付订单数占比	供需指数
最近90天均值	41.38%	29.57%	29.15%	22.27%	166.62%
环比周涨幅	↓ -0.86%	↓ -1.79%	↓ -0.99%	↓ -0.71%	↑ 0.63%

图 7-9　连衣裙的行业概况

图 7-10 是服装/服饰配件＞女装＞连衣裙行业在最近 7 天趋势数据明细，此分类访客数占比不断降低，支付金额占比也随之下降，供需指数一直在上升。简单地说，就是连衣裙买家的增速没有卖家的增速快，导致竞争越来越激烈。店铺应适当调整女装产品的品类，合理分配连衣裙的占比，增加一些竞争压力较小的蓝海产品。

	流量分析		成交转化分析		市场规模分析
	访客数占比	浏览量占比	支付金额占比	支付订单占比	供需指数
2016-09-30	36.39%	25.06%	22.59%	18.02%	166.18%
2016-10-01	36.37%	24.43%	22.85%	17.83%	170.39%
2016-10-02	36.01%	24.23%	23.63%	18.52%	172.44%
2016-10-03	36.63%	25.33%	23.64%	18.08%	165.58%
2016-10-04	36.78%	25.1%	21.42%	17.04%	164.91%
2016-10-05	36.42%	24.66%	21.72%	17.35%	166.63%
2016-10-06	36.32%	24.73%	22.17%	17.67%	166.6%

图 7-10　趋势数据明细

（三）行业国家分布

通过查看行业国家分布图可以看出连衣裙行业在不同国家支付金额和访客数两个数值的占比，分别选择支付金额、访客数，分析连衣裙类的买家地域分布，可以看出两种维度下的行业国家分布数据前三位的都是：RU（俄罗斯）、US（美国）、BR（巴西）。根据行业国家分布的结果，可以确定连衣裙的主要需求国家为俄罗斯、美国、巴西，接下来店铺应面向目标国家做针对性营销。

二、寻找蓝海行业

为了店铺有充分的空间和时间去发展团队，并且把店铺做精做强立于不败之地，需要寻找女装类的蓝海产品。蓝海指的是未知的有待开拓的市场空间，蓝海行业指那些竞争尚不大，但又充满买家需求的行业，蓝海行业充满新的商机和机会。在对不同行业进行对比后，寻找蓝海行业是每一个卖家心中的期盼。

如图7-11所示，速卖通平台推荐了12个一级蓝海行业。蓝海行业和红海行业只是相对而言的，随着时间的推移，新进入的竞争者多了，流量爆发期过后也会出现价格搏杀的局面。

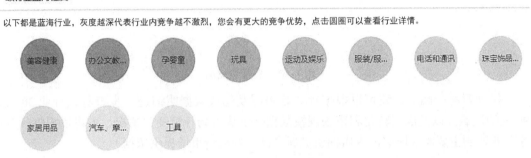

图7-11 一级行业蓝海程度

如何在速卖通平台上生存，如何在一片红海中寻找到蓝色的希望，卖家需要不断观察数据的趋势，迎接挑战，拥抱变化。

女装整体行业在线产品非常多，但是部分子分类的供需指数依然很低，仍然没有足够的在售产品。如图7-12所示，女装叶子行业的第一行是袜子分类下的袜垫，其供需指数是10.2%，供需指数较低，表明该产品的需求量远远大于了供应量，是女装行业中可以添加的蓝海产品。

蓝海行业细分

服装/服饰配件>女装 ▼	您可以通过筛选，查找特定行业下的蓝海行业		
叶子行业名称		供需指数	操作
女装 > 袜子 > 袜垫		10.2%	查看行业详情
女装 > 泳衣/沙滩服 > 沙滩裙/沙滩上衣/披纱		124.54%	查看行业详情
女装 > 泳衣/沙滩服 > 连体泳衣		129.75%	查看行业详情
女装 > 贴身衣物 > 女士内裤		113.12%	查看行业详情
女装 > 贴身衣物 > 内衣配件（乳贴/乳垫/肩带等）		96.34%	查看行业详情
女装 > 袜子 > 长筒袜		88.15%	查看行业详情
女装 > 袜子 > 连裤袜		92.28%	查看行业详情
女装 > 贴身衣物 > 文胸套装		70.78%	查看行业详情
女装 > 贴身衣物 > 文胸(不要发布哺乳/情趣文胸)		92.77%	查看行业详情
女装 > 上衣,T恤 > Polo衫		17.79%	查看行业详情

图7-12 蓝海行业细分

如图7-13所示，点开"袜垫"的"查看行业详情"操作，进入"袜垫"的行业概览页面，通过查看环比周涨幅的数据，可以发现最近一周内"袜垫"的访客数占比、浏览量占比、支付金额占比、支付订单数占比都呈上涨趋势，供需指数依然保持比较低的水平。根据这些数据可以判断"袜垫"在近期是蓝海产品。

行业数据

	流量分析		成交转化分析		市场规模分析
	访客数占比	浏览量占比	支付金额占比	支付订单数占比	供需指数
最近7天均值	1.95%	0.72%	0.38%	0.5%	9.84%
环比周涨幅	↑ 14.04%	↑ 9.09%	↑ 40.74%	↑ 21.95%	↓ -10.22%

图 7-13　行业数据图

找到蓝海产品后，还可以根据行业趋势图及趋势数据明细进一步查看该行业 30 天或 90 天的流量，以及成交转化和市场规模数据，了解市场行情变化情况，并可以根据行业国家分布找到主要需求国家，为店铺引进新产品、开拓新市场提供依据。

三、搜索词分析

速卖通平台的完整热搜词数据库是制作产品标题的利器。标题是系统作排序时对于关键词进行匹配的重要内容，专业的标题能提升卖家的可信度。在选择关键词的时候，需注意该关键词是否为品牌原词，品牌商品必须拿到授权才能销售，发布属于禁限售的商品会被处罚。

利用速卖通平台提供的搜索词分析功能，可以对店铺内产品关键词进行选择优化。搜索词分析页面提供了热搜、飙升、零少关键词的直观表单展示，表格中的效果字段可以排序，例如搜索"dress"，按搜索指数降序排列可以找"dress"前几位的搜索热词。

（一）热搜词——优化标题

热搜词是指近段时间买家搜索指数高的词。

如图 7-14 所示，选择"服装 / 服饰配件"行业，以全球为维度，选择最近 30 天的数

图 7-14　热搜词分析

据,搜索关键词"dress",以浏览-支付转化率降序排列可以看到排在第一名的是"woman dress",是支付转化率最高的,同时搜索人气、搜索指数都比较高,竞争指数达到了234。而排在第二位的"dashiki dress"和"slip dress"同样有较高的浏览-支付转化率及点击率,竞争指数却偏低很多,在做此类产品的标题的时候应注意加入前缀描述词,优化标题,增加搜索概率,同时可以选择竞争指数较低的产品为店铺新增产品。

如图7-15所示,以"dashiki dress"为例,进入速卖通买家平台点击搜索"dashiki dress"进行验证,出现了5 250个搜索结果,说明有5 250个产品把这个关键词加入到标题中,按销量排列的第一个产品的订单量1 438个,订单量也相对较大。而搜索大类"dress"时出现了1 415 627个搜索结果,如图7-16所示。在售卖dashiki dress的时候应该把"dashiki"关键词加入,优化产品标题,从而增加产品搜索概率。

图7-15　dashiki dress的搜索结果数

图 7-16 dress 的搜索结果数

可以同时下载最近 30 天的热搜词表格进行订单指数分析，通过筛选去掉转化率为 0 的数据，接着加入一列"订单指数"，将其公式设为"＝搜索指数 × 点击率 × 浏览支付转化率"就可以得到订单指数的具体数值，然后将订单指数降序排序，结果如图 7-17 所示。引流款产品最需要大的订单量，所以可以以订单指数为准，选择高的搜索词相关产品作为引流款。

NO.	搜索词	是否品牌原词	搜索人气	搜索指数	点击率	浏览-支付转化率	竞争指数	TOP3热搜国家	订单指数
1	dress	N	64,762	331,232	42.80%	0.35%	83.00	US,CZ,BR	496.1855
2	платье	N	53,827	445,263	42.02%	0.16%	61.00	RU,UA,BY	299.3592
3	vestidos	N	42,146	261,956	33.23%	0.29%	55.00	BR,CL,ES	252.4391
4	autumn dress	N	29,624	160,859	44.88%	0.25%	83.00	US,CZ,LT	180.4838
5	winter dress	N	10,292	67,879	53.08%	0.33%	125.00	US,LT,CZ	118.8996
6	summer dress	N	8,392	44,564	38.03%	0.66%	113.00	NZ,US,AU	111.8547
7	платья	N	23,572	197,964	36.89%	0.13%	68.00	RU,UA,BY	94.9376
8	office dress	N	9,366	48,952	46.80%	0.41%	65.00	FR,BE,CA	93.9291
9	maxi dress	N	10,720	64,695	48.42%	0.29%	120.00	US,NL,GB	90.84343
10	dress women	N	8,270	49,189	47.25%	0.38%	146.00	US,CZ,SK	88.31885
11	women dress	N	8,086	54,710	41.51%	0.37%	157.00	US,HU,IL	84.02745
12	платье осень	N	10,123	81,855	48.45%	0.20%	63.00	RU,UA,BY	79.3175
13	beach dress	N	1,553	11,448	57.44%	1.19%	175.00	CA,US,IL	78.2512
14	woman dress	N	979	8,682	46.64%	1.92%	225.00	CZ,HU,SK	77.74627
15	lace dress	N	5,701	37,950	56.65%	0.30%	143.00	US,CA,BR	64.49603
16	dresses	N	13,433	65,097	46.48%	0.21%	106.00	US,CZ,IN	63.53988
17	vestidos de play	N	1,673	10,008	38.17%	1.63%	107.00	CL,AR,PE	62.26687
18	платье женское	N	7,262	73,003	39.47%	0.21%	113.00	RU,UA,BY	60.51
19	sexy dress	N	8,755	36,431	48.24%	0.32%	87.00	US,NL,CA	56.23781
20	платье зима	N	6,896	57,106	56.71%	0.17%	59.00	RU,UA,BY	55.05418
21	vintage dress	N	4,087	24,645	47.18%	0.47%	146.00	US,NL,IL	54.6493
22	платья женски	N	10,418	97,561	38.71%	0.14%	82.00	RU,UA,BY	52.87221
23	boho dress	N	1,906	11,934	50.89%	0.80%	156.00	US,AU,NL	48.5857
24	vestido	N	20,295	99,157	34.37%	0.14%	41.00	BR,CL,ES	47.71237
25	velvet dress	N	3,337	16,947	57.55%	0.47%	94.00	US,TR,RU	45.83909
26	שמלות	N	965	7,663	53.72%	1.09%	112.00	IL,FR,US	44.87054
27	bandage dress	N	6,523	40,967	63.25%	0.17%	128.00	US,GB,CA	44.04977
28	long sleeve dres	N	2,170	14,147	51.52%	0.59%	157.00	US,CA,GB	43.00235
29	party dresses	N	6,618	34,270	51.00%	0.22%	115.00	US,CA,GB	38.45094
30	sequin dress	N	1,906	12,210	66.95%	0.47%	132.00	US,GB,LT	38.4206
31	linen dress	N	636	7,999	61.94%	0.76%	305.00	GB,US,RO	37.65481
32	winter dresses	N	2,046	15,725	48.57%	0.48%	185.00	US,HU,GR	36.66064
33	черное платье	N	2,366	19,699	42.50%	0.43%	110.00	RU,UA,BY	35.99992
34	plus size	N	8,544	49,197	40.14%	0.18%	87.00	BR,US,CA	35.54582
35	long dress	N	6,729	38,962	49.24%	0.17%	139.00	US,CZ,SK	32.61431
36	bodycon dress	N	5,226	26,552	51.45%	0.23%	104.00	US,GB,NL	31.42031

图 7-17 订单指数排序表

（二）飙升词——优化产品属性

飙升词是指搜索指数同比上一个时间段累计搜索指数的增长幅度。

在销售过程中，系统热搜词在卖家的产品中也有"水土不服"的现象，这是关键词严重同质化造成的，所有卖家都想用最热的关键词，例如"NEW 2016"，但是关键词竞争度高了，被搜索到的概率反而小了，这时候应该更多地运用飙升词库提供的数据来优化标题。如图7-18所示，选择搜索指数飙升幅度较高，而曝光商品数增长幅度、曝光卖家数增幅较低的搜索词来优化产品属性描述。

图7-18　飙升词分析页面

（三）零少词——蓝海开发

零少词是指具备一定相关搜索热度，但供应商发布产品较少，通常该词对应的精确匹配产品数量不超过1页，并且在同行业中竞争度较低的关键词。通过零少词的查询可以进行行业的蓝海开发。查询连衣裙行业下的零少词，如图7-19所示，选择行业"服装/服饰配件＞女装＞连衣裙"，零少词搜索结果为"ali pearl"。

图7-19　零少词分析页面

在速卖通买家平台连衣裙类目下搜索"ali pearl"，如图7-20所示，仅出现了一个搜索结果，即为一款珍珠肩带黑色连衣裙，因此店铺可以根据店铺自身情况考虑添加带珍珠元素的连衣裙为店铺新增产品。

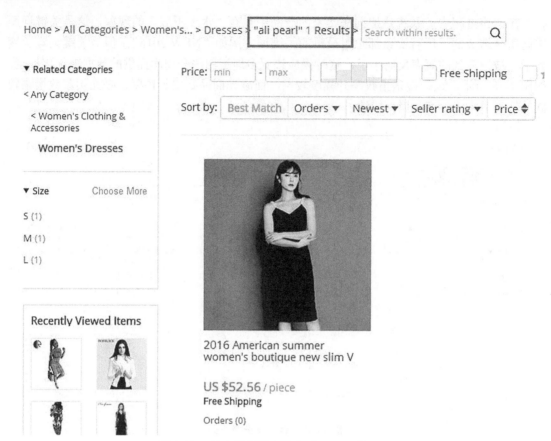

图 7-20 连衣裙类目下搜索 "ali pearl" 页面

四、选品专家

选品专家指标说明如下。

成交指数：指在所选行业、所选时间范围内，累计成交订单数经过数据处理后得到的对应指数。成交指数不等于成交量，指数越大，成交量越大。

购买率排名：指在所选行业、所选时间范围内购买率的排名。

竞争指数：指在所选行业、所选时间范围内，产品词对应的竞争指数。指数越大，竞争越激烈。

1. 爆款选品要素

要素一：挑选的产品要有热度。若产品全部是过季的或长尾产品，就很难保证店铺销量的稳定持续增长。冬天卖泳衣明显热度不够，虽然有南半球的客户会购买，但想成为店铺的爆款则有难度。

要素二：产品具有差异化。简单地抄袭爆款不会成功，同样的产品，别的卖家的销量已经很高了，你无法保证用一个新的产品能超越竞争对手。通过数据分析，精炼出热卖产品的关键点，做出差异化的产品才是成功的必由之路。

要素三：产品购买转化率高。高点击率、低转化率的产品不能给店铺带来实际成交量。想要产品的转化率高，就不能做"大路货"。

要素四：产品关联性强。一家主营连衣裙的女装店铺，打造雪纺衫为爆款引流产品是明智的选择。

2. 爆款开发案例

如图 7-21 所示,从 "TOP 热销产品词" 页面中可以查看行业下全球最近一天热销的品类,其中圆圈越大,表示产品的销量越高。

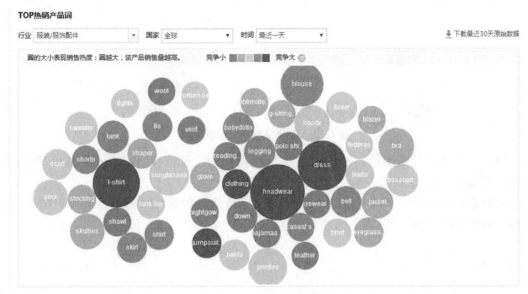

图 7-21 "TOP 热销产品词"页面

只看图 7-21 不容易发现心仪的产品,单击右上角的"下载原始数据"按钮,可以获得 "Hot-Sale" 热销词表,如图 7-22 所示。

商品关键词	成交指数	浏览-支付转化率排名	竞争指数
jeans	115920	39	0.9
dress	91440	18	2.44
clothing	87598	47	1.69
t-shirt	67696	23	1.73
stocking	53096	6	0.74
tights	49185	4	0.81
blouse	37427	13	1.34
brief	36513	27	0.79
shawl	34170	37	0.47
intimate accessory	33481	8	0.61
sunglasses	26216	9	0.8
tank top	21093	33	0.86
pajamas set	21047	41	0.48
nightgown	19691	35	0.52
panties	18855	2	0.87
shorts	18717	36	0.95

图 7-22 "Hot-Sale"热销词表

dress: 成交指数很高,购买率排名也比较高,但是竞争度偏高。

t-shirt: 购买率偏低,竞争度偏高。

blouse: 基本符合三大要素。

brief 以下产品: 成交指数不高。

如图 7-23 所示为买家同时浏览、点击、购买的商品。连线越粗，产品与产品之间的关联越强，即买家同时浏览、点击、购买的人数越多。圆圈越大，表示产品的销量越高。

图 7-23　TOP 关联产品分析页面

最后一个要素是关联性，通过 TOP 关联产品分析，可以看出 blouse 与 dress 和 t-shirt 的关联销售比 sweater 强。

做好选品分析后，基本选定了 blouse 品类。精确寻找 blouse 的热点属性就需要用到"TOP 热销属性"功能，如图 7-24 所示。

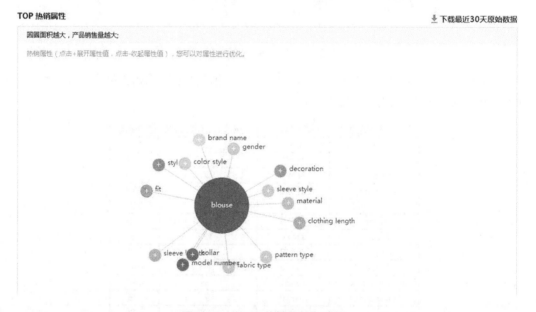

图 7-24　"TOP 热销属性"功能

另外，也可以下载原始数据，获得热销属性一览表。

下面总结热销 blouse 具备的基本属性。

面料：chiffon，雪纺。

领型：o-neck，圆领。

修饰：button，纽扣；lace，蕾丝；appliques，亮片；ruffles，荷叶边褶皱。

图案：solid，纯色。

把这些有效素材排列组合起来，根据"热销属性组合"功能，就能最终获得产品，如图 7-25 所示。

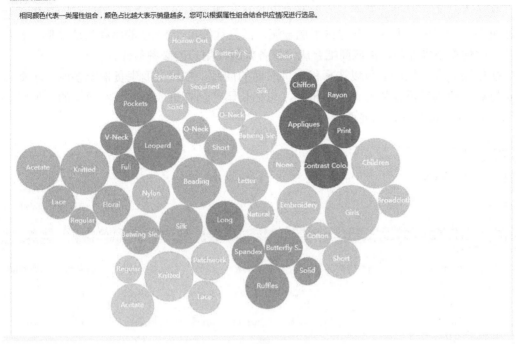

图 7-25 "热销属性组合"功能页面

还可以点击圆圈，查看属性组合详情。例如，点击 Batwing Sleeve 圆圈，弹出如图 7-26 所示的热销属性组合详情框。选取重要的商品特征：亮片和雪纺，可以直接搜索出有相应属性的在售产品。

图 7-26 "热销属性组合"详情页面

3. 长尾开发

长尾产品是相对于爆款而言的具有品类深度的产品，一家成熟的店铺不能只靠两三个爆款，关联产品的销售可以带来更高的利润。传统的二八法则认为，20%的品种带来了80%的销量，但是还要关注蓝色的"长尾巴"，这部分可以积少成多，80%的产品能创造超过一半的利润。

长尾产品的开发可放宽产品开发的条条框框，更需要供应商配合。SKU 数量庞大的产品备货多了会产生巨大的库存并占用现金流，而且往往单个 SKU 的库存量还很低，补货及发货及时性得不到保障，供应商配合成为服务好最终用户的必备条件。

所以要开发长尾产品可以选择优质供应商的商品，按供应商现货情况备库。不能按照打造爆款思路为其添加飙升词和热搜词，想把长尾产品打造成爆款是不现实的。如图 7-27 所示为 dress 产品的热搜词界面。

图 7-27 dress 产品的热搜词界面

任务二 网店经营分析

网店经营分析主要是通过成交、店铺流量来源、装修效果、商品和营销助手这 5 个方面对店铺的经营状况进行详细的分析，引导卖家全面了解店铺，掌握网店经营的方法，从而提高网店的品质。

一、成交分析

可以通过"经营分析"——"成交分析"工具来查看店铺的整体数据，包括商铺排名、成交概况、成交分布、成交核心指标分析和成交波动分析。这些数据是对店铺成交情况的全面分析，能帮助卖家更清晰地了解目前店铺的整体经营状况。建议卖家经常关注这些数据，将自身经营状况跟同行进行对比，知己知彼方能百战不殆。

1. 店铺排名

这部分数据呈现了店铺在近 30 天内跟同行业同层级的其他卖家的总成交额对比算出的分层排名情况，清晰地反映了当前店铺的排名情况。如图 7-28 所示。

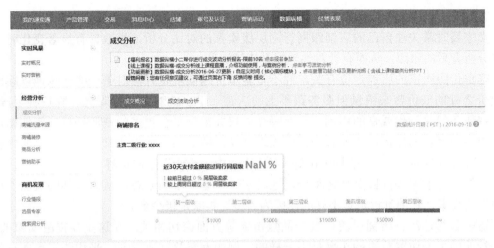

图 7-28　商铺排名

2. 成交概况

这部分数据呈现了全店、APP 以及非 APP 成交的核心数据，三部分分开统计，可以分 1 天、7 天、30 天和自然日、周、月进行统计，如图 7-29 所示。

图 7-29　成交概况

图 7-29 里面的数据用一个很简单的公式解释了一个非常重要的道理：即影响店铺成交额的三大因素就是访客数（进店流量）、浏览－支付转化率（转化率）及客单价：

$$支付金额＝访客数 × 浏览－支付转化率 × 客单价$$

访客数（UV，即 unique visitor）：指的是统计时间段内访问店铺页面或宝贝详情页的人数，为 PC 端（电脑端）访客数和 APP 端访客数之和。同时访客数会进行去重计算，例如一个买家在统计时间范围内访问店铺多次则只记为一个访客数。

浏览－支付转化率：等于下单买家数/商品页访客数。

客单价：指店铺每一个顾客平均购买商品的金额，也即是平均交易金额。

卖家要时常关注自己的店铺跟同行同层级卖家的对比分析，当数据有显著变化时，要及时分析背后的原因，从而有针对性地提升店铺运营。

客单价跟卖家的店铺定位有关，并不是客单价越低就越好，对于一些一味地以超出合理定价之外的低价带来销量但服务跟不上的店铺，平台会对之进行曝光、降权甚至屏蔽。而一些服务等级为优或良的店铺，会有曝光加权并得到平台更多的资源扶持，例如橱窗奖励。很多小而美的店铺，即使做的是中高端产品，销量跟排名也非常不错。速卖通平台致力于实现"好货通全球"，扶持中国好卖家，将"中国质造"推向世界。

当然，对于那些盲目提高客单价，抱着宰一单是一单的心态，认为国外的买家"钱多人傻"的卖家，其销量肯定是不好的，因为"傻"买家是极少数。

访客数与选品、店铺引流以及产品点击率等方面密切相关。在这里需提醒卖家的是，不同行业的平均访客数跟购买率是不一样的，例如女装等红海行业，平均购买率本身就比较低，而竞争度低的蓝海行业转化率就高一些。建议卖家通过"同行同层级均值对比"以及"同行下层均值对比"两个维度来对比分析自身店铺与同行之间的差距，并设定合理的追赶目标。

3. 成交分布

这里展示了店铺主要买家来源情况，给卖家的特色化运营提供参考。图 7-30 所示的是店铺最近 7 天的 GMV（成交金额）分析，从中可以看出这个店铺目前主要的买家来源，包括国家、平台、行业、商品、价格带、新老买家和 90 天回头购买。

图 7-30　店铺最近 7 天的 GMV 分析

全店铺 GMV: 指的是全店铺的成交金额（不包含退款金额）。

4. 成交核心指标分析

如图 7-31 是店铺的成交核心指标界面，也是从全店铺、APP 和非 APP 三个维度来进行分析，主要分析搜索曝光量、店铺浏览量、店铺访客数和浏览 - 下单转化率 4 大块的详细数据，明确了店铺的提升点。同样，这些数据可以分 1 天、7 天、30 天、自定义日 / 周 / 月，按全球 / 国家（目前支持店铺成交排名前五的国家）统计，从"上期同比""同行同层级均值对比"以及"同行下层均值对比"三个维度来对比分析数据。选好筛选范围后，也可以单击表格右上角的"下载"按钮导出 Excel 表格，方便卖家分析数据。

项目七　数据分析　239

图 7-31　店铺成交核心指标界面

5. 成交波动分析

成交波动分析，多维度、多视角分析成交波动原因。可通过成交概况的数据解读，进行单维度波动原因分析，如：某个国家影响了波动上涨 90%，可查看该国家哪些商品成交上涨。也可通过成交公式分析波动原因，如：某个国家影响了波动上涨 90%，可查看是流量上涨——做了营销或引流，还是客单上涨——大金额订单，或是转化率上涨——做了营销或老买家回头。如图 7-32 所示。

图 7-32　成交波动分析界面

二、店铺流量来源分析

要进行店铺流量来源分析，可以查看店铺内流量构成，分析不同渠道的流量占比和走势，从而了解和优化店铺流量来源，提升店铺流量，如表 7-1 所示是店铺主要来源表。

表 7-1　店铺主要来源表

来源	渠道	详细说明	特别说明
站内	站内搜索	通过搜索框搜索后点击本店铺产品	仅限英语主站来源
	类目浏览	浏览类目页面后点击店铺产品	仅限英语主站来源
	活动	报名参加的平台活动，非报名的活动，Fashion 频道	—
	直通车	P4P 流量	付费流量
	购物车	—	—
	收藏夹	收藏的产品链接	—
	直接访问	直接输入链接	不含直接访问店铺首页
	站内其他	包含店铺首页、分组页、卖家后台订单历史页（snapshot）	非英语主站的大多数流量来源
站外	站外合计	非速卖通网站的链接来的流量	—

　　通过商铺流量来源分析功能可以了解到店铺中热门商品的浏览量从哪里来又到哪里去了；这些商品如果做了活动，投了 P4P，带来了多少流量；带来的流量最终又到哪里去了，这些数据都可以在商铺流量来源分析中找到。

　　单击"数据纵横"——"商铺流量来源"选项，就会出现"商铺来源排行"以及"详细数据"这个页面，在这里可以查看店铺最近一段时间的流量来源渠道。单击选项栏，可以切换展示浏览量占比、访客数、新访客占比、平均访问深度、跳失率这几个维度的数据，了解店铺流量来源以及如何优化提升店铺流量，如图 7-33 所示。

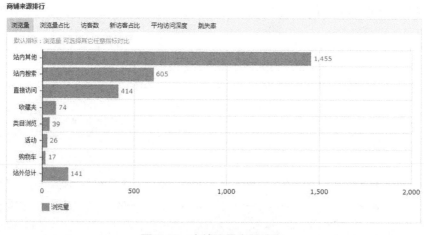

图 7-33　商铺流量来源排行

　　从图 7-34 可以看出，存在明显的问题是店铺整体流量太低，通过活动、购物车带来的流量都很少，而往往通过活动带来的新客户最多，对提升有很大的帮助。所以店铺应注重引流，适当地投放 P4P 以及争取报上平台活动。

　　图 7-33 的数据是按柱状图展示的，对应的详细数据见图 7-34，可以单击图标右上方的"下载原始数据"按钮导出 Excel 来进行系统分析。而且将鼠标光标移到趋势的小图标上，会展示渠道变化趋势，单击可以连接到该渠道的详情页面。如图 7-34 所示，在图的最右边一栏中有对应的提升流量秘籍，单击这里的蓝色字体，就能链接到相关小二整理的干货帖，可参考进行店铺引流。

详细数据　　　　下载最近30天原始数据

来源	浏览量	浏览量占比	访客数	新访客数	新访客占比	平均访问深度	跳失率	提升秘籍
全部	3,827	100.00%	1,810	1,770	97.79%	2.11	85.37%	
站内总计	3,686	96.32%	1,732	1,692	97.69%	2.13	84.88%	
站内其他	1,455	38.02%	1,007	973	96.62%	1.44	76.13%	店铺装修，关联营销
站内搜索	605	15.81%	467	464	99.36%	1.3	80.21%	用搜索词分析提升排序
直接访问	414	10.82%	227	219	96.48%	1.82	71.60%	
收藏夹	74	1.93%	37	35	94.59%	2	62.50%	引导买家收藏商铺商品
类目浏览	39	1.02%	31	31	100.00%	1.26	81.82%	选好类目，填好属性
活动	26	0.68%	22	22	100.00%	1.18	81.82%	马上报名参加活动
购物车	17	0.44%	10	10	100.00%	1.7	80.00%	引导买家添加购物车
站外总计	141	3.68%	110	108	98.18%	1.28	81.58%	

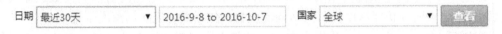

图 7-34　流量来源详细数据

如图 7-35 所示，最长可以查看最近 30 天的流量来源，在详情数据报表中可以查看近 30 天每个渠道的流量趋势。

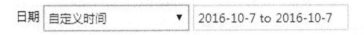

图 7-35　日期选择最近 30 天

还可以通过自定义时间选择查看最近 30 天内某一天的流量情况，从而方便店铺分析在某一天做了引流操作后的效果（例如设置了店铺活动、参加平台活动等操作带来的具体某天的流量变化），如图 7-36 所示。

图 7-36　日期选择自定义时间

查看最近一个月店铺内浏览量位于 TOP3 的国家，分别为俄罗斯、乌克兰、美国，如图 7-37 所示，可以选中任意一个国家进行进一步的流量来源分析，这里选择全球，进一步查看某个渠道的具体流量来源，单击数据表格中蓝色的链接，查看站内其他 URL 详情，如图 7-38 所示，主要包含了促销活动、订单管理页及店铺分组页面带来的流量，卖家可以通过店铺装修和关联销售提升店铺的流量和转化率。

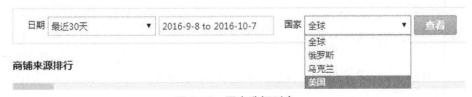

图 7-37　国家选择列表

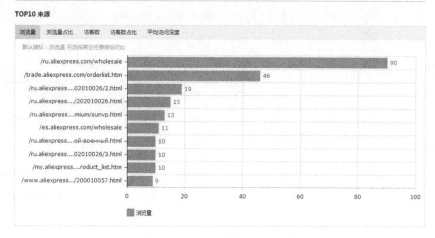

图 7-38　站内其他 URL 详情

三、装修效果分析

要想进行装修效果分析，可以查看在最近 30 天内，哪些天做过店铺装修，装修后店铺的流量、访问深度、访问时长及跳失率的变化，以此来衡量店铺装修效果。

装修效果分析指标说明如下。

平均访问深度：该来源带来的访客每次入店后在店铺内的平均访问页面数，即人均访问页面数。一段时间访问深度＝每天访问深度日均值，即每天访问深度平均值。

平均访问时间：访问时间为用户在一次访问内访问店铺页面的时长，平均访问时间即所有用户每次访问时访问时长的平均值。

跳失率：只访问了该店铺一个页面就离开的次数占总入店次数的比例。一段时间跳失率＝每天跳失率日均值，即每天跳失率平均值。

购买率：访问该页面的访客中当天下单的访客/访问该页面的总访客数。

有装修事件：是否装修。如图 7-39 所示为装修效果趋势图。

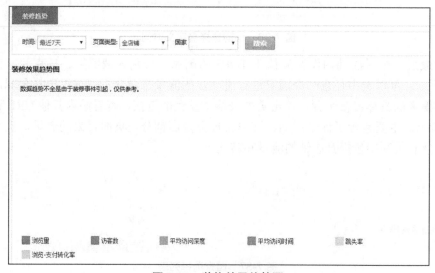

图 7-39　装修效果趋势图

四、商品分析

商品分析是通过对搜索曝光量、平均停留时长、下单订单数、支付金额、加入购物车人数等各项指标进行对比分析，找出店铺商品的缺陷，给出解决方案，如表 7-2 所示，是商品分析的整个分析过程。

表 7-2　商品分析关键指标

关键指标	因素	解决方案
曝光量	Listing 排名（搜索、类目）	优化标题，优化结构化描述（属性）
点击率	主图	优化主图
转化率	价格	优化供应链
停留时间	宝贝详情页	丰富详情页，主要是图片

通过批量导出所有店铺商品的数据进行分析，各个关键指标项以需要选取商品的 TOP10 平均值作为参照指标，如图 7-40 所示，这里对店铺内 10 个商品做了问题点评和操作建议。

序号	售价	搜索曝光量	浏览量	访客数	订单数	成交金额	点击率	转化率	存在问题	操作建议
1	$10.37-$10.47	53478	3235	2458	133	$1,850.26	4.06%	5.41%	流量偏低	优化标题属性
2	$9.03-$10.00	69228	2786	2221	130	$1,231.21	3.21%	5.85%	点击偏少	优化图片
3	$8.47-$8.49	56952	3656	2910	108	$1,005.43	5.11%	3.71%	流量偏低，转化低	优化标题属性，打折促销
4	$7.44-$7.44	29214	1955	1494	99	$915.80	5.11%	6.63%	曝光不够	潜力产品，平台活动
5	$7.77-$8.51	104980	3229	2583	81	$660.40	2.46%	3.14%	点击偏少，转化低	优化图片
6	$10.47-$11.52	90445	3838	3246	70	$657.50	3.59%	2.16%	点击偏少，转化低	优化图片
7	$7.59-$8.26	29197	1712	1442	69	$630.41	4.94%	4.79%	曝光不够	优化标题属性
8	$11.93-$12.94	131533	3040	2399	68	$850.51	1.82%	2.83%	点击偏少，转化低	更换图片
9	$9.87-$10.85	57539	2006	1670	68	$933.97	2.90%	4.07%	点击很低	优化图片
10	$14.47-$17.56	97945	4672	3607	67	$1,147.36	3.68%	1.86%	转化差	打折促销
	平均值	72051	3013	2403	N/A	N/A	3.74%	4.04%	N/A	N/A

图 7-40　商品分析表

五、营销助手

营销助手分析可以更好地帮助卖家分析各类营销活动效果，提供活动商品必要的数据支持，提升卖家选择活动商品的效率，帮助卖家结合数据有效地选择活动与判断活动效果。通过"经营分析"——"营销助手"查看到了图 7-41、图 7-42 所示的页面，分别为店铺营销概况、店铺活动列表页面。

单击图 7-42 最后一栏"趋势图"选项，能看到细分数据，如图 7-43 所示，可以发现活动期间访客数呈增长的趋势，较上周同日访客数也有所增加。

店铺营销概况　　数据统计日期（PST）：最近30天

活动数	活动商品数	活动售出商品数	活动支付金额
17	170	21	$700.9

活动支付金额占比

100.0%

图 7-41　店铺营销概况

店铺活动　平台活动

活动信息	访客数	下单订单数	浏览-下单转化率	支付订单数	支付金额	操作
店铺限时折扣：9-9 2016-09-25 00:00~2016-09-30 23:59	100	0	0.00%	0	0	趋势图 商品排行
店铺限时折扣：9-9 2016-09-22 00:00~2016-09-29 23:59	41	1	2.44%	1	18.3	趋势图 商品排行
全店铺打折：9-19 2016-09-19 20:00~2016-09-30 23:59	450	5	1.11%	5	102.89	趋势图 商品排行
店铺限时折扣：9-9 2016-09-18 00:00~2016-09-25 23:59	23	0	0.00%	0	0	趋势图 商品排行
店铺限时折扣：9-13 2016-09-13 00:00~2016-09-21 23:59	120	6	4.17%	4	67.62	趋势图 商品排行

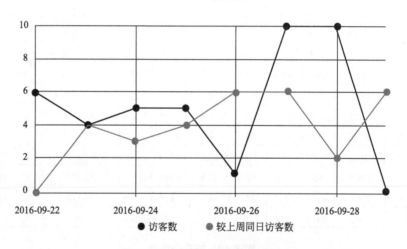

图 7-42　店铺活动

图 7-43　活动期间访客数趋势图

如果店铺成功报名参加了平台活动，则参加活动的商品点击趋势图会有相应的数据分析，具体了解商品在活动期间的表现，为商品优化和商品分类做基础。

【知识巩固】

一、数据分析常用公式和名词解释

UV: Unique Visitor，网站独立访客，即访问网站的一台电脑客户端为一个访客。

PV: Page View，即页面浏览量或点击量，用户每次刷新即被计算一次。

平均访问深度（PV/UV）：等于 PV/UV，数值越大，买家访问停留页面的时间越长，购买意向越大。

店铺成交转化率：指成交用户数占所有访客数的百分比，即店铺成交转化率＝成交用户数/总访客数。

单品转化率：等于单品下单用户数/访客数。

PV点击率：即浏览量（点击量）占曝光量（流量）的百分比。

二、数据分析常用指标说明

（一）行业情报指标说明

访客数占比：在统计时间段内行业访客数占上级行业访客数的比例。一级行业占比为该行业占全网比例。

浏览量占比：在统计时间段内行业浏览量占上级行业浏览量的比例。一级行业占比为该行业占全网比例。

成交额占比：在统计时间段内行业支付成功金额（排风控）占上级行业支付成功金额（排风控）的比例。一级行业占比为该行业占全网比例。

支付订单数占比：在统计时间段内行业支付成功订单数（排风控）占上级行业支付成功订单数（排风控）的比例。一级行业占比为该行业占全网比例。

供需指数：在统计时间段内行业下商品指数/流量指数。供需指数越小，竞争越小。

（二）搜索词分析指标说明

是否品牌原词：如果是禁限售，你销售此类商品将会被处罚，对于品牌商品，如果拿到授权可以进行销售。

搜索指数：搜索该关键词的次数经过数据处理后得到的对应指数。

搜索人气：搜索该关键词的人数经过数据处理后得到的对应指数。

点击率：搜索该关键词后并点击进入商品页面的次数。

浏览-支付转化率：关键词带来的成交转化率。

竞争指数：供需比经过指数化处理后的结果。

TOP3热搜国家：在所选时间段内搜索量最高的TOP3的国家。

搜索指数飙升幅度：在所选时间段内累计搜索指数同比上一个时间段内累计搜索指数的增长幅度。

曝光商品数增长幅度：在所选时间段内每天平均曝光商品数同比上一个时间段内每天平均曝光商品数的增长幅度。

（三）商品分析指标说明

搜索曝光量：在搜索或者类目浏览下的曝光次数。

商品页浏览量：该商品被买家浏览的次数。

商品页访客数：浏览过该商品的买家数。

搜索点击率：商品在搜索或者类目曝光后被点击的比率，其等于浏览量/曝光量。

访客数：访问该商品的买家总数。

成交订单数：该商品在选定时间范围内支付成功的订单数－选定时间范围内风控系统关闭的订单数。

成交买家数：该商品在选定时间范围内有过成功交易的买家数。

成交金额：该商品在选定时间范围内产生的交易额。

询盘次数：买家通过该商品单击旺旺与站内信的次数。

成交转化率：该商品有过成功交易的买家数占访问买家总数的比率，其等于成交买家数/访客数。

平均停留时间：买家访问该产品所有 detail 页面的平均停留时间。

添加购物车次数：该商品被买家添加到购物车的次数。

添加收藏次数：该商品被买家收藏的次数。

No-Pay 比率：该商品在选定时间范围内未成功支付的订单/创建成功的订单。

（四）装修效果分析指标说明

平均访问深度：该来源带来的访客每次入店后在店铺内的平均访问页面数，即人均访问页面数。一段时间访问深度＝每天访问深度日均值，即每天访问深度平均值。

平均访问时间：访问时间为用户在一次访问内访问店铺页面的时长，平均访问时间即所有用户每次访问时访问时长的平均值。

跳失率：只访问了该店铺一个页面就离开的次数占总入店次数的比例。一段时间跳失率＝每天跳失率日均值，即每天跳失率平均值。

购买率：访问该页面的访客中当天下单的访客/访问该页面的总访客数。

有装修事件：是否装修。

三、影响商品转化率的因素

影响商品转化率的因素有很多，可以归纳为流量、商品本身以及客服跟进这 3 个方面。

流量方面：宏观角度的影响因素为不同流量来源的占比，例如 PC 端/无线端流量的占比、不同国家流量占比、搜索流量/活动流量的占比。微观角度的影响因素为流量的精准度。

商品本身方面：其中包括价格、物流方案、销量、评价、产品描述、售后服务等因素。

客服跟进方面：客服的服务会影响客户的咨询率、下单率和支付率，进而会影响单品的转化率。

除此之外，品牌影响力、老客户黏度、关联营销等也会影响转化率。

四、站外工具——了解站外市场行情

分析站外数据，可以了解整体的海外市场需求，辅助日常的产品开发。

（一）看海外买家都在搜什么产品

1. Google insight for search

作用：可以查询产品关键字的海外搜索量排序，产品在不同地区、季节的热度分布及趋势。

2. Google adwords

作用：可以查询关键字和相关关键词的海外搜索量，找到热卖的品类。

3. Ebay Pluse

作用：方便查看美国 Ebay 35 个大类目下被买家搜索次数最多的前 10 关键字，同理进入某个大类目下可以查看二级、三级、四级等类目下被买家搜索次数最多的前 10 关键字。

（二）看海外市场的热卖商品

1. Watcheditem

作用：方便查看美国 Ebay 各级类目下热卖的商品。

2. Watchcount

作用：查看 Ebay 各国站点关注度最高的商品。

【本项目实训】

一、实训概述

本实训项目要求学生以店铺运营者的身份对行业及店铺数据进行分析，并根据数据分析结果提出优化策略，目的在于让学生通过实训掌握跨境电子商务中数据分析的相关方法和技巧，具备敏锐的市场洞察力和数据判断力。

二、实训素材

（1）教学设备：实训计算机若干、智能手机实训设备。
（2）实训场地：实训室。
（3）实训材料：速卖通账号或相关实训软件。

三、实训内容

任务一　行业数据分析

学生以小组为单位在教师那里领取速卖通平台的账号，学生根据账号登录速卖通平台，任意选择某一个产品的类目进行行业分析，并寻找一个蓝海产品。

项目		分析详情
行业对比	行业访客占比与上一级行业对比	
	同级行业对比	
	行业细分类	
行业趋势		
行业国家分布		
蓝海行业	蓝海行业细分	
	蓝海产品	

任务二　网店经营分析

按步骤查找商铺流量来源，完成下面的表格。

维度	数据分析
浏览量	
浏览量占比	
访客数	
新访客占比	
平均访问深度	
跳失率	

项目八

客户服务与维护

跨境电子商务平台除了日常的管理和数据分析外,客户服务也是很关键的工作内容,其中客服的技巧对于促进跨境电商平台的交易量有着很大的作用。通过提高客服的技巧,可以给予顾客更好的体验,减少销售和物流过程中带来的纠纷。客户通过与客服的交流,可以了解商家的服务和态度,利于在客户心目中逐步树立起店铺的良好形象,也为促进交易量奠定了基础。要做好客户服务工作,除了一定的耐心和技巧外,需要学习的还有很多。

【学习目标】

知识目标
（1）了解跨境电商客户询盘分析及回复的基本内容；
（2）认识跨境电商客户服务的基本工作内容；
（3）熟悉跨境电商客户纠纷处理的基本要点；
（4）了解跨境电商客户纠纷处理的基本工作流程。

能力目标
（1）掌握跨境电商客户询盘分析方法及回复技巧；
（2）掌握跨境电子商务的客户服务技巧；
（3）掌握跨境电子商务客户纠纷处理的方法和技巧；
（4）掌握跨境电商客服沟通工具的操作能力。

【任务概述】

客户服务与维护可以分为三部分,客户询盘分析与回复技巧、客户服务技巧和纠纷处理技巧。第一部分通过有效地跟进询盘,把握与买家沟通的技巧,促进订单的生成；第二部分通过客户服务技巧来解决售中及售后的问题；第三部分详细说明速卖通纠纷规则及纠纷对买家的影响,并对纠纷的分类及解决方法做出阐释说明。本项目让学生了解跨境电商询盘、客户服务、纠纷处理等平台客户服务的实际工作内容,最终让学生具备跨境电商客户服务岗位技能及相关职业素养。

【任务分解】

任务一　客户询盘分析与回复技巧

一、如何把询盘转化成真实订单

（一）如何有效地对买家进行分类

在网上贸易过程中,会遇到多种多样的买家,因此,卖家应对所有买家进行分类管理,这样才能提高效率，增强成交量。

（1）买家分类：通过外贸平台发送询盘的买家，通常可分为：寻找卖家型、准备入市型、无事生非型、信息收集型、索要样品型、窃取情报型；其中按地域划分又可分为：欧洲买家、北美买家、亚洲买家等。因此对买家进行很好地分类，将有助于买家的管理、交易和服务以及前后期展开工作。

（2）买家管理：在与买家接触的过程中，必须深入了解买家的各种信息，真正懂得买家的需求和消费模式，特别是公司主要盈利来源的"金牌买家"。不同的买家对公司服务有着不同的需求，创造不同的利润，所以应根据买家的需求模式和价值对其进行分类，找出对公司最有价值和最有潜力的买家群以及他们最需要的产品和服务，更好地配置资源，改进产品和服务，牢牢抓住最有价值的买家，取得最大的收益。

（二）如何有效地跟进询盘

1. 区分"大小"买家，识别"好坏"询盘

"看"询价的方式，"看"询价的内容，"看"询盘中的小细节，通过以上三方面综合考虑，从而更好识别买家、询盘，找到合适的买家。

2. 把握询盘技巧、及时跟进，包括慎重对待、及时回复

在回复新买家时，除了在邮件中解答买家关心的问题，最好同时将公司的其他情况和公司的网站介绍给该买家，让买家能够更全面透彻地了解公司。对外商的询盘一定要快、准，遵循准确、全面、具体、清楚、礼貌的要诀。对于询盘，一定要保持跟进，在跟进过程中，更重要的是细细体会各种可能发生的情况，积极采取相应措施，激发、把握买家购买意图，达成合作。

3. 如何与买家讨价还价

外贸过程中，产品价格和质量是决定整个订单成交的核心，几乎所有的新买家在第一次联系的时候都有一个价格周旋的进程。在报价中应注意以下几点：不要轻易报价，讲究报价方式。总之，即使这个价格能接受，也要表现得比较委屈和勉强。如果买家一还价，卖家马上就松口，买家就知道肯定还有让价的空间，接下来价格就会被越压越低。永远不要在买家面前显示出急躁的态度，越着急，买家就越会砍价。有时关于价格的谈判，未必要当天回复，可以等一两天再回复。

报价技巧：与买家的讨价还价有时候也是一种心理战，把自己想象成买家，多揣测一下买家的心态，换位思考，会有意想不到的收获。

4. 勿以"单"小而不为

因为"小订单"经常是麻烦多，收益不多，所以很多供应商会对"小订单"加以限制或者规定最小起订量，或者在付款方式上有特别的要求。"小订单"可能已经成了很多外贸人眼里的"烫手山芋"。

"小订单"承接技巧：根据企业的自身状况，决定对小订单的处理方案。对于任何小订单，运作程序务必善始善终，做好全面的记录和存档，包括给买家提供样品。保持积极良好的心态，耐心琢磨买家的询盘，发挥出应有的水平，给买家留下最好的印象，让"小订单"尽快转化成大订单。

（三）如何给买家寄送样品

样品寄送必须带来相应的成本，所以在寄样之前必须对这类询盘作初步判断，确定哪

些样品值得寄、如何寄样才能更好地保护自己的权益。

1. 无须寄样的情况

（1）第一次发询盘就直接索要样品和产品报价，这些买家的目的很明确：骗取样品。对付这样的买家，最好不要直接寄样品，可以先将产品图片发给对方看，若对产品感兴趣，再谈寄样的事情，这样可以避免很多不必要的麻烦。

（2）一些以前根本没有联系过的国内贸易公司突然以电话或传真的形式表示对产品感兴趣，希望能够提供样品供检测等资源。

2. 应该寄样的情况

（1）自己联系的国内贸易公司、买家。

（2）对于一些规模较大、在行业范围内较有名气的买家。

（3）买家明确表示将支付样品费以及运费。

（4）买家提出已查看公司发布在外贸平台的所有产品，而其中只有与之需求相近的产品，并询问采购要求的产品。

3. 可寄可不寄的情况

遇到这类情况应该按照公司的实际情况来处理。

4. 选择最佳寄样方式

包括寄样准备（寄样确认、取样原则、与买家确认地址）、寄送方法（邮政的航空大包、航空快递）、寄送支付方式（预付、到付）等方面。

5. 样品寄出后通常有两种情况

（1）买家收到样品后，满意并下单。

（2）买家收到样品后，没有回复（一般有几种可能）。对于这种情况，要及时和客人沟通。

6. 如何避免样品寄出后石沉大海

（1）及时通知很重要。

（2）样品管理。

（3）跟踪样品情况。

（4）与买家建立稳定联系。

7. 寄样小结

买家对承担寄样费用的态度，往往能在一定程度上反映出其合作诚意。因此，挑选有诚意的买家、合理寄样，不仅能促进订单的达成，也能避免贸易双方针对货物品质的贸易纠纷。

二、与买家沟通的技巧

（一）成功的沟通案例一

客户发邮件过来说没收到货的例子。

（1）交易日期：11月20日。

（2）客户问题：12月5日收到客户的邮件。

Hi, When did you ship the item? I did not get it yet.（你好，你什么时候邮寄的货物，我还没有收到。）

Thanks.

（3）收到邮件马上回复

Dear valued customer,（尊敬的客户）

Your item has been sent by Hong Kong AirmailService on Nov 21th. It usually takes 10-20 workdays to reach you, so please be patient.（您的货物已于 11 月 21 日由香港 AirmailService 发送。通常需要 10～20 个工作日才能到达，所以请耐心等待。）

If you haven't received your package in these days，please contact us.（如果您在这些天没有收到您的包裹，请与我们联系。）

Hope you would love this item,and have a nice day!（希望你会喜欢这个货物，祝您生活愉快！）

Best regards.（诚挚的问候。）

Seller name or id（卖家名称或 ID）

（4）收到客户回复：12 月 9 日收到客户的邮件。

Hi, I have received the package very beautiful，thank you，I love it and will buy again. Thanks.（你好，我收到了包裹，非常好，谢谢你，我喜欢它还会再次购买。谢谢。）

（5）一般沟通：① 及时回复；② 回复的邮件内容里面一定要写明发货的时间、货运方式及大约到达的时间等。

（6）分析：现在一般的卖家都发 EMS，时间比较长，所以客户在等了 10 天左右还没收到货，来信询问也很正常。这种邮件一定要及时回复，不然客户如果等了一两天还没回信，很容易引来投诉或者差评。以上也只是发货过程中的一种情况，也有可能是发货后 25 天已经过了，客户还没收到，那就是另外一个邮件模板了，根据物品的价值大小可以选择重发或者退款，当然最好就是可以让客户自己选择是重发还是退款。

（二）成功的沟通案例二

客户收到货了，但是说收到的货同 gate 广告上的不一样，客户要求退款。

（1）交易日期：11 月 27 日。

（2）客户问题：12 月 16 日收到客户的邮件。

My friend, the item arrived today however the faceplace glass insert is all scratches. It's impossible to see the screen. I would like my money back.（我朋友的货物今天收到了，但是玻璃荧幕上到处都有划痕。这样很难看清楚屏幕。我希望能退款。）

（3）收到邮件马上回复

Hello,××

First of all, we are so sorry that you are not happy with this purchase.（首先，我们很抱歉你对这次的购物不满意。）

If you don't mind, can you take a digital photo to us for investigate? if this is ours mistake, send a wrong item to you, we can send a new one to you or we can refund all your payment.We apologize to you once again.（如果你不介意，能发一张照片给我们做调查吗？如果是因为我们的疏忽给您邮寄了次品，我们可以向您邮寄一个新的货物或是向您退全款。再次向您致歉。）

Best regards.（诚挚的问候。）

(4) 收到客户回复:12月17日收到客户的邮件附带了照片,通过看图片发现是因为客户不会使用而造成的,回复邮件如下。

Hello,××,

I just received the photo you sent to us. There are double screen protector film from both sides, you need to remove these screen protector film. After you do that, you will see the clear screen.(我刚收到您寄给我们的相片,屏幕两侧都有双层保护膜,您需要拆下这些屏幕保护膜。之后你会看到清晰的屏幕。)

If you have any questions, please feel free to contact us.(如果您有任何问题,请随时与我们联系。)

Have a good day!(祝您生活愉快!)

Best regards.(诚挚的问候。)

(5) 客户回复:12月18日收到客户的邮件。

Hi, yes, you are right, I just removed the screen protector, the screen is ok now, not scratches.(嗨,是的,你是对的,我刚拆下屏幕保护膜,屏幕现在清晰了,没有划痕。)

Thank you for your help.(谢谢你的帮助。)

(6) 回复客户:12月18日。

Hello,××

You are welcome! Hope you would love this item, and hope we can do business again.(不客气!希望你会喜欢这个货物,欢迎下次光临。)

Best Wishes.(最好的祝愿。)

(7) 一般沟通:① 及时回复;② 回复的邮件内容里面,首先要表示抱歉,然后再让客户拍照片发到站内信邮箱,同时向客户讲明如果确实是卖家发错货了,卖家愿意重发或者退款。

(8) 分析:在圣诞旺季货物繁多复杂的时候,发错货是比较正常的事,遇到这种情况不必太慌张。但是也不能凭记忆说一定没发错,基本上买家是不会故意说不一样的,如果有也是个别难缠的客户,所以拍照片是比较好的处理方法。从照片中基本上可以看出物品是什么问题,然后解决就可以了。

三、让买家打开邮件的技巧

第一封外贸推销邮件在外贸业务中非常重要,就如同和陌生人交往时彼此之间留下的第一印象。在第一次和陌生买家邮件交往中,怎样能给买家带来好的印象呢?要做到对产品百分百的熟悉,特别是要推销的某种新产品,必须要做全方位的深入了解。

写第一封英文函电,首先必须有个好的标题。吸引买家注意的标题,买家才有可能打开看邮件。其次必须简单扼要,一目了然。推销的文字不要多,不要太长,越简单越好,同时也要介绍产品的卖点。

第一段:简明扼要地告诉客人是如何得知他的需求信息,最好一句话就可以说明。

第二段:简单扼要地告诉客人卖家是该产品的专业生产商或供应商,有上乘质量和具有竞争力的价格。再特别推荐新产品或畅销的一个品种给客人,最多不要超过两句话。

第三段:详细地描述所推荐产品,越全面越好。通常是对产品品名、性能、材料、价格、产品规格、包装规格、技术参数、付款方式、生产时间、样品提供情况等每一个环节都要做详细介绍,但是不能太累赘。

第四段：表示希望能够得到客人的评价及回复，如有任何疑问，欢迎随时沟通，卖家会在第一时间给予回复。最好一句话就可以完成。

第五段：联系方式，最好含有公司的电子邮件地址、公司的网址、使客人更方便回复并对卖家有更多的了解。

卖家经常出现的问题是用大量的文字说明公司背景，其实这是很大的败笔。买家每天会收到很多推销邮件，很少有时间来研究公司背景，所以常常将繁琐的文字当做垃圾邮件来处理，可能不会看卖家辛苦写的长长的推销邮件，所以简明扼要很重要。

任务二　客户服务技巧

一、解决买家可能遇到的问题

（一）无法完成下单

例如客户来到如图 8-1 所示的页面，但是无法完成单击"Add to Cart"按钮操作。

图 8-1　购买页面

部分客户用手机客户端登录选购产品，所以有些提示看不见，这个时候就应该想到是否是因为这个原因无法完成下单，如图 8-2 所示。

（二）没有需要的尺寸或颜色，如何下单

有的客户会问这样的问题："I want light color,but there is no option,what should I do?（我想要浅一点的颜色，但是这里没有选项，我该怎么办？）"对于客户提出的一些特殊的小要求，或者是更改尺寸、颜色时，可以告诉客户利用"Message box to seller"功能。选择完产品之后，请客户注明特殊需求。对于买家的这种需求，卖家通常会说："Friend,you can go ahead to place your order and leave the message in the box like:I want one more of …,then I will adjust the price for you,after I change the price,you can make payment then.（朋友，你可以在下订单的时候给我们留言，如：我想要一个 ...，然后我会调整价格，在我改变价格之后你再付款。）"

图 8-2 选项填写完整

大部分卖家会认为买家现在应该已经明白该如何操作了,实际上还是会有买家不太明白:"sorry,I am confused what should I do it?(很抱歉,我很迷惑,不知该怎么做?)"这个时候需要进一步解释说明:"Place the order but stop at the payment page,after I told you pay it and after you see the price changed to the price I told,then put your bank information on the payment page.(放置订单,停留在付款页面,我让你支付时,你会看到价格变成我告诉你的价格,然后在付款页面填写你的银行信息。)"

这样说明过后,买家就会知道如何操作了,也不会对修改价格有任何疑问。但是需要注意的是在修改价格之前,一定要和买家沟通好,否则,买家可能会因为不理解卖家的行为而在后期去投诉,卖家就有提价销售的嫌疑。

(三)付款问题

1. 速卖通的付款方式

目前平台支持买家通过信用卡(分人民币通道和美元通道)、WebMoney(简称 WM)、T/T 汇款、西联汇款、Qiwi Wallet、巴西 Boleto 这几种方式付款。

2. 买家付款不成功该如何解决

付款不成功的常见原因如下。

一是买家用 Business Card 支付。商务卡目前在速卖通是无法支付成功的,所以可以建议买家换卡。

二是买家信用卡未开通 3D 密码。建议买家联系发卡行开通 3D 密码即可。偶尔碰到发卡行不支持这种 3D 密码服务或者没听说过 3D 密码的,直接建议更换支付方式 [VISA Card 的 3D 密码叫 Verified by Visa(VBV),MasterCard 的 3D 密码叫 MasterCard Secure Code]。如图 8-3 所示为买家信用卡支付页面。

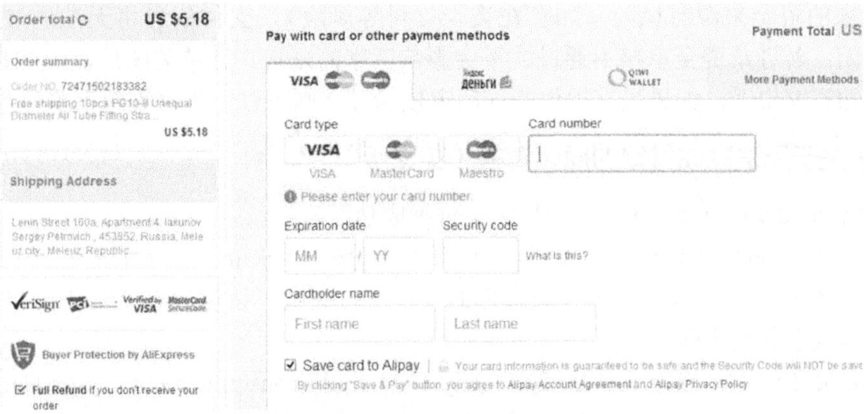

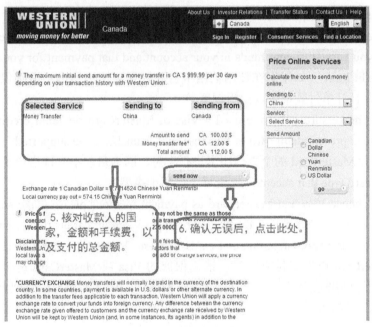

图 8-3　买家信用卡支付页面

如图 8-4 所示为买家使用西联支付的页面。更加具体的付款方式说明可以参照如下链接：http://help.aliexpress.com/payment_method.html。

图 8-4　西联支付页面

3. 线下交易需谨慎

在上述问题解决之后，如果还是不能成功付款，有些买家可能会要求使用 PayPal 这样的线下交易，因为它的使用人群广且快捷。PayPal 更多地倾向于买家的利益，所以在不得已的情况下，尽量不要使用。若要使用需要谨慎处理，不可使用除 PayPal 登记注册外的地址进行发货；不可使用 Money Requested，而是使用 Invoice 方式收款；不可与未注册的账户交易。

（四）为什么订单会关闭

为了保证交易的安全性，保障卖家的利益，降低后期因为盗卡等原因引起的买家拒付风险，平台会在 24 小时内对每一笔买家支付的订单（信用卡支付的）进行风险审核。如果监测到买家的资金来源有风险（如存在盗卡支付等风险），支付信息将无法通过审核，订单会被关闭。若订单资金审核不通过，不会影响卖家的账户。订单关闭后，无法重新开启。平台会通知买家申诉，如果买家提供的证明审核通过，则可以让买家重新下单付款。

（五）关于无法完成付款的原因解答（英文版）

Q:Why did my payment fail?（为什么支付不成功？）

A:If your payment for an order has failed,please check it is not due to the following situation:Card security code failed.（如果你的订单支付失败，请检查是不是因为出现下列状况：信用卡安全代码失败。）

Please note that an incorrect card security code could cause payment failure.Card security code is the short numeric code on the back of your credit card.Please verify that you have entered the correct card security code and try again.（请注意，一个不正确的信用卡安全代码可能会导致付款失败。信用卡安全代码是你信用卡后面简短的数字代码。请确认您已进入正确的信用卡安全代码，再试一次。）

Insufficient fund.（资金不足）

If you meet the insufficient find error log when you make payment by credit card,please make sure that you have sufficient funds in your account and that payment for your order does not exceed your credit limit.（如果您在使用信用卡付款时遇到错误日志，请确保您的账户中有足够的资金，并且订单付款不超过信用额度。）

Please also make sure you have used a Visa or MasterCard personal credit card to finish payment,because at present debit card or business card is unable to be supported.（请同时确保你是在用Visa或者MasterCard的个人信用卡进行支付，因为目前不支持借记卡或商务卡。）

The credit card type that accept.（接受以下信用卡类型）

When you choose Visa and MasterCard as payment methods,please make sure your Visa or MasterCard is a personal credit card.The following types of credit cards are currently unable to be accepted:charge cards,business/commercial cards,Visa and MasterCard debit card.（当你选择用Visa或者MasterCard作为支付方式时，请确保您的Visa或MasterCard是个人信用卡。目前无法接受以下类型的信用卡：记账卡，商业/商务卡，Visa和MasterCard借记卡。）

Exceed limit.（超出限制）

Please make sure the order amount does not exceed your credit card limit.Or the payment is unable to go through smoothly.（请确保订单金额不超过您的信用卡限额。否则付款无法顺利通过）

The 3-D security code failed（3-D安全代码失败）

Please make sure that（请确保以下几点）：

① Your credit card should be authorized by your credit card issuer to make an online payment by activating 3-D Security Code.（您的信用卡应由您的信用卡发卡机构授权通过激活3-D安全码进行在线支付。）

② Your credit card has activated 3-D security code.If you have not activated 3-D Security Code,please contact your card issuer with this issue.（您的信用卡已激活3-D安全代码。如果您尚未激活3-D安全代码，请与您的发卡机构联系。）

③ The 3-D Security Code for Visa is called Verified by Visa (VBV) and for Master Card is called MasterCard Secure Code.［Visa 的 3-D 安全码称为 Visa（VBV）验证，Master Card 的称为 MasterCard 安全码。］

二、信用评价

在电子商务平台上建立信任是很重要的，大多数电子商务平台的信用评价体系都很严格、完善，只有更多的客户回头给予好的评价，卖家店铺转化率才能更高。

（一）速卖通信用评价的规则

全球速卖通平台的评价分为信用评价及卖家分项评分两类，如图 8-5 所示。

图 8-5　速卖通信用评价规则

信用评价是指交易双方在订单交易结束后对对方信用状况的评价。信用评价包括五分制评价和评论两部分。卖家分项评分是指买家在订单交易结束后以匿名的方式对卖家在交易中提供的商品描述的准确性（Item as Described）、沟通质量及回应速度（Communication）、物品运送时间合理性（Shipping Speed）三方面服务做出评价，是买家对卖家的单向评分。

对于信用评价，卖家对买家给予的中差评有异议的，可在评价生效后 30 日内联系买家，由买家对其评价自行修改；买家可在评价生效后 30 日内对自己做出的该次评价进行修改，但修改仅限于中差评改为好评，修改次数仅限 1 次。买卖双方也可以针对自己收到的差评进行回复解释。对于卖家分项评分，一旦买家提交，评分即时生效且不得修改。若买家信用评价被删除，则对应的卖家分项评分也随之被删除。

速卖通有权删除评价内容中包括人身攻击或者其他不适当的言论的评价。速卖通保留变更信用评价体系包括评价方法、评价率计算方法、各种评价率等的权利。

以上所有关于速卖通的评价积分规则都是和店铺经营指标密切相关的，在实际运用当中，可以结合一些实例来看，如图 8-6 所示。

一般来讲，进入后台之后会看到"等待我评价""等待买家评价"和"生效的评价"。单击"生效的评价"之后会看到最近所有订单的评价，也可以根据需要去寻找中评和差评的订单。速卖通的规则是，在收到客户评价的邮件之后，先对客户评价，然后才能看到客户给予的反馈。

图 8-6 买家评价

（1）如果收到差评，应该及时联系客户，尝试回转的余地，平台支持卖家去自行解决一些差评问题。

（2）如果收到的是中评或好评，就采取 Feedback 营销策略，回复客户的好评。

这样做的好处显而易见。首先，能让给好评的客户有回头购买的欲望，因为有贴心完整的服务；其次，能够让那些第一次购买的客户放心进来购买。那么对于实在解决不了的差评该如何处理？是不是放任不管？当然不是，卖家应该有理有据地说明原因，还要在回复中表明接受客户的批评，并会在将来做得更好。

（3）如果一直没收到客户评价，则可以使用平台的"催评价功能"，单击"催评"按钮后进入该订单的留言板。

可以留下这样一段话：

Dear friend,thank you very much for your order!We are looking forward to do more business with you.If you have any question,please feel free to contact with us directly,our telephone number is …,we will give you the best service.We will be appreciated if you can leave positive feedback as we will do same for you.Have a great day!（亲爱的朋友，非常感谢您的订单！我们期待与您有更多的业务合作。如果您有任何问题，请随时直接与我们联系，我们的电话号码是 ...，我们将给您最好的服务。如果你可以留下积极的反馈，我们将为你做同样的反馈，我们将不胜感激。祝您生活愉快！）

为什么要催买家给予评价？因为所有的评价订单都会有评价积分，卖家所得到的信用评价积分决定了卖家店铺的权重并影响曝光。因此，评价的订单越多，可以累积的信用积分就越高。如果一个月有 100 个订单，只要能有 60% 的客户回头给予评价，就能收获更多的信用积分，升级店铺的信誉等级，赢得更多的曝光和更高的转化率。

（二）可能导致中、差评的因素

1. 商品图片与实物存在差异

有时候为了使产品看起来比较吸引眼球，卖家会在图片处理上或多或少添加一些产品本身没有的效果，这样会给客户一个美好的心理预期，提高客户的期望值。然而，一旦收到实物后与图片对比差别过大，买家就会非常失望，通常买家会在第一时间询问，为什么在颜色或者形状上有差别？

对于这类投诉要更加主动地向买家解释，并提供原有的图片。如果只是因小部分修图处理造成的色差，合理的解释还是可以赢得客户的信任的。在这个过程中要多表现对买家的重视，适当地给予下次订单的优惠和折扣。真诚的道歉可以将小事化了，向买家争取好评。

卖家在上传产品图片的时候可以多一些角度的细节图，或者使用一张没有处理过的图片，尽量让买家有全面的视觉印象，避免不必要的投诉和差评。

2. 标题写的是可以 Free shipping（免邮），为什么收到货之后还要收费

众所周知，为了吸引买家下单，许多卖家都会写上"Free shipping"，实际上对大部分买家也做到了免邮。但是大家忽略了一些国家的进口政策，比如：美国大于500美元申报价值的货物，就要按照重量收取进口关税；加拿大和澳大利亚则是高于20美元的货物要收取关税；英国、德国等欧洲国家货物的申报价值必须是20～25美元，一旦超出将会有更多的关税产生。

一旦有关税产生，买家必须支付后才能拿到货物。因此会遇到这样的问题："Why I should pay 25 pounds for the package,you told me there was free to ship,how could you lie to me?" I am very disappointed."（为什么我要付25英镑的包裹费用，你告诉我是免邮的，你怎么能欺骗我？我非常失望。）

一些比较极端的客户会因为支付额外的费用拒绝签收，这些都是潜在的差评和纠纷。因此在发商业快递的时候，要注意填写的申报价值，对于货值很高的件要提前和客户沟通好。

3. 信用卡账户有额外的扣款显示：Aliexpress Charge

速卖通平台针对买家的支付不收取费用，但建议买家联系银行，询问是否需要支付手续费。如果买家通过T/T转账，买家的银行端一般需要收取一定的手续费。

（三）完善服务，留下美化的初印象

上述问题或投诉虽然不常见，但是时有发生，为了让买家获得更好的购物体验，必须做好各方面的细节准备。下面是总结的一些模板。

1. 当买家光顾店铺，询问产品信息

跟买家初次打招呼时要亲切、自然，并表达出热情，尽量在初步沟通时把产品情况介绍清楚。

Hello,my dear friend.Thank you for your visiting to my store,you can find the products you need from my store.If there is not what you need,you can tell us,and we can help you to find the source,please feel free to buy anything!Thanks again.（你好，亲爱的朋友。很感谢您光顾我的店铺，在这里你可以找到你需要的货物。如果这里没有你需要的，你可以告诉我们，我们可以帮助你找到哪里有卖的，请随意购买物品！再次感谢。）

2. 鼓励买家提高订单金额和订单数量，提醒买家尽快确认订单

Thank you for your patronage,if you confirm the order as soon as possible,I will send some gifts. A good news:Recently there are a lot of activities in our store.If the value of goods you buy count to a certain amount,we will give you a satisfied discount.（谢谢您的惠顾，如果您尽快确认订单，我会送一些礼物。好消息：最近在我们的店铺有很多活动。如果你买的商品的价

值达到一定量，我们会给你一个满意的折扣。）

3. 发货之后提醒买家已经发货

模板1：Dear friend,your package has been send out,the tracking NO.is 0000000000 via DHL,please keep an eye on it,hope you love our goods and wish to do more business with you in the future.Good luck！（亲爱的朋友，你的包裹已经发出，订单号为0000000000，请密切关注它，希望你爱我们的商品，并希望在未来与你有更多的业务联系。祝你好运！）

模板2：Dear customer,we have sent the goods out today,and we can receive the tracking number after 12 hours later,we will send you message when we receive it.（亲爱的顾客，我们今天已经发货了，12个小时后我们可能收到订单号，如果收到了，我们会发送信息通知您。）

模板3：The goods you need had been sent to you.It is on the way now.Please pay attention to the delivery and sign as soon as possible.If you have any questions,please feel free to contact me.（您购买的商品已经发送了，现在正在运送途中。请注意尽快签收，如果有任何问题，请随时与我们联系。）

4. 当完成交易时，对买家表示感谢，并希望能够再次回购

Thank you for your purchase,I have prepared you some gifts,which will be sent to you along with the goods.Sincerely hope you like it.I will give you a discount,if you like to purchase other products.（谢谢你的购买，我已经准备好一些礼物，将随货物一起给你。真诚希望你喜欢它。我会给你一个折扣，如果你喜欢购买其他产品。）

5. 推广新产品，在采购季节期间根据经验可以给买家推荐热销的产品

Hi friend,（朋友你好）

Christmas is coming,and Christmas gifts have a large potential market.Many buyers bought them for resale in their own store,it is high profit margin product,here is our Christmas gift link,Please click to check them,if you want to buy more than 10 pieces,we also can help you get a wholesale price.Thanks.（圣诞节即将到来，圣诞礼品有很大的潜在市场。很多买家买了之后在自己的商店转售，它是高利润率的产品，这里是我们的圣诞礼物链接，请点击查看，如果你购买超过10件，我们也可以帮助你得到批发价格。谢谢。）

Regards（诚挚的问候）

6. 对于已经下单却还未支付的订单

模板1：Dear,thank you for your support!We will send out the package as soon as possible after your payment.（亲爱的，谢谢你的支持！我们尽可能快的在你支付成功后发货。）

模板2：Friend,Best wishes to you!Besides,we have two shipping method here:DHL and UPS both can be delivered within 3-5days,if you only accept DHL,just note it under the order,if you prefer UPS,note at your order as well dear.Thank you.（朋友，致以美好的祝福！此外，我们有两种送货方式：DHL和UPS都可以在3～5天内交货，如果你只接受DHL，只需在订单下面注明，如果你更喜欢UPS，也请在您的订单注明。谢谢。）

7. 订单被 AliExpress 关闭时

Dear,you order has been closed because your credit card has not been approved by the Aliexpress,if you want the hair now,we have prepared for you and you can put a new order,Besides,you can pay through Western Union,T/T payment or Moneybookers payment too. Also,please contact with the Ali initiatively!Good luck！（亲爱的，你的订单已经关闭，因为你

的信用卡还没有被 Aliexpress 批准,如果你现在想要,我们为你准备,你可以下一个新的订单,除此之外,你可以通过西联支付、电汇支付或钞票预订者支付。另外,请主动联系阿里!祝你好运!)

8. 大量订购、询问价格时

若是赶上采购季节一定要抓住机会,回复一定要详尽,内容一般包括样品的价格、样式、采购量和相应的价格。这个报价建议是包括运费的,而且价格要相对有优势,给买家感觉已经是最优惠的。

Hi friends.Thank you for your inquiry.we very much hope to complete the order with you for me,here is the products link you need,if you buy 100 pieces,we can give you a wholesale price,$25/piece.If you have any idea,Please let us know,we will try our best to help you.Looking forward your reply.(你好,朋友。谢谢你的询价。对于我来讲,非常希望完整地完成您的订单,这是你需要的产品链接,如果你买 100 件,我们可以给你一个批发价格,25 美元 / 件。如果你有任何想法,请让我们知道,我们会尽力帮助你。期待你的回复。)

Regards(诚挚的问候)

9. 海关问题

由于某些国家海关的严格检查造成货物延误,建议及时通知买家。及时的沟通会让买家了解到,卖家一直在跟踪货物的状态,这是一位负责的卖家,更避免造成误会。

Dear friends,(亲爱的朋友)

We received notice of logistics company,now your customs for large parcel periodically inspected strictly,in order to make the goods sent to you safety,we suggest that the delay in shipment,wish you a consent to agree.Please let us know as soon as possible. Thanks.(我们接到物流公司通知,现在你们的海关对于大型包裹定期严格检查,为了使商品安全寄给你,我们建议推迟收货,希望你同意。请尽快让我们知道,谢谢。)

10. 退换货问题

Dear friend,I am sorry for the inconvenience.If you are not satisfied with the products,you can return the goods back to us.(亲爱的朋友,对不便之处,我们深表歉意。如果您对产品不满意,可以将商品退还给我们。)

When we receive the goods,we will give you a replacement or give you a full refund.We hope to do business with you for a long time.(当我们收到货物,我们会给你更换或完全退款。我们希望与你做长期的业务。)

We will give you a big discount in your next order.(当你下次交易时,我们会给你一个大的折扣。)

Best regards(诚挚的问候)

(四)如何解决差评

1. 由于质量问题产生的差评

对于单纯由于质量问题产生的差评是比较好解决的。首先,收到差评之后及时和买家联系,询问不满意的具体原因,在此基础上,让买家提供相应的照片;此外,卖家需要到出货记录中查找相同时间范围内其他产品的反馈,分析库存中的货物质量。如果确实存在买家反映的问题,应及时积极解决。通过退款或换货的方式,让买家满意并且修改评价。

2. 由于买家个人使用不当产生的差评

如果在沟通调查当中发现是由于买家个人使用不当产生的差评，有两种解决方案：第一，如果以消除差评为主要目的，应该和买家仔细解释为什么会出现这样的质量问题，在使用操作过程中存在哪些不正确的地方，最后和买家商量以何种方式可以使其满意并修改差评；第二，如果是由于买家个人原因导致的质量问题，可以选择差评回复并附上产品的使用说明及事项，这种方法可能是大多数卖家在无法解决差评时不得不采取的办法。

3. 买家在下单前的细节要求没有得到满足产生的差评

有很多买家下单时在订单里留言说"这是为了我的婚礼准备的，请你不要让我失望"等信息。遇到这样的订单时，首先应该交代出货的人员特别注意该订单的质量和包装；其次，如果这个客户买了一个非常便宜的产品，但是从询盘的态度上又可以看出他很期待，在这种情况下为了避免差评，应该考虑亏一点成本去满足这个客户的心理预期。

为了满足客户的各种细节要求，在发货之前稍微揣摩一下客户心理，一些不必要的差评是完全可以避免的。

任务三 纠纷处理技巧

一、速卖通纠纷规则

（1）卖家发货并填写发货通知后，买家如果没有收到货物或者对收到的货物不满意，可以在卖家全部发货5天后申请退款（若卖家设置的限时达时间小于5天，则买家可以在卖家全部发货后立即申请退款），买家提交退款申请时纠纷即生成。

（2）当买家提交或修改纠纷后，卖家必须在5天内"接受"或"拒绝"买家的退款申请；否则订单将根据买家提出的退款金额执行。

（3）如果买卖双方协商达成一致，则按照双方达成的退款协议进行操作；如果无法达成一致，则提交至速卖通进行裁决。

①买家可以在卖家拒绝退款申请后提交至速卖通进行裁决。

②若买家第一次提起退款申请后15天内未能与卖家协商一致达成退款协议，买家也未取消纠纷，第16天系统会自动提交速卖通进行纠纷裁决。

③若买家提起的退款申请原因是"货物在途"，则系统会根据限时达时间自动提交速卖通进行裁决。

④对于纠纷，为改善买家体验和增强其对速卖通平台及卖家平台的信心，速卖通鼓励卖家积极与买家协商，尽早达成协议，减少速卖通平台的介入。如果纠纷提交至速卖通，速卖通会根据双方提供的证据进行一次性裁决，卖家必须同意接受速卖通的裁决。此外，如果速卖通发现卖家有违规行为，会同时对卖家给予处罚。

⑤纠纷提交给速卖通进行纠纷裁决后的2个工作日内，速卖通会介入处理。

⑥买卖双方达成退款协议且买家同意退货的，买家应在达成退款协议后10天内完成退货发货并填写发货通知，速卖通将按以下情形处理：

买家未在10天内填写发货通知的，则结束退款流程并交易完成。

买家在10天内填写发货通知且卖家30天内确认收货的，速卖通根据退款协议执行。

买家在 10 天内填写发货通知，30 天内卖家未确认收货且卖家未提出纠纷的，速卖通根据退款协议执行。

在买家退货并填写退货信息后的 30 天内，若卖家未收到退货或收到的货物货不对版，卖家也可以提交到速卖通进行纠纷裁决。

平台纠纷处理流程图如图 8-7 所示。

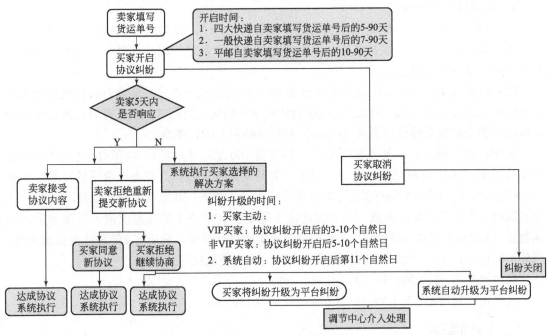

图 8-7　平台纠纷处理流程

二、纠纷对卖家有什么影响

目前，网站与纠纷相关的卖家考核指标共有三个，分别是纠纷率、裁决提起率、卖家责任裁决率。设定这三个考核标准的初衷，就是为了区分卖家的服务能力，也让买家能够找到服务能力相对较好的卖家。

经过很长一段时间的分析与研究发现，很多服务能力相对较强的卖家可以自行协商解决纠纷、解决客户的问题，却依然受到了纠纷率的影响。虽然跨境交易产生纠纷是无法彻底避免的情况，但是就网站而言，平台是希望卖家能在买家遇到问题后，有能力且积极主动地联系买家协商解决纠纷从而提升用户体验。

基于上述原因，速卖通平台从 2014 年 5 月 29 日起，就纠纷相关指标做出以下调整：

（1）取消卖家纠纷率指标的统计及考核，相关页面纠纷率指标的展示全部下线。
（2）加强对裁决提起率、卖家责任率、裁决率的考核。
（3）平台活动入选条件之一的纠纷率指标将由裁决提起率代替。

这样一个新规定的出现，就决定了应该加强个人解决纠纷的能力。

（一）指标定义及计算方法

1. 裁决提起率

（1）定义：买卖双方对于买家提起的退款处理无法达成一致，最终提交至速卖通进行裁决（claim），该订单即进入纠纷裁决阶段。裁决提起率指一定周期内提交至平台进行裁决的订单数与发货订单数之比。

（2）计算方法：裁决提起率＝过去30天内提交至平台进行裁决的纠纷订单数/过去30天内［买家确认收货＋确认收货超时＋买家提起退款（dispute）并解决＋提交到速卖通进行裁决（claim）的订单数］。

2. 卖家责任裁决率

（1）定义：纠纷订单提交至速卖通进行裁决（claim），速卖通会根据买卖双方责任进行一次性裁决。卖家责任裁决率指一定周期内提交至平台进行裁决且最终被判为卖家责任的订单数与发货订单数之比。

（2）计算方法：卖家责任裁决率＝过去30天内提交至平台进行裁决且最终被裁定为卖家责任的纠纷订单数/过去30天内［买家确认收货＋确认收货超时＋买家提起退款（dispute）并解决＋提交到速卖通进行裁决（claim）并裁决结束］的订单数。

例如：截至统计日，某卖家历史上一共发货100笔订单，其中40笔订单在30天前已经交易结束，10笔订单在统计之日仍处于"等待买家确认收货"状态，余下的订单是需要进行统计的，在过去30天内这些订单分别经历了以下状态：30笔买家确认收货，11笔确认收货超时，9笔买家提起退款。买家提起的9笔退款订单中1笔买家取消了退款申请并确认收货，5笔与买家协商解决了，3笔提交至速卖通进行裁决，最后有2笔裁定是卖家责任，另外1笔还未裁决，则该卖家的裁决提起率和卖家责任裁决率分别为。

裁决提起率＝3/［30+11+（1+5）+3］＝6%

卖家责任裁决率＝2/［30+11+（1+5）+2］＝4.1%

（二）处罚细则

处罚细则如表8-1所示。

表8-1　处罚细则

指标	考核点	处罚措施
纠纷率	卖家被提起纠纷的情况	影响卖家的产品曝光
裁决提起率	卖家未解决的纠纷提交到全球速卖通的情况	严重影响卖家的产品曝光，比率过高，会导致卖家的产品一段时期内无法被买家搜索到
卖家责任裁决率	速卖通裁决的卖家责任纠纷订单的情况	

注：系统会每天计算重要指标的数值，根据数值及时进行处罚更新。

三、如何解决纠纷

在交易过程中要尽量避免纠纷的产生，如果真的产生纠纷，能够顺利地解决，让买家感到满意，这些都会成为留住客户的有利因素，并且产生口碑效应，赢得更多的客户。

（一）纠纷原因和应对方法

1. 买家未收到货物类纠纷

（1）物流状态显示货物还在途中暂未到达

可以和买家沟通先关闭纠纷，并且帮助买家延长收货时间。因为大部分客户是害怕自己的利益不能得到保障而提起纠纷的，只要客户的货物还未确认收货，客户都有时间耐心等待收货并且确保资金的安全。

（2）对货物短装的纠纷

提起纠纷的原因通常是订单包含多件商品，卖家通过两个包裹发货，其中一个包裹已妥投，另一个包裹仍在途中。因此买家以未收到货为由提起纠纷，并要求部分退款。遇到这类纠纷时，卖家可以拒绝纠纷，并向买家强调另一个包裹仍在运送途中，提供在途包裹的运单号给买家，并帮助买家延长收货时间等待在途包裹的到达。

此类纠纷当平台介入后会邮件给双方告知情况。

告知买家：部分包裹在途建议等待，如果包裹妥投请确认收货。

The tracking number shows the goods are in transit,we will ask seller to contact shipping company to confirm the status of package within 3 calendar days.（跟踪号码显示货物正在运输，我们会要求卖家联系邮寄公司确认包裹在3日内的状态。）

If you have received the goods in good condition,please cancel this claim and confirm order received.（如果您收到货物状况良好，请取消此索赔并确认收到订单。）

告知卖家：货物运输时间已经超过承诺运达时间，建议积极与买家沟通。如果相应期限到期后，包裹仍未妥投，卖家应该同意部分退款，并告知买家。

I have agreed to refund you.Firstly I refused your dispute is that because this parcel RB59****564CN is in shipping and I hope it can be shipped and we extended delivery time for you.I do not ignored you and I am very sorry for my late.（我同意退钱给你。首先我拒绝了你的纠纷，因为这个包裹RB59＊＊＊＊564CN在航运，我希望它可以运送到，我们为你延长收货时间。我没有忽视你，希望我的回复不是很晚。）

（3）海关扣关

交易订单的货物由于海关要求所涉及的原因而被进口国海关扣留，造成买家未收到货物。海关要求所涉及的原因包括但不限于以下几点：

第一，进口国限制订单货物的进口。

第二，关税过高，买家不愿清关。

第三，订单货物属假货、仿货、违禁品，直接被进口国海关销毁。

第四，货物申请价值与实际价值不符导致买家需在进口国支付处罚金。

第五，卖家无法出具进口国需要的卖家应提供的相关文件。

第六，买家无法出具进口国需要的买家应提供的相关文件。

货物被进口国海关扣留时，常见的物流状态如下。

handed over to customs(EMS)

clearance delay (DHL)

Dougne（法国，会显示妥投，但是签收人是Dougne）

速卖通在接到此类纠纷裁决之日起2个工作日内会提醒买家和/或卖家7天内提供海关扣关原因信息和证据，根据信息和证据确定责任进行裁决。建议卖家在货物发出之后应及时关注物流情况，出现异常时与买家和物流公司保持沟通，及时了解扣关原因并尽可能提供相关信息及证据。

（4）包裹原件被退回

交易订单的货物因为买家收货地址有误或不完整无法妥投，或者因买家原因无法清关，导致包裹被直接退回给卖家。

自速卖通通知卖家举证开始3天内，卖家需提供因买家原因导致包裹不能正常妥投的证明，证明的形式可以是物流公司的查单、物流公司内部发出的邮件证明、与买家的聊天记录等。

（5）包裹或寄往或妥投在非买家地址

由于卖家填写错了买家的收货地址，或者邮局误将包裹寄往了非买家地址，导致买家无法正常地签收包裹。

自速卖通通知卖家举证开始3天内，提供发货底单及买家要求修改收货地址的沟通记录。若底单上的地址与买家收货地址不一致，且卖家无法提供证据证明买家要求修改收货地址，即可判定卖家发错地址。

若最终判定为卖家发错地址，建议卖家先尝试物流联系，更改买家收货地址，若更改后买家收到货物，则全额放款；若无法更改或更改后买家还是未收到货物，建议卖家联系物流取回包裹。

（6）物流信息显示货物已经妥投

物流信息显示已经妥投，但是买家以未收到货提起了退款申请，并且未与卖家达成一致意见，提交到速卖通进行裁决。

自速卖通通知卖家举证开始3天内，卖家需提供货物妥投的证明（物流公司的物流信息截图、妥投证明等）。

（7）买家拒签

买家拒签包括有理由拒签和无理由拒签。有理由拒签，即当货物递送至买家（包括买家代表）时，买家发现货物存在肉眼可见的货物损坏或与订单不符的情况，如货物破损、短装、严重货不对版等情况，买家可以当场拒绝签收；无理由拒签，即货物递送到买家（包括买家代表）时，买家无任何理由拒绝签收。

卖家可提供相应的聊天记录和发货物流底单。

（8）因货物途中丢失

向买家解释纠纷对于卖家的重要性，此外，在肯定货物丢失的情况下重新发货，及时将新的运单给客户。

2. 买家收到货物与约定不符类纠纷

（1）质量问题

及时查找真正的原因，如果是质量问题，可以让客户选择退款或是保存货物部分款。由于没有纠纷率的顾虑，只要买家接受方案，就可以解决纠纷。

（2）与描述不符

买家收到的货物与卖家在网站相应的产品详情页面的描述，存在颜色、尺寸、产品包装、品牌、款式/型号等方面的差距。

产品描述以卖家在全球速卖通平台上展示的产品描述为准。卖家需要保证产品的描述信息（包括产品标题、产品详细描述页面等）前后一致，如出现信息矛盾或误导倾向，平台保留最终的纠纷裁决权。如果在买家下订单之前卖家已经明确提示买家产品可能存在颜色的偏差，或产品可能存在一定的误差，并明确了误差大小，自速卖通发出通知起3天内卖家需提供有关提示的沟通记录作为证明。

（3）恶意的纠纷

最让卖家头痛的就是各种各样恶意的纠纷，不知道该如何处理，是忍让妥协还是力争到底？一般恶意的差评无非是买家想要部分退款，在可以接受的范围内，可以小事化无。但是，如果是非常明显且过分的恶意纠纷，卖家可以放心地交给平台处理。

（二）在处理纠纷过程中该如何提交证据（Media Fire）

Media Fire 是美国开发的网络存储性网站，注册会员可以使用该网站上传或下载文档、视频以及可读性文件，如图 8-8 所示。上传及下载文档都必须先在网站上进行注册，用 E-mail 地址即可进行注册。目前，在纠纷阶段遇到容量较大的图片及视频证据时，买卖双方可以将证据上传至 Media Fire，以方便下载查看。网址：http://www.mediafire.com/。

图 8-8　Media Fire 首页

单击"Sign Up"按钮进行注册，可以注册的会员类型有 3 种，其中两种为付费性质，一种为免费性质，免费会员可以使用的最大存储空间为 10GB，如图 8-9 所示。

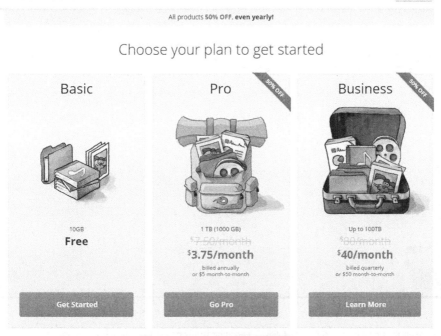

图 8-9　Media Fire 注册页面

选择自己想要的会员类型，单击"Get Started"按钮，在信息填写页面填写完相应信息后单击"Create Account & Continue"按钮，即可完成注册。注册完成后页面显示如图 8-10 所示。

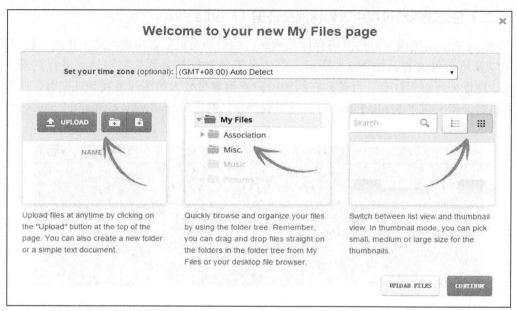

图 8-10　Media Fire 欢迎页面

上传所有需要保存的文件。选择文件后，单击"Upload Files"按钮，网站进行上传操作，显示如图 8-11 所示。

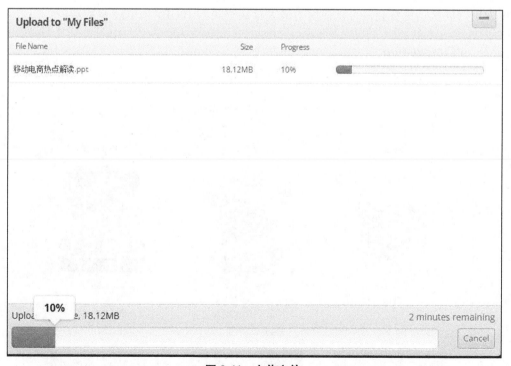

图 8-11　上传文件

上传完成后复制自己的证据链接，放到阿里的平台上，如图 8-12 所示。

图 8-12 复制链接

总而言之，纠纷并不可怕，应该调整心态，记住以下三点。

1. 将心比心

站在买家的角度考虑，出现问题想办法一起解决，而不是只考虑自己的利益。"己所不欲，勿施于人"，谁都不愿意无故承受损失。作为卖家，可以在一定的承受范围内尽量让买家减少损失，也为自己赢得更多的机会。

2. 有效沟通

及时回应：买家有不满意时，立刻做出回应，与买家进行友好协商。若是买家迟迟未收到货物，在承受范围内可以给买家重新发送货物或其他替代方案；若是买家对货物质量或其他不满意，与买家进行友好协商，提前考虑好解决方案。

沟通技巧：和买家沟通时注意买家心理的变化，当出现买家不满意时，尽量引导买家朝着能保留订单的方向走，同时也满足买家一些其他的需求；当出现退款时，尽量引导买家达成部分退款，避免全额退款退货，努力做到"尽管货物不能让买家满意，态度也要让买家无可挑剔"。

3. 保留证据

对于交易过程中的有效信息都能够保留下来，如果出现纠纷，能够作为证据来帮助解决问题。在交易过程中能够及时充分地举证，将相关信息提供给买家进行协商，或者提供给速卖通帮助裁决。纠纷并不可怕，只要卖家做好充分准备，一切以买家满意为目标，一定会有好的结果。

四、卖家服务等级——ODR

（一）什么是 ODR

卖家服务等级每月末评定一次，考核过去 90 天内卖家的经营能力，包括买家不良体验订单率、卖家责任裁决率、好评率等，重点考核体现卖家交易及服务能力的一项新指标——买家不良体验订单率（Order Defect Rate ODR），即买家不良体验订单占所有考核订单的比例。根据考核结果将卖家划分为优秀、良好、及格和不及格卖家，不同等级的卖家将获得不同的平台资源。

买家不良体验订单率 ODR= 买家不良体验订单数 / 所有考核订单数。这里涉及两个概念：买家不良体验订单和所有考核订单。

买家不良体验订单是指考核期内满足以下任一条件的订单，考核订单指以下任一时间点发生在考核期内的订单：卖家发货超时时间、买家选择卖家原因并成功取消订单的时间、卖家完成发货时间、买家确认收货或确认收货超时时间、买家提起 / 修改纠纷时间、仲裁提起 / 结束时间、评价生效 / 超时时间。

总结来说，就是从订单开始到结束，每一个环节里出现的问题都会对自己的卖家服务等级造成影响。

（二）卖家服务等级的划分

历史累计结束的已支付订单数≥30笔的卖家，将根据卖家在考核期内的表现分为优秀、良好、及格和不及格4个等级，各等级要求如表8-2所示。

表8-2 卖家服务等级要求

评级	优秀	良好	及格	不及格
评定标准	符合以下所有条件： （1）考核期内结束的已支付订单数≥90笔 （2）ODR<2.5% （3）卖家责任裁决率<0.8% （4）90天好评率≥97%	符合以下所有条件： （1）ODR<4% （2）卖家责任裁决率<0.8%	符合以下所有条件： （1）4%≤ODR<8% （2）卖家责任裁决率<0.8%	符合以下任一条件： （1）ODR≥8% （2）卖家责任裁决率≥0.8%

特别说明：

（1）结束的已支付订单指买家支付成功且处于"已完成"和"已关闭"状态（除资金审核未通过、未成团外）的所有订单。

（2）90天好评率=过去90天内产生的好评率/（过去90天内的好评数和差评数总和）。

（3）卖家责任裁决率指过去90天内提交至平台进行裁决且最终被判为卖家责任的订单数与发货订单数之比。计算方法：卖家责任裁决率=过去90天内提交至平台进行裁决且最终被裁定为卖家责任的纠纷订单数/过去90天内[买家确认收货/确认收货超时+买家提起退款（dispute）并解决+提交到速卖通进行裁决（claim）并裁决结束]的订单数总和。

（4）在考核期内，买家不良体验的订单来自2个及以下买家时，将不考核ODR。

（5）在考核期内，卖家责任裁决订单数仅为1，将不考虑其卖家责任裁决率。

（三）卖家服务等级的资源

不同等级的卖家将在橱窗推荐数量、搜索排序曝光、提前放款、平台活动、店铺活动等方面享有不同的资源。等级越高的卖家享受的资源奖励越多，"优秀"卖家将获得"Top-rated Seller"的标志，买家可以在搜索商品时快速发现优秀卖家，并选择优秀卖家的商品下单。指标表现较差的卖家将无法报名参加平台活动，且在搜索排序上会受到不同程度的影响。详见表8-3所示。

表8-3 各等级卖家资源列表

奖励资源	优秀	良好	及格	不及格	成长期
橱窗推荐数	10个	5个	2个	无	2个
搜索排序曝光	曝光优先+特殊标识	曝光优先	正常	曝光靠后	正常
提前放款特权	有机会享受最高放款比例	无法享受最高放款比例	无法享受最高放款比例	无法享受最高放款比例	无法享受最高放款比例
平台活动	优先参加	允许参加	允许参加	不允许参加	允许参加
店铺活动	正常	正常	正常	活动时间和数量大幅减少	正常
营销邮件数	500	200	100	无	100

（四）如何提升卖家服务等级

在解决这个问题之前，可以先思考一个问题：为什么速卖通平台要把卖家服务等级作为考核一个店铺的标准，甚至变成了影响曝光的原因？

因为卖家的商品质量及服务能力对于买家的购买决策有着决定性的影响，特别是商品的描述及评价、沟通效率、纠纷处理效率和态度等方面，买家希望在选择商品时能快速识别商品和服务表现皆好的卖家。所以 ODR 的上线自然显得理所应当了。那么提升服务等级的办法有哪些呢？

首先要学会分析店铺等级指标，如图 8-13 所示。

图 8-13　店铺等级指标

从卖家的当月服务等级分析，好评率及卖家责任裁决率都在可控范围内。在详细指标中可以看出，DSR 是提升服务等级的重要因素。

DSR 是评价系统中的一个环节，长期以来一直被卖家和买家所忽视。如果说中差评可以通过人为因素和后期弥补来挽回，那么 DSR 则是评定一个卖家、一个商品最客观的标尺。DSR 卖家分项评分，指买家在订单交易结束后以匿名方式对卖家在交易中提供的商品描述的准确性（Item as Described）、沟通质量及回应速度（Communication）、物品运送时间合理性（Shipping Speed）三方面服务做出的评价，是买家对卖家的单向评分。

信用评价买卖双方均可以进行互评，但卖家分项评分只能由买家对卖家做出。以下是如何提升卖家分项评分的总结。

1. 提高商品描述的准确性

商品详情页和店铺装修中，凡是可能会影响买家购物判断的图片、描述、物流运达时间等因素都应该及时修改。

2. 提升客服人员的素质和沟通回复效率

在第二项沟通质量上，有很多卖家都亮红灯，这与客服人员的专业能力和反应速度以及沟通技巧有非常重要的关系。

建议做到：

（1）24 小时旺旺在线。

（2）及时回复买家询盘并耐心解答。

（3）注意引导买家正确理解产品性能。

3. 物流速度

物流问题是卖家没有办法控制，也是很多卖家头痛的问题。如果选择线上发货的话，这个部分的问题可以不用担心；如果是自己发货，一定要做到以下几点：

（1）货物发出时，要给买家留言。

（2）货物有清关问题时要及时和买家联系。

（3）在遇到一些不可抗力因素导致物流缓慢时要提前告知买家。

相信如果做到这些，对于服务等级的提升将是非常有帮助的。

【知识巩固】

一、分析辨别询盘要点

（一）询盘的内容

收到一封询盘邮件时，判断客户有没有实单、订单大小、需求缓急，可以通过询盘的内容或一两次的沟通看出来。主要从以下几个方面来看。

（1）邮件标题：可以体现买家的态度，也可以看是群发的询盘还是单独发给一家的。

（2）产品名称：如果提到具体产品型号、功能、技术参数、颜色、包装等细节，说明顾客是有诚意的。

（3）订单数量：如果问到最小订单量是多少、价格是多少，一般来说，这个客户的开始订单量不大，但应该有明确需要了。

（4）产品认证：客户对产品认证很关心，询问有没有通过他提出的认证，说明客户可能走超市或其他渠道，订单量应该不错。

（5）关键功能：说明客户有明确需求，只是在物色一个供应商。

（6）交货时间：如果客户明确问到交货时间、付款方式，也可看出是有实单在手，而且可能比较着急。

通过邮件的蛛丝马迹可以判断出一些顾客的心理状况，同时，做客服要懂一点心理学，当然除了"内容为王"外，还可以从其他方面去分析。

（二）客户的联系方式

（1）公司名称：如果想进一步确定是哪个公司，可以在网上查一下，一般都会有结果的，如果网上查不到，说明该公司可能刚起步，也可能不太注重电子商务。

（2）联系电话：如果电话、传真都是一个号，反映公司比较小，一般比较大一点的公司，传真与电话是不一样的。

（3）办公地址：公司地址写得清清楚楚，包括几栋几号，可以看出这是一家正规公司。试着通过google地图查一下，即可看出公司大小。

（4）网站信息：一般来说，正规公司会用企业邮箱，除非客户不想让卖家知道。卖家可以通过企业邮箱或网址去了解客户，这是一个很好的方法，可以初步判断出公司实力、产品范围、销售渠道等。

（三）询盘 IP 地址

一般从速卖通网站上收到的询盘，大都有 IP 地址，通过下面的网址可以测出来发邮件的客户来自哪个国家：http://whois.webmasterhome.cn。

二、如何处理询盘

（一）垃圾型询盘

对于刚入行的跨境电商客服人员，刚好可以借此练练英文写作水平，但不要抱太大的希望。

（二）无明确目标型

可以建立一个回复的模板，发送时稍稍改动一下称呼，就可以发出去，根本不占用时间。当然这类客户还是抱一点希望的，因为还不能完全清楚其真正的意图，可能有些客户不太懂得如何去写邮件和交流，客服人员需要有一定的耐心。

（三）潜在客户型

多引导式提问与沟通，了解客户信息，可以要客户的MSN、Skype号等。在沟通过程中，要体现专业与耐心，也许两三个月内有订单，有可能半年后才有订单，做好打持久战的准备。

定期关怀，可以建立一个档案，把没有成交的客户信息收集一下，每隔一段时间发一些促销邮件，告诉这些客户产品现在的价格和促销信息。一方面会给客户留下深刻印象，另一方面用利益来驱动客户。

利用节假日发一些祝福贺卡与祝福的话，以"情"来打动客户，对客户真诚，客户是可以感觉到的。

（四）目标明确型

需要第一时间回复，但并不是马上回复，可根据国家时差不同，分时间来处理。最好是24小时内回复客户。例如卖家早上打开邮箱，收到一个法国的询盘，完全可以在下午14点去回复客户。针对客户提出的问题作出准确的回答，给人效率与专业的感觉。在回复时体现出公司的实力与诚意，让客户感觉与这家公司合作可靠与踏实。

三、提高询盘回复率

（一）回复的专业度

客服在回复邮件时，对客人提到的关于产品参数、功能、认证、方案等是否有一个清晰的了解，如果一个客服对产品都不熟悉，就无法让客户信服，客服人员必须掌握客户的心理。

（二）制造"亮点"

如果在回复邮件中没有什么突出的亮点，那如何在众多的邮件堆中给客户留下深刻印象？国外的客户都喜欢专业化、个性化，与众不同的产品才能给别人留下深刻印象。可以从以下几个方面注意。

（1）公司介绍：在介绍公司时，把店铺规模、基本情况、知名客户、研发能力、认证情况全都"亮"出来，这些都是可以让客户对客户服务加分的方面。

（2）专业报价：根据不同国家、不同身份客户对价格敏感度不同，报价时要具体情况具体对待，根据订单量、交货时间、季节不同用贸易术语给出个性化的报价，当然也要留有余地的报价。

（3）清晰图片：客户要图片，一定要发送比较清晰的图片，而且多几个不同方位的，"一张好的图片就是一个无声的销售员"，同时要注意图片容量大小，方便客户浏览与接收。

（4）设置签名档：把店铺的网址、电话、MSN、邮箱、店铺 logo 做一个签名档，高度体现专业。单凭这一点就可以给客户留下与众不同的印象。

（三）注意礼貌性

（1）格式规范：忽视一封邮件中的字体大小、格式排列等，就好比一个人穿衣，不注意整体形象，随意搭配，会给人不好的印象，同样一封邮件不考虑浏览者的感受，客户会反感的。

（2）主题明确：如果不注意回复邮件时的标题，会导致客户以为是垃圾邮件，一直 delete，可用：店铺名 +for 产品名称等。

（3）4C 原则：生意人讲究的是效率，因此简洁、清楚是必须的，另外邮件不能出现单词、语法的错误。

（4）语气礼貌：做生意要讲究"和气生财"，所谓先交朋友再做生意，语气不要太生硬，学会用一些祈使句来表达委婉，另外在称呼上也要注意，毕竟有些客户是很在意。对于有些满足不了客户需求的，不要一口气回绝，也不要避而不谈，而应该委婉表达，或是给客户一个不能满足的解释。

（四）与客户打交道的体会

客服人员需要自己多做功课，少让客户做功课，多为客户着想——"急客户所急，想客户所想"，客户才会相信、依赖你，才会持久合作。因为外国劳动力成本高，客户有时很忙，或有些客户喜欢边做生意边享受生活，如果能帮客户解决很多不必要的麻烦，客户就会对店铺的产品很信任。

客户邮件是很好的免费老师，完全可以从客户邮件中来判断出客户是新手还是老手以及客户性格等方面，所谓"文如其人"。

学会换位思考。分析是为了更好的沟通，当客服人员知道客户的身份、目的等，就会站在客户的角度来思考，这样与客户沟通起来才会畅通。

【本项目实训】

一、实训概述

本实训项目要求学生了解客户服务的工作内容，目的在于让学生通过实训掌握跨境电子商务中客户服务与维护的相关方法和技巧，具备跨境电商客户服务岗位的技能及相关职业素养。

二、实训素材

（1）教学设备：实训计算机若干。
（2）实训场地：实训室。
（3）实训材料：速卖通账号或相关实训软件。

三、实训内容

任务一 客户询盘分析与回复技巧

学生以小组为单位，进行角色扮演，以客服的身份给一位美国女士写一封英文函电，并注明每一段的方法技巧。

段落	内容	方法技巧
标题		
第一段		
第二段		
第三段		
第四段		
第五段		

任务二　客户服务技巧

两个同学为一组，分别作为速卖通平台某一店铺的客服和买家，针对售中或售后易出现的某一个问题进行沟通，做下记录。互换身份后再提出一个问题进行沟通。

姓名	身份	处理问题详情
	买家	
	卖家	

任务三　纠纷处理技巧

教师指定某一类型纠纷问题，学生写出解决纠纷的方法，并用英语回复邮件。

参考文献

[1] 丁晖．跨境电商多平台运营．北京：电子工业出版社，2015．
[2] 李鹏博．揭秘跨境电商．北京：电子工业出版社，2015．
[3] 速卖通大学．跨境电商数据化管理．北京：电子工业出版社，2016．
[4] 速卖通大学．跨境电商营销．北京：电子工业出版社，2015．
[5] 速卖通大学．跨境电商美工．北京：电子工业出版社，2015．
[6] 速卖通大学．跨境电商客服．北京：电子工业出版社，2015．
[7] 阿里巴巴商学院．跨境电商基础、策略与实战．北京：电子工业出版社，2016．